2014—2015年
中国工业和信息化发展
系列蓝皮书

2014-2015年中国产业结构调整蓝皮书

The Blue Book on the Adjustment of Industrial Structure in China（2014-2015）

中国电子信息产业发展研究院　编著

主　编／王　鹏
副主编／李　燕

人民出版社

责任编辑：邵永忠
封面设计：佳艺堂
责任校对：吕　飞

图书在版编目（CIP）数据

2014～2015年中国产业结构调整蓝皮书/王鹏 主编；

中国电子信息产业发展研究院 编著.—北京：人民出版社，2015.7

ISBN 978-7-01-014980-6

Ⅰ.①2… Ⅱ.①王…②中… Ⅲ.①产业结构调整—白皮书—中国—

2014～2015 Ⅳ.①F121.3

中国版本图书馆CIP数据核字（2015）第141361号

2014-2015年中国产业结构调整蓝皮书

2014-2015NIAN ZHONGGUO CHANYE JIEGOU TIAOZHENG LANPISHU

中国电子信息产业发展研究院　编著

王　鹏 主编

人民出版社 出版发行

（100706　北京市东城区隆福寺街99号）

北京艺辉印刷有限公司印刷　新华书店经销

2015年7月第1版　2015年7月北京第1次印刷

开本：710毫米×1000毫米　1/16　印张：14.75

字数：250千字

ISBN 978-7-01-014980-6　定价：68.00元

邮购地址　100706　北京市东城区隆福寺街99号

人民东方图书销售中心　电话（010）65250042　65289539

代　序

大力实施中国制造2025　加快向制造强国迈进
——写在《中国工业和信息化发展系列蓝皮书》出版之际

制造业是国民经济的主体，是立国之本、兴国之器、强国之基。打造具有国际竞争力的制造业，是我国提升综合国力、保障国家安全、建设世界强国的必由之路。新中国成立特别是改革开放以来，我国制造业发展取得了长足进步，总体规模位居世界前列，自主创新能力显著增强，结构调整取得积极进展，综合实力和国际地位大幅提升，行业发展已站到新的历史起点上。但也要看到，我国制造业与世界先进水平相比还存在明显差距，提质增效升级的任务紧迫而艰巨。

当前，全球新一轮科技革命和产业变革酝酿新突破，世界制造业发展出现新动向，我国经济发展进入新常态，制造业发展的内在动力、比较优势和外部环境都在发生深刻变化，制造业已经到了由大变强的紧要关口。今后一段时期，必须抓住和用好难得的历史机遇，主动适应经济发展新常态，加快推进制造强国建设，为实现中华民族伟大复兴的中国梦提供坚实基础和强大动力。

2015 年 3 月，国务院审议通过了《中国制造 2025》。这是党中央、国务院着眼国际国内形势变化，立足我国制造业发展实际，做出的一项重大战略部署，其核心是加快推进制造业转型升级、提质增效，实现从制造大国向制造强国转变。我们要认真学习领会，切实抓好贯彻实施工作，在推动制造强国建设的历史进程中做出应有贡献。

一是实施创新驱动，提高国家制造业创新能力。把增强创新能力摆在制造强国建设的核心位置，提高关键环节和重点领域的创新能力，走创新驱动发展道路。加强关键核心技术研发，着力攻克一批对产业竞争力整体提升具有全局性影响、带动性强的关键共性技术。提高创新设计能力，在重点领域开展创新设计示范，推广以绿色、智能、协同为特征的先进设计技术。推进科技成果产业化，不断健全以技术交易市场为核心的技术转移和产业化服务体系，完善科技成果转化协同推进机制。完善国家制造业创新体系，加快建立以创新中心为核心载体、以公共服务平台和工程数据中心为重要支撑的制造业创新网络。

二是发展智能制造，推进数字化网络化智能化。把智能制造作为制造强国建设的主攻方向，深化信息网络技术应用，推动制造业生产方式、发展模式的深刻变革，走智能融合的发展道路。制定智能制造发展战略，进一步明确推进智能制造的目标、任务和重点。发展智能制造装备和产品，研发高档数控机床等智能制造装备和生产线，突破新型传感器等智能核心装置。推进制造过程智能化，建设重点领域智能工厂、数字化车间，实现智能管控。推动互联网在制造业领域的深化应用，加快工业互联网建设，发展基于互联网的新型制造模式，开展物联网技术研发和应用示范。

三是实施强基工程，夯实制造业基础能力。把强化基础作为制造强国建设的关键环节，着力解决一批重大关键技术和产品缺失问题，推动工业基础迈上新台阶。统筹推进"四基"发展，完善重点行业"四基"发展方向和实施路线图，制定工业强基专项规划和"四基"发展指导目录。加强"四基"创新能力建设，建立国家工业基础数据库，引导产业投资基金和创业投资基金投向"四基"领域重点项目。推动整机企业和"四基"企业协同发展，重点在数控机床、轨道交通装备、发电设备等领域，引导整机企业和"四基"企业、高校、科研院所产需对接，形成以市场促产业的新模式。

四是坚持以质取胜，推动质量品牌全面升级。把质量作为制造强国建设的生命线，全面夯实产品质量基础，提升企业品牌价值和"中国制造"整体形象，走以质取胜的发展道路。实施工业产品质量提升行动计划，支持企业以加强可靠性设计、试验及验证技术开发与应用，提升产品质量。推进制造业品牌建设，引导企业增强以质量和信誉为核心的品牌意识，树立品牌消费理念，提升品牌附加值和软实力，加大中国品牌宣传推广力度，树立中国制造品牌良好形象。

五是推行绿色制造，促进制造业低碳循环发展。把可持续发展作为制造强国建设的重要着力点，全面推行绿色发展、循环发展、低碳发展，走生态文明的发展道路。加快制造业绿色改造升级，全面推进钢铁、有色、化工等传统制造业绿色化改造，促进新材料、新能源、高端装备、生物产业绿色低碳发展。推进资源高效循环利用，提高绿色低碳能源使用比率，全面推行循环生产方式，提高大宗工业固体废弃物等的综合利用率。构建绿色制造体系，支持企业开发绿色产品，大力发展绿色工厂、绿色园区，积极打造绿色供应链，努力构建高效、清洁、低碳、循环的绿色制造体系。

六是着力结构调整，调整存量做优增量并举。把结构调整作为制造强国建设的突出重点，走提质增效的发展道路。推动优势和战略产业快速发展，重点发展新一代信息技术产业、高档数控机床和机器人、航空航天装备、海洋工程装备及高技术船舶、先进轨道交通装备、节能与新能源汽车、电力装备、新材料、生物医药及高性能医疗器械、农业机械装备等产业。促进大中小企业协调发展，支持企业间战略合作，培育一批竞争力强的企业集团，建设一批高水平中小企业集群。优化制造业发展布局，引导产业集聚发展，促进产业有序转移，调整优化重大生产力布局。积极发展服务型制造和生产性服务业，推动制造企业商业模式创新和业态创新。

七是扩大对外开放，提高制造业国际化发展水平。把提升开放发展水平作为制造强国建设的重要任务，积极参与和推动国际产业分工与合作，走开放发展的道路。提高利用外资和合作水平，进一步放开一般制造业，引导外资投向高端制造领域。提升跨国经营能力，支持优势企业通过全球资源利用、业务流程再造、产业链整合、资本市场运作等方式，加快提升国际竞争力。加快企业"走出去"，积极参与和推动国际产业合作与产业分工，落实丝绸之路经济带和21世纪海上丝绸之路等重大战略，鼓励高端装备、先进技术、优势产能向境外转移。

建设制造强国是一个光荣的历史使命，也是一项艰巨的战略任务，必须动员全社会力量、整合各方面资源，齐心协力，砥砺前行。同时，也要坚持有所为、有所不为，从国情出发，分步实施、重点突破、务求实效，让中国制造"十年磨一剑"，十年上一个新台阶！

工业和信息化部部长 苗圩

2015 年 6 月

前　言

经过三十多年的持续、快速增长，我国经济增长速度开始放缓，2012年经济增速下降至7.8%，自1980年以来首次跌破8%，我国经济增长进入了"新常态"。在经济"新常态"下，我国经济增速将由过去保持10%以上的持续高速增长下降为7%—8%的中高速增长，我国制造业的比较优势正在发生深刻变化，经济增长的动力将由过去主要依靠要素驱动和投资驱动向主要依靠创新驱动转变，经济结构也将由重化工业和低端产业为主向高端制造业和生产性服务业为主转变。加快调整优化产业结构，提升产业价值链，推动产业向中高端升级，是"十三五"我国转变经济发展方式的主攻方向，也是适应和引领经济新常态，打造中国经济升级版的客观要求。

当前，我国产业结构调整既面临重大历史性机遇，也面临一系列挑战。从发展机遇看，一是全球新一轮科技革命引发产业发展方式深刻变革，为我国产业结构调整带来难得的历史性机遇。新一轮科技革命最重要的特征是信息网络技术向各领域的全面深度渗透，特别是"互联网＋制造业"带来的革命性变化，在未来几年将展现出难以预计的影响。由智能化装备、智能化系统、智能化服务构成的智能制造体系正成为重构全球产业发展格局的重要力量，生产组织方式呈现网络化、虚拟化、平台化新态势，3D打印技术和分布式能源的出现，推动了生产本地化，创客运动、众包设计开创了万众创新创业新时代。二是全面深化改革进入新阶段，将为产业结构调整释放新的制度红利。十八届三中全会以来，以经济领域的改革为重点，涉及经济、政治、文化、社会、生态等领域"五位一体"的改革全面展开，改革推进的范围更广、改革的内容更加纵深化，其中涉及的财税体制、金融体制、投资体制、科技体制的改革，以及国有企业和垄断行业的改革等都将为更好地发挥市场在资源配置中的决定性作用，营造公平竞争的市场环境，加快产业结构调整提供重要体制机制保障。进一步转变政府职能，加大力度简政放权也将进一步激发市场主体创新创业的活力。三是对外开放进入新的历史时期，"一带一路"以及先进装备和优势产能"走出去"战略的实施为深化产业结构调整开辟了新的广阔空间。过去我们的对外开放是以利用外资和对外出口为主要模式，近年来，随着产业国际竞争力和企业实力的增强，我国企业对外直接投资的规模不断扩大。2014年，我国首次成为资本净输出国，表明我国已经开始进入对外投资高速增长的历史拐点，由单纯靠"产品出口"发展到"资本输出"增长更快的新阶段，极大拓展了资源配置的范围和手段。近期，我国提出"一带一路"战略，这是着眼于实现中国经济持续健康发展、推动与各国互利共赢而提出的重大战略构想。"一带一路"沿线有26个国家和地区，覆盖人口达44亿，占全世界的43%；经济规模占全世界的29%；货物和服务出口占全世界的23.9%。全面深化对外开放和实施"走出去"战略将为我国带来新的全球化红利，不仅为国内化解过剩产能和促进产业升级留出了发展空间，而且有利于在全球范围内整合配置创新要素和资源，推动我国产业向价值链中高端迈进。

我国产业结构调整也面临着两大重要挑战，值得重点关注。一是来自于发达国家和发展中国家产业竞争的双重压力。国际金融危机以来，欧美发达国家重新审视实体经济的重要性，先后推出了"再工业化"、重振制造业等一系列战略主张，不断增强在新能源、新材料、智能制造、互联网、节能环保等领域的科技投入，吸引部分高端制造业回流，给我国高端制造业发展带来了巨大压力。同时，东南亚、南亚、南美等新兴经济体的工业基础日益增强，凭借更低的能源资源和劳动力成本优势，在纺织、轻工、电子等工业品制造领域对中国制造形成了较大的竞争压力。发达国家的高端制造业和广大发展中国家的中低端制造业对我国产业发展构成了双向挤压。二是我国传统的比较优势明显弱化，基于创新和人力资本的新竞争优势尚未形成。近年来，我国劳动力价格不断上涨，支撑经济高速增长的传统人口红利正在流失。同时，能源、土地、资本等要素价格的上升，也在很大程度上增加了制造企业生产成本，在产能过剩的大背景下，进一步压缩了工业企业的利润空间。

"十二五"时期我国产业结构调整已经呈现出一些积极的变化，"互联网+"带来的转型升级效应正在初步显现。"十三五"产业结构调整要充分发挥市场对资源配置的决定性作用和更好地发挥政府作用，抢抓新一轮科技革命和产业变革的机遇，大力培育符合比较优势和具有市场前景的高端制造业，在推动产业创新发展、智能转型、强化基础、绿色发展方面下足功夫，重点做优增量、调整存量，优化产业结构、技术结构、组织结构和空间布局，提升发展质量和效益。重点任务有以下几个方面：

一是促进产业向中高端发展。抓住新一轮科技革命和产业变革带来的重大战略机遇，推进两化深度融合向纵深发展，积极支持《中国制造2025》确定的新一代信息技术、高档数控机床和机器人等重点领域，力争智能制造取得突破性进展。要改造提升传统产业，尤其加大信息技术在传统制造业中的深度应用，抓住"互联网＋"的机遇，利用互联网技术促进传统产业智能化、绿色化、服务化转型，提升价值链和竞争力，实现提质增效。继续推进淘汰落后产能工作，完善以法制化手段淘汰落后产能、以市场化手段压减过剩产能的长效机制。要大力发展生产性服务业，推动制造业服务化，形成制造业与服务业相互促进的发展格局。进一步放宽市场准入，完善行业标准规范，创造环境条件，加快生产性服务业创新发展。

二是促进产业创新发展。要把技术创新放在突出位置，健全制造业技术创新体系，充分确立企业在技术创新中的主体地位，发挥大企业的引领和带头作用，激发中小企业的创新活力。要构建协同创新网络，采取政府与社会资本合作、产学研产业创新战略联盟等模式，建立以企业为主体的政产学研用协同创新网络。要支持"众创空间"等创新创业服务平台载体建设，激发亿万群众创造活力，培育创新人才和创新团队，支持大众创业、万众创新，培育经济发展新动力。

三是支持优化产业组织结构。要进一步优化政策环境，支持企业兼并重组，提高产业集中度。重点破除体制机制障碍，引导和支持钢铁、水泥等产能过剩行业实现破局性重组，促进跨界融合发展。要努力培育一批国际国内有影响、行业领军型的大企业。充分发挥企业主体作用，通过战略重组、股改上市、技术改造等手段，培育壮大现有企业，全面提升企业核心竞争力；重视品牌的培育，加大自主知识产权的产品培育，完善和提高产品技术标准。要激发中小企业发展活力，进一步优化中小企业发展环境，落实相关政策，减轻中小企业负担，加大对中小企业的税收、金融、财政等的支持力度，促进中小企业向专精特新发展。

四是优化产业空间布局。要以"丝绸之路经济带"和"长江经济带"建设为契机，加强中西部地区能源、交通、电信等基础设施建设，提升中西部地区承接国外和东部沿海地区产业转移的能力。要以深化改革为动力，推动中西部地区的政府管理体制改革，改善中西部地区政府的思维方式、管理模式、服务理念，提升中西部地区的政府行政服务水平。要加强产业转移和布局的宏观统筹，引导各地方结合自身资源禀赋、市场空间以及《全国主体功能区规划》的要求，科学合理地制定产业发展规划，切实降低各地产业发展的盲目性、随意性和不可持续性，彻底避免区域之间的重复建设和恶性竞争。

中国电子信息产业发展研究院编著《2014—2015年中国产业结构调整蓝皮书》重点分析了全球产业结构调整变革的趋势与特征，从重点方向、重点产业两个维度对2014年我国产业结构调整的主要进展和国家出台的政策进行了系统总结，并结合存在的问题与挑战，研究提出了2015年推动产业结构调整的政策建议。相信本书的研究成果一定能够为各级主管部门研究制定新时期产业结构调整相关政策提供决策支撑，为相关学术研究提供有益的参考。

工业和信息化部产业政策司司长

目　录

展 望 篇

综 合 篇

第一章　全球产业结构调整变革的趋势与特征

　　当前，世界经济缓慢复苏，全球正进入新一轮产业结构深度调整和变革的历史时期。新一轮科技革命和产业变革正在兴起，催生了一系列新技术、新产品、新业态、新模式。科技创新，尤其是信息技术的广泛应用，以及3D打印、新能源、新材料、生物等技术领域的重大突破，对制造业生产方式、产业组织和产业形态带来重要影响。各国比较优势正在发生动态变化，带来国际分工的动态调整，并重塑着全球产业发展和竞争格局。

一、制造业再次成为全球产业竞争的战略焦点

　　2008年的国际金融危机对实体经济的发展造成了巨大的冲击，制造业增速下滑，如2007年12月至2009年5月，美国工业的产值连续下降。许多国家意识到危机前过度"去工业化"存在严重缺陷，纷纷实施再工业化战略，制定政策措施，多管齐下，促进以制造业为主的实体经济的发展。如美国相继推出《"先进制造业伙伴"计划》、《先进制造业国家战略计划》、《美国创新战略》等，拉动经济增长，抢占先进制造业制高点，抢占新工业革命领导权；德国提出"工业4.0"战略，以期未来能继续引领全球制造业的发展；英国发布《英国先进制造领域一揽子新政策》，将信息经济确立为产业发展总纲；法国提出要建设"新工业法国"，将工业作为发展的核心；日本政府出台《日本再兴战略》《产业竞争力强化法案》；欧盟实施"未来工厂伙伴行动"等。"再工业化"战略取得了一定的效果，全球经济缓慢升温，如美国的制造业增加值占国内生产总值的比重由2009年的11%上升到2013年的12.4%，2010年至2013年，制造业出口平均增速达到23.5%。

　　目前，各国所实施的"再工业化"战略，并不是回归或者是重复传统的工业发展模式，而主要是发展先进制造业，强化制造业竞争力，实现制造业的转型升级。其核心是将信息技术、智能技术、低碳技术、纳米技术、虚拟技术、柔性制

造技术等高端前沿技术应用于制造领域，占据科技竞争的制高点。其核心内容就是促进传统产业转型升级，淘汰落后产能，发展低碳经济、清洁生产，培育新能源、新材料、生物医药、物联网、高端制造等新兴产业，促进经济健康、可持续增长。

二、新一轮技术创新浪潮为全球产业结构调整提供重要驱动力

全球正处于新一轮技术革命孕育阶段，技术创新渐趋活跃，信息技术、生物技术、新材料技术、能源技术等高新技术不断推陈出新，催生大量新产业、新业态、新模式。各国纷纷加大科技投入，支持科技创新。例如，2011年，美国推出"美国创新战略"，承诺对基础研究的投入要在未来10年翻一番；在联邦政府中设立了首席技术官和首席信息官职位，分别负责制定技术政策。此后，推出创新网络计划，投资10亿美元组建美国制造业创新网络，设立15家制造业创新研究所，推动高校、企业和政府部门的产学研结合，促进新技术、新产品的开发；截至2014年2月，已经成立了四个创新中心。德国政府出台"2020高科技战略"，推动在气候与能源、健康与营养、流动、安全性和通信等五大领域进行创新；2014年5月发布的《2014研究与创新联邦报告》数据显示，2012年，德国的科研投入近800亿欧元，约占德国国内生产总值的3%。2005年至2012年，研发领域共创造了近11.4万个就业岗位。

目前，全球技术创新的特点主要表现为：一是信息技术创新速度加快，应用日益广泛。目前，信息技术呈现集成、数字、网络化发展，带动性强、渗透性广。云计算、大数据、物联网、移动互联网等技术代表了新一代信息技术的发展，为产业发展模式带来了新突破。如，信息网络技术的广泛应用，推动了柔性制造、绿色制造、智能制造的发展；计算机辅助设计、决策支持系统、管理信息系统的应用，提高了企业研发设计、生产和管理的效率；促使企业组织结构向扁平化、网络化的方向发展；催生了第三方支付、购物网站等新兴业态；促进了制造业和服务业的融合发展。二是技术创新培育了新的经济增长点。新技术的多点突破和融合互动将推动新产业、新业态、新模式兴起，从而产生新的经济增长点。如，麦肯锡研究表明，大数据每年可为美国医疗服务业节省3000亿美元，为欧洲公共部门管理节省2500亿欧元。到2030年，生物技术对化工和其他工业产品领域的贡献将占到35%，对药品和诊断产品领域的贡献达到80%。2010年至2020年，全球节能投资将达近2万亿美元。未来10年至15年，全球纳米相关产品市

场将超 1.3 万亿美元。[1]费雷斯特研究机构预测,全球云计算市场到 2020 年将达到 2410 亿美元。三是美国等发达经济体在创新领域仍处于领先地位。尽管国际金融危机对经济产生严重冲击,发达国家在全球创新投入比重出现了下降,但其创新能力仍较强,尤其是美国、德国等国家创新投入仍巨大,创新机制和创新产业生态不断完善,使其在相当长时间内仍将处于全球创新的领先地位。在创新日益国际化的趋势下,许多知名的跨国公司全球建立研发中心,发挥重要作用。

三、智能制造引领新一轮产业变革的方向

在全球资源、能源和环境问题日益严重的情况下,制造业逐步向"智能制造模式"变迁。智能制造是先进制造技术、信息技术和智能技术的集中和深度融合。各国和企业积极发展智能制造业。无论是发达国家还是新兴国家的产业发展重点都是智能制造。如,2013 年,德国发布《保障德国制造业的未来——关于实施工业 4.0 战略的建议》,被确定为《高技术战略 2020》十大未来项目之一,"工业 4.0"项目的核心内容就是智能工厂和智能生产,是以智能制造为主导的生产方法。2011 年,美国启动《先进制造业伙伴计划》和《先进制造业国家战略计划》,提出要推出一项耗资 7000 万美元的下一代机器人研究计划。为打造国家创新网络,建立区域性的制造创新中心,并相继成立了增材制造创新研究所、数字化制造与设计创新研究所等。日本布局建设覆盖产业链全过程的智能制造系统,先后出台信息技术发展计划和新增长策略;日本发布的第四期科技发展基本计划(2011—2015 年),要加强智能网络、高速数据传输、云计算等智能制造支撑技术的研究。

智能制造的发展主要表现为:"数字化"制造发展迅速,这一技术将改变未来产品的设计、销售和交付用户的方式,实现大规模定制和简单的设计,使制造业随时、随地、按不同需要进行生产成为可能,并彻底改变传统制造业的生产方式、销售模式;智能制造贯穿于生产的全过程,建模与仿真使产品设计日趋智能化;以工业机器人为代表的智能制造装备在生产过程中应用日趋广泛;基于智能化远程控制系统的智能化管理日益普遍;智能服务业新模式加速形成。

四、绿色低碳发展成为产业结构调整变革的重要内容

全球发展正处于深刻的调整期,在世界经济复苏动力不足,国际金融危机影

---

[1] 王忠宏:《把握全球技术创新的机遇》,《经济日报》2013年9月13日。

响尤存的情况下，无论是发达国家还是新兴经济体，都在探索新的发展空间，寻找新的增长动力，但气候变化、环境污染、生态退化等问题与生产制造的矛盾日益深化。绿色产业是应对危机和培育经济增长动力的重要途径，世界各国都高度重视绿色产业的发展。目前，绿色制造成为全球产业发展的共识。创新绿色科技、生产绿色产品、倡导绿色消费，不仅有助于减缓经济发展与资源环境之间的矛盾，而且可以创造新的市场需求，提供新的就业岗位。绿色低碳、节能环保产业已成为经济可持续发展的新引擎，同时也成为了全球跨国直接投资的新兴增长点。

如，欧盟制定了欧盟发展低碳技术的"路线图"，通过新的可再生能源立法，还通过排放权交易、能源税、绿色政府采购等方式，推动生产过程的低碳化。英国将低碳经济作为第四次技术革命的支柱，制定了《英国低碳工业战略》，发布了《英国低碳转换计划：气候与能源国家战略》，提出大力发展可再生能源、核能等清洁能源，积极推广碳捕获和封存等清洁能源技术，大力推广新能源汽车，对购买新能源汽车符合条件的人进行补贴等。韩国政府提出低碳绿色增长战略，发布了《绿色增长国家战略及五年计划》、《新增长动力规划及发展战略》、《绿色能源技术开发战略路线图》等文件，旨在依靠发展绿色环保技术和新再生能源，以实现节能减排、增加就业、创造经济发展新动力三大目标。

绿色制造日益普及。如，以空调市场为例，国家信息中心的数据显示，截至2014年7月，我国变频空调销售量占有比例已经达到47.30%，销售额占有比例达到52.70%。再如，到2013年底，美国可再生能源装机容量达93GW，5年内增长了28%。

五、制造业服务化成为重要趋势

制造业服务化是制造企业从满足客户需求、实现价值增值、提升企业竞争力等动因出发，由提供产品为中心向提供服务为中心转变的一种动态过程。制造业服务化是制造企业的战略转型和服务创新，它使企业的收入来源从有形的产品拓展到无形的服务，它延伸了制造业的价值链，促进了工业经济向服务经济的过渡。目前，制造业服务化已成为引领制造业产业升级和可持续发展的重要力量，服务对制造业价值增值的作用越来越重要。相关资料表明，在发达的制造业市场上，产品生产所创造的价值仅占总价值的1/3左右，而基于产品的服务所创造的价值占到了2/3。许多国家纷纷从国家战略高度推动制造业服务化转型，抢占国际竞争制高点。全球制造业正由"生产型制造"向"服务型制造"转变，制造和服务之间呈现明显融合和相互增强态势，制造业和服务业之间的界限日渐模糊。

目前，全球制造业服务化的发展特点主要表现为以下几个方面。

互联网技术的发展和应用正成为推动制造企业服务化发展的重要驱动力量。信息技术为企业向服务型制造商转型提供了技术支撑。电子商务、互联网金融、现代物流、工业设计、软件和信息服务等现代生产性服务迅猛发展，加快了制造业服务化进程。一方面，在研发、制造等产业环节，信息技术的广泛应用，实现各环节的信息共享，推动创新研发技术与制造技术创新，优化产品开发流程与周期，加快企业服务化过程。另一方面，信息技术为"产品－企业－服务"之间搭建高效便捷的通道，增强企业产品与服务之间联系，促进生产者与消费者实时互动，能让客户参与企业生产过程，注重融合研发与设计等个性化服务内容，满足个性定制需求，使得企业生产出来的产品不再大量趋同而是更具个性化。

制造业投入服务化和产出服务化趋势并存。世界主要国家制造业服务化具体实践活动出现在 20 世纪中后期，此后各国根据本国的资源禀赋和产业发展基础，或者注重制造业中间投入的服务化过程，或者加强制造业产出的服务化，提高制造企业服务业务收入比重。发展到目前，越来越多的制造企业把服务作为差异化竞争的重要手段，全球制造业服务化呈现出投入服务化和产出服务化并存趋势。一方面，制造业中间投入呈现服务化趋势，制造业中间投入中服务要素投入不断增加。如，OECD 成员国的制造业服务投入呈现出明显的上升趋势，日本、法国等国家 20 世纪 90 年代中期比 70 年代上升了 10 个百分点。另一方面，制造业产出中服务产出所占比重不断提升，制造型企业业务服务化趋势明显。如，OECD 成员国制造业产出中服务产出所占比重，由 20 世纪 70 年代的 15% 上升到 21 世纪初的 30%。

从企业来看，国际商业机器公司（IBM）、通用电气公司（GE）、卡特比勒、罗尔斯—罗伊斯航空发动机公司（ROLLS-ROYCE）、耐克（NIKE）、米其林轮胎等，都是向制造服务化转型较为成功的企业，其大量成功经验值得借鉴。如，IBM 以前主营业务是生产硬件，后经过业务的重组整合，已成功转型为"提供硬件、网络和软件服务的整体解决方案供应商"。通用公司经过多次调整其业务范围的侧重点，由最初专注于制造技术和制造业，向制造业服务化稳步发展，目前该企业的生产性服务业比重不断提升，这些领域收入和利润已成为通用公司收入和利润的主要来源。

六、全球产业转移和对外投资呈现新特征

全球的产业转移是资源配置和生产要素在全球范围内配置，降低交易成本，提高配置效率。从以往发生的全球产业转移来看，产业转移的顺序一般是先转移劳动密集型产业，接下来是资本密集型产业、技术密集型产业、服务业，方向一般是从发达国家向其他国家转移。第二次世界大战后，全球已经发生了三次大规模的产业转移：第一次是 20 世纪 50 年代，美国将钢铁、纺织等传统产业转移到日本、联邦德国等国家；第二次是 20 世纪 60 至 70 年代，日本、联邦德国将轻工、纺织等劳动密集型产业转向亚洲"四小龙"和部分拉美国家；第三次是 20 世纪 80 年代，欧、美、日等发达国家和新兴工业化国家将国内不具备竞争优势的产业向东盟和发展中国家转移。

目前，全球的产业转移相较于前几次的产业转移，出现新的变化：一是转移的动力发生改变。前三次转移中，企业主要是为追求利润最大化，将低端的产业和技术转移到生产要素价格相对低廉的国家或地区，是主动转移。而目前的产业转移主要是由于我国的劳动力等成本不断上升，企业利润收窄，企业不得不进行转移。二是转移方向由单向转向双向。此前的全球产业转移都是单方向，由经济发达国家向欠发达国家转移，而此次转移出现了双向转移。一方面是劳动密集型产业转移。东南亚、南亚、非洲等劳动力和资源价格低廉，吸引了大量外资的流入，主要承接劳动密集型产业；劳动型密集产业由中国沿海地区向中国中西部地区转移。另一方面，美国等发达国家的部分高端制造业回流。三是国际产业转移的主要模式为外包。外包指跨国公司为了进一步降低经营成本，将生产、营销、研发、设计、物流等非核心业务部分转移到发展中国家完成，自己仅保留核心技术，专注于核心竞争能力的提升和培育。跨国公司将非核心业务外包，整合优势资源，重点发展主导业务，实质上将有限的优质资源重点集中配置到企业的核心领域，通过缩小业务范围，掌握价值链的高端环节，降低了运营成本，突出主要核心竞争优势，从而获得高额的市场利润。四是服务业成为国际产业转移的重要倾向。随着新一轮的产业升级，服务业成为国际产业转移的新热点，许多发达国家把非核心的服务业务外包给成本较低的国家。

第二章　2014年我国产业结构调整的主要进展

2014年，我国经济告别高速增长时代，步入"新常态"。为改善实体经济发展环境，国家在稳增长、促改革、调结构、惠民生方面采取了一系列政策措施。2014年全年我国工业经济总体上保持了平稳的发展态势，全部工业增加值比2013年增长7%，规模以上工业增加值同比增长8.3%。工业内部结构调整也在加快，新产业、新业态、新技术和新模式发展较快，服务业和新兴产业加速崛起，技术创新对经济增长的推动开始发力；增长动力结构发生了变化，消费取代投资成为中国经济最主要驱动；区域结构发生了变化，东、中、西部地区经济发展的协调性进一步增强。

一、高技术产业和战略性新兴产业引领作用不断增强

我国高度重视高技术产业和战略性新兴产业的发展，在充分发挥市场配置资源决定性作用的基础上，采取了一系列措施为高技术产业和战略性新兴产业的发展营造良好发展环境。相继出台了生物、数字电视、集成电路、软件、平板显示等行业发展的产业政策。如，2014年上半年，我国组织实施了2014战略性新兴产业区域集聚试点工作，推动部分区域率先实现重点领域突破。再如2014年6月，我国发布了《国家集成电路产业发展推进纲要》。吸引社会和民间资本更多地投向新兴产业；启动实施了智能制造、北斗卫星导航等一批重大应用示范发展项目；建立产业创业投资引导基金，引导和推动新兴产业发展。如，2014年，中央财政下达战略性新兴产业发展专项资金20亿元，与地方政府联合参股，吸引社会投资者出资设立49支创业投资基金；国家集成电路产业投资基金成立。[1]

---

[1]　工业和信息化部赛迪研究院工业结构调整形势分析课题组：《2015年中国工业结构调整发展形势展望》，《中国信息化周报》2015年第1期。

目前，我国高技术产业、战略性新兴产业服务围绕经济发展方式转变的主线，发展呈现良好态势。国家的重大科技专项如"核高基"、新一代宽带无线移动通信网、高档数控机床和大型飞机等进展较为顺利；物联网的应用范围逐步扩大，用于工业、交通、物流、环保、医疗、安防等诸多领域。2014 年，高技术制造业增加值比 2013 年增长 12.3%，占规模以上工业增加值的比重为 10.6%；装备制造业增加值增长 10.5%，占规模以上工业增加值的比重为 30.4%。从各行业来看，化学原料和化学制品制造业增长 10.3%，金属制品业增长 11.6%，汽车制造业增长 11.8%，计算机、通信和其他电子设备制造业增长 12.2%，医药制造业增长 12.3%，有色金属冶炼和压延加工业增长 12.4%，铁路、船舶、航空航天和其他运输设备制造业增长 12.7%。新一代信息技术、生物、节能环保等新兴产业领域 18 个重点行业规模以上企业的主营业务收入达 15.9 万亿元，利润总额约 1.2 万亿元，同比分别增长 13.5% 和 17.6%，而全国规模以上工业企业主营业务收入和利润仅分别增长 3.3% 和 1.6%。从各地区来看，安徽、广西、江苏、湖北的战略性新兴产业增速均在 15% 以上；2014 年 1—9 月，深圳战略性新兴产业的增加值占地区生产总值的比重达到 37.7%。高技术产业企业的数量平稳增长，统计局数据显示，截至 2013 年底，我国规模以上高技术制造业共有 26894 家，在规模以上制造业企业中所占比重为 7.8%，比 2008 年提高了 1.3 个百分点。

二、产业组织结构持续优化

企业兼并重组保持活跃态势。2014 年 3 月，国务院印发了《进一步优化企业兼并重组市场环境的通知》（国发〔2014〕14 号），提出了推进审批制度改革、完善财税和职工安置政策、改善金融服务、加强产业政策指导等政策措施。发展改革委、工信、财政、国土、证监、银监等部门按照任务分工出台了配套的措施，其中，审批制度改革、职工安置等政策已经出台。这些政策的实施有效缓解了长期以来企业兼并重组存在的融资难、税负重、审批环节多、职工安置困难等问题，为企业并购营造了良好的政策和市场环境。2014 年，企业兼并重组市场交易活跃，据证监会统计，2014 年，我国企业兼并重组的数量为 2920 起，比 2013 年增长 40%，交易金额达到 1.45 万亿元人民币，比 2013 年增长 63.1%。与此同时，随着对外开放和国际合作力度进一步加大，刺激国内企业走出去，海外并购呈显著上升趋势。普华永道数据显示，2014 年，我国企业境外并购交易数量达到 272 起，交易金额达到 560 亿美元。在企业兼并重组的推动下，我国重点行业集中度不断提高，产业组织结构进一步优化。2014 年，前 5 家汽车生产企业全年累计销量占全行业比重接近 3/4，同比提高 2.15 个百分点；前 10 家汽车生产企业全年累计销量占全行业比重达到 89.72%，同比提高 1.34 个百分点。我国造船完工前 20 家企业的产业集中度为 71.6%，前 10 家集中度为 50.6%，分别比 2013 年提高 5.9%、3.2%。电解铝行业的集中度也不断提高，2014 年，前 10 家企业的产业集中度达到 77%，前 5 家达到 58%。大型建材企业集团通过并购重组，市场集中度进一步提高，前 10 家水泥集团熟料产能达到 9.16 亿吨，产业集中度为 52%，其中中国建材集团水泥熟料总产能达 3 亿吨，占全行业的 17%。我国稀土行业也已形成包钢集团、中国五矿、中铝公司、广东稀土、赣州稀土和厦门钨业等 6 家企业为主导的发展格局，集中度进一步提高。

三、产能过剩倒逼工业转型升级更为明显

产能过剩是制约我国工业经济发展的痼疾，化解过剩产能矛盾是促进工业转型升级的重要举措。2014 年，工业和信息化部发布《关于做好部分产能严重过剩行业产能置换工作的通知》（工信部产业〔2014〕296 号）、《关于部分产能严重过剩行业在建项目产能置换有关事项的通知》（工信部产业〔2014〕327 号），对钢铁、电解铝、水泥、平板玻璃行业新（改、扩）建项目，实施产能等量或减量置换。国家发展改革委、工业和信息化部发布《关于建立化解产能严重过剩矛盾信息报送机制的通知》（发改办产业〔2014〕1684 号），建立信息报送制度。此外配套的金融、财税、环保、能耗等政策不断完善。

随着化解过剩产能各项政策的落实、产能过剩倒逼企业技术升级、战略调整甚至是退出的效应充分发挥，工业结构转型升级的速度进一步加快。一方面钢铁、水泥、电解铝、平板玻璃等行业产能过剩，这些行业的利润水平一直未有明显提高，企业生存愈加困难，迫使部分企业缩减产能，降低成本，有条件的企业通过引进先进技术设备提升产品附加值，或通过并购、战略合作等手段另找出路，从而加快落后产能的淘汰，进而带动全行业技术水平的提升。另一方面，化解产能过剩、淘汰落后等政策力度的加强将加快落后产能的退出。特别是部分行业产能等量减量置换办法的实施、环境保护压力的加大和负面清单管理方式的实施将增大企业生产经营压力，企业要扩大规模，就必须淘汰落后产能，这也将倒逼企业

提升技术和设备水平。

四、生产性服务业支撑作用不断增强

生产性服务业是与制造业直接相关的产业，涉及工业的各环节，包括研发设计、第三方物流、融资租赁、信息技术服务、节能环保服务、检验检测认证、电子商务、商务咨询、服务等领域。加快发展生产性服务业，可以促进结构调整和经济稳定增长，既可以扩大内需、创造就业岗位、提高人民生活水平，也有利于引领产业向价值链高端提升，实现服务业与工业等在更高水平上有机融合，促进产业转型升级。我国出台了相关促进政策，如，2014 年 8 月，国务院发布了《国务院关于加快生产性服务业促进产业结构调整升级的指导意见》（国发〔2014〕26 号），国家首次对生产性服务业进行全面部署。2014 年，我国服务业所占比重为 48.2%；部分生产性服务业的固定资产投资快速增长，如信息传输、软件和信息技术服务业的固定资产投资同比增长 38.6%（见表 2-1）。

表 2-1 2014 年部分生产性服务业固定资产投资及增长速度

行业	投资额（亿元）	比上年增长（%）
批发和零售业	15669	25.7
交通运输、仓储和邮政业	42984	18.6
信息传输、软件和信息技术服务业	4287	38.6
金融业	1360	10.5
租赁和商务服务业	7970	36.2
科学研究和技术服务	4205	34.7
水利、环境和公共设施管理业	46274	23.6

资料来源：《2014 年国民经济和社会发展统计公报》。

表 2-2 部分行业增加值在国内生产总值中所占比重 单位：%

指标	2008年	2009年	2010年	2011年	2012年	2013年
批发和零售业	8.3	8.4	8.8	9	9.3	9.6
交通运输、仓储和邮政业	5.2	4.8	4.6	4.5	4.4	4.4
金融业	5.8	6.3	6.3	6.3	6.6	7

资料来源：国家统计局。

五、区域产业联动协调发展

我国对原有东、中、西三大区域发展布局模式进行了调整，要重点实施"一带一路"、京津冀协同发展、长江经济带三大战略，促进跨区域产业协调发展。我国制定了"海上丝绸之路"和"丝绸之路经济带"发展战略，400亿元的丝路基金的成立、亚洲基础设施投资银行的成立等为"一带一路"战略沿线国家基础设施、资源开发、产能合作和金融合作等以及互联互通有关的项目提供投融资支持平台。2014年9月，国务院印发了《关于依托黄金水道推动长江经济带发展的指导意见》（国发〔2014〕39号），提出要将长江经济带打造成东中西互动合作的协调发展带。我国目前大力推进京津冀区域经济一体化发展。可见，国家区域经济发展思路的转变将带动东中西部产业的共同发展，促进区域经济协调发展。

在国家实施产业转移和区域布局的调整中，区域经济协调发展出现了新进展。2014年前三季度，我国经济增速最快的10个省区市中，中西部地区占据8位。2014年12月，东、中、西部地区规模以上工业增加值当月同比增速分别为7.1%、8.1%、10.6%，可以看到，增速由高到低依次为西部、中部、东部。但是东部地区在产业结构调整方面仍发挥着带头作用，先进制造业、高新技术产业等都是东部地区发展重点。自贸区的带动作用不断增强，上海自贸区设立之后，广东、福建和天津三个自贸区也相继启动，进一步提升区域经济开放度。

专 题 篇

第三章　优化产业组织结构

　　企业兼并重组可以促进企业优化资源配置、增强竞争力，可以促进产业结构的调整优化、提高发展质量效益。一直以来，产业组织结构问题研究的重点在市场结构。一般来说，市场结构被理解为同一产业内企业的集中或分散程度，同时也包括大、中、小企业之间的分工协作关系。随着经济的发展、企业规模日益增大和市场竞争的不断加剧，产业组织结构在产业经济与市场经济中的重要性日益提升，产业结构的调整和升级需要依托产业组织结构的优化。

第一节　2014年促进企业兼并重组政策解析

　　2014年，围绕着促进企业兼并重组，优化产业组织结构，促进企业做大做强，国务院以及工业和信息化部、商务部、财政部、人力资源和社会保障部等部门纷纷出台了一些相关的政策和文件。地方政府积极响应国家的政策，纷纷出台促进本地区的企业兼并重组的政策。企业兼并重组的制度性障碍进一步被消除，有利于企业兼并重组的政策和市场环境不断优化。

一、推进企业兼并重组的政策情况

（一）国家层面的政策

　　近年来，我国政府重视对企业兼并重组的引导和支持。2014年3月，国务院发布了《国务院关于进一步优化企业兼并重组市场环境的意见》（国发〔2014〕14号，以下简称国发14号文）。之后，我国各部委相继发布了一系列的政策文件，完善了企业兼并重组税收政策，对审批制度进行了改革，进一步完善了资本市场，进一步化解了体制机制障碍等，可以说企业兼并重组的政策环境进一步完善，加快了产业结构的调整步伐。这些政策基本上可以分为以下几个方面。

税收和金融方面，财政部、税务总局印发了《关于促进企业重组有关企业所得税处理问题的通知》（财税〔2014〕109号）、《关于非货币性资产投资企业所得税政策问题的通知》（财税〔2014〕116号）、《关于企业改制重组有关土地增值税政策的通知》（财税〔2015〕5号）等；银监会发布了《商业银行并购贷款风险管理指引》（银监发〔2015〕5号）等。

行政审批方面，工业和信息化部与证监会、发展改革委、商务部联合发布了《上市公司并购重组行政许可并联审批工作方案》；国家发展改革委发布了《境外投资项目核准和备案管理办法（中华人民共和国国家发展和改革委员会令2014年第9号），《外商投资项目核准和备案管理办法》（中华人民共和国国家发展和改革委员会令2014年第12号）；商务部发布了《境外投资管理办法》（商务部令2014年第3号），《关于经营者集中简易案件适用标准的暂行规定》（商务部公告2014年第12号）；证监会发布了《关于修改〈上市公司收购管理办法〉的决定》（中国证券监督管理委员会令第108号）等。

职工安置方面，人力资源和社会保障部、财政部、发展改革委、工业和信息化部联合印发了《关于失业保险支持企业稳定岗位有关问题的通知》（人社部发〔2014〕76号），利用失业保险金支持符合一定条件的兼并重组企业稳定职工岗位。

发挥资本市场作用方面，证监会发布了《上市公司重大资产重组管理办法》（中国证券监督管理委员会令第109号）、《非上市公众公司收购管理办法》（中国证券监督管理委员会令第102号）、《非上市公众公司重大资产重组管理办法》（中国证券监督管理委员会令第103号）等。

表3-1　国家层面兼并重组主要政策

序号	发布时间	发布单位	政策名称
1	2014年1月10日	国家外汇局	国务院关于进一步优化企业兼并重组市场环境的意见（国发〔2014〕14号）
2	2014年3月7日	国务院	国家外汇管理局关于进一步改进和调整资本项目外汇管理政策的通知（汇发〔2014〕2号）

（续表）

序号	发布时间	发布单位	政策名称
3	2014年2月14日	质检总局、发展改革委、工信部	关于严格工业产品生产许可管理切实做好化解产能严重过剩有关工作的通知（国质检监〔2014〕64号）
4	2014年3月21日	证监会	优先股试点管理办法（中国证券监督管理委员会令第97号）
5	2014年3月21日	保监会	关于印发《保险公司收购合并管理办法》的通知（保监发〔2014〕26号）
6	2014年5月9日	国务院	国务院关于进一步促进资本市场健康发展的若干意见（国发〔2014〕17号）
7	2014年5月28日	住建部	住房城乡建设部关于建设工程企业发生重组、合并、分立等情况资质核定有关问题的通知（建市〔2014〕79号）
8	2014年5月30日	工信部	工业和信息化部关于做好优化企业兼并重组市场环境工作的通知（工信部产业〔2014〕174号）
9	2014年6月3日	最高人民法院	关于人民法院为企业兼并重组提供司法保障的指导意见（法发〔2014〕7号）
10	2014年6月6日	商务部	关于经营者集中简易案件适用标准的暂行规定（商务部公告2014年第12号）
11	2014年6月6日	发展改革委	境外投资项目核准和备案管理办法（中华人民共和国国家发展和改革委员会令2014年第9号）
12	2014年6月6日	发展改革委	外商投资项目核准和备案管理办法（中华人民共和国国家发展和改革委员会令2014年第12号）
13	2014年6月6日	国务院办公厅	国务院办公厅关于转发工业和信息化部等部门推动婴幼儿配方乳粉企业兼并重组工作方案的通知（国办发〔2014〕28号）
14	2014年6月23日	证监会	非上市公众公司收购管理办法（中国证券监督管理委员会令第102号）
15	2014年6月23日	证监会	非上市公众公司重大资产重组管理办法（中国证券监督管理委员会令第103号）
16	2014年7月11日	国资委	关于促进企业国有产权流转有关事项的通知（国资发产权〔2014〕95号）
17	2014年9月6日	商务部	境外投资管理办法（商务部令2014年第3号）
18	2014年10月15日	证监会	关于改革完善并严格实施上市公司退市制度的若干意见（证监会2014年第107号令）

（续表）

序号	发布时间	发布单位	政策名称
19	2014年10月23日	证监会	上市公司重大资产重组管理办法（中国证券监督管理委员会令第109号）
20	2014年10月23日	证监会	关于修改《上市公司收购管理办法》的决定（中国证券监督管理委员会令第108号）
21	2014年10月24日	工信部、证监会、发展改革委、商务部	上市公司并购重组行政许可并联审批工作方案
22	2014年11月6日	人社部、财政部、发展改革委、工信部	关于失业保险支持企业稳定岗位有关问题的通知（人社部发〔2014〕76号）
23	2014年12月25日	财政部、税务总局	关于促进企业重组有关企业所得税处理问题的通知（财税〔2014〕109号）
24	2014年12月31日	财政部、税务总局	关于非货币性资产投资企业所得税政策问题的通知（财税〔2014〕116号）
25	2014年12月31日	工信部	关于进一步优化光伏企业兼并重组市场环境的意见（工信部电子〔2014〕591号）
26	2015年2月2日	财政部、税务总局	关于企业改制重组有关土地增值税政策的通知（财税〔2015〕5号）
27	2015年2月13日	国家外汇局	国家外汇管理局关于进一步简化和改进直接投资外汇管理政策的通知（汇发〔2015〕13号）
28	2015年3月12日	银监会	商业银行并购贷款风险管理指引（银监发〔2015〕5号）

资料来源：赛迪智库产业政策研究所，2015年。

此外，外汇改革方面，国家外汇管理局发布了《国家外汇管理局关于进一步改进和调整资本项目外汇管理政策的通知》（汇发〔2014〕2号）、《国家外汇管理局关于进一步简化和改进直接投资外汇管理政策的通知》（汇发〔2015〕13号）等；促进重点行业兼并重组方面，出台了促进婴幼儿配方乳粉、光伏等行业兼并重组的政策。

（二）地方层面的政策

《国务院关于进一步优化企业兼并重组市场环境的意见》（国发〔2014〕14号）发布之后，我国各地区积极响应，积极贯彻落实国发14号文。目前，甘肃、河北、湖南、广西、青海、四川、重庆、河南等10余个省（区、市）发布了落实国发14号文件的实施方案或意见，支持本地区企业兼并重组。如，2014年7月，甘肃省发布了《甘肃省人民政府关于进一步优化企业兼并重组市场环境的实施意见》（甘政发〔2014〕71号），提出从六个方面来优化甘肃省企业兼并政策环境。2014年8月，广西发布了《广西壮族自治区人民政府办公厅关于印发进一步优化企业兼并重组市场环境实施方案的通知》（桂政办发〔2014〕81号），提出加快行政审批制度改革、改善金融服务、落实和完善财税政策、完善土地和职工安置政策、加强产业政策引导、健全企业兼并重组的体制机制。2014年11月的《重庆市经济和信息化委员会关于进一步推进企业兼并重组的通知》（渝经信企业〔2014〕15号），提出要全面落实支持企业兼并重组的各项政策。2014年8月，河北省政府发布了《河北省人民政府关于进一步优化企业兼并重组市场环境的实施意见》（冀政〔2014〕84号）。2014年12月，河南省发布了《河南省人民政府关于进一步优化企业兼并重组市场环境的实施意见》（豫政〔2014〕97号）。2014年8月，湖南省发布了《湖南省人民政府办公厅转发省经信委〈关于加快推进食品医药企业兼并重组的意见〉的通知》（湘政办发〔2014〕69号），提出了食品医药企业兼并重组目标。

表3-2 地方层面企业兼并重组主要政策

序号	发布时间	政策名称
1	2014年7月	甘肃省人民政府关于进一步优化企业兼并重组市场环境的实施意见（甘政发〔2014〕71号）
2	2014年8月	河北省人民政府关于进一步优化企业兼并重组市场环境的实施意见（冀政〔2014〕84号）
3	2014年8月	湖南省人民政府办公厅转发省经信委《关于加快推进食品医药企业兼并重组的意见》的通知（湘政办发〔2014〕69号）
4	2014年8月	广西壮族自治区人民政府办公厅关于印发进一步优化企业兼并重组市场环境实施方案的通知（桂政办发〔2014〕81号）
5	2014年11月	青海省人民政府办公厅关于进一步优化企业兼并重组市场环境的实施意见（青政办〔2014〕167号）
6	2014年11月	四川省人民政府办公厅关于印发促进企业兼并重组指导意见的通知（川办发〔2014〕91号）
7	2014年11月	重庆市经济和信息化委员会关于进一步推进企业兼并重组的通知（渝经信企业〔2014〕15号）

（续表）

序号	发布时间	政策名称
8	2014年12月	河南省人民政府关于进一步优化企业兼并重组市场环境的实施意见（豫政〔2014〕97号）
9	2014年12月	江西省人民政府关于进一步优化企业兼并重组市场环境的实施意见（赣府发〔2014〕43号）
10	2015年2月	安徽省人民政府办公厅关于进一步优化企业兼并重组市场环境的实施意见（皖政办〔2015〕6号）

资料来源：赛迪智库产业政策研究所，2015年。

二、重点政策解析

2014年，我国对于企业兼并重组的支持主要表现为以下几个方面。

（一）加大对企业兼并重组的税收支持，减轻企业负担

从现行兼并重组税收政策来看，企业兼并重组涉及的税收主要有所得税、增值税、营业税、契税、印花税、土地增值税等。税收成本是企业并购成本的重要组成部分，其中影响最大的是企业兼并重组所得税，而可以享受税收优惠的企业的范围较窄。因此，我国对兼并重组企业所得税特殊性税务处理的适用条件进行了修订，扩大了特殊性税务处理的企业适用范围，符合一定条件的非货币性资产投资涉及的企业所得税可以享受5年递延纳税政策，并对土地增值税进行了调整。

《关于促进企业重组有关企业所得税处理问题的通知》（财税〔2014〕109号）对兼并重组企业所得税特殊性税务处理的适用条件进行了修订：一是关于股权收购，将《财政部 国家税务总局关于企业重组业务企业所得税处理若干问题的通知》（财税〔2009〕59号）第六条第（二）项中有关"股权收购，收购企业购买的股权不低于被收购企业全部股权的75%"规定调整为"股权收购，收购企业购买的股权不低于被收购企业全部股权的50%"。二是对于资产收购。将财税〔2009〕59号文件第六条第（三）项中"有关资产收购，受让企业收购的资产不低于转让企业全部资产的75%"规定调整为"资产收购，受让企业收购的资产不低于转让企业全部资产的50%"。对于非货币性资产投资，财政部和国家税务总局发布的《关于非货币性资产投资企业所得税政策问题的通知》（财税〔2014〕116号）规定：居民企业以非货币性资产对外投资确认的非货币性资产转让所得，可在不

超过 5 年期限内，分期均匀计入相应年度的应纳税所得额，按规定计算缴纳企业所得税。新的企业兼并重组所得税政策将被收购股权或资产比例由不低于 75% 调整为不低于 50%，拓宽了适用特殊性税务处理的企业重组范围。新政策将上海自贸区非货币性资产投资递延纳税政策推广到了全国，鼓励企业进行非货币性资产对外投资，缓解企业纳税负担。

对于土地增值税，《关于企业改制重组有关土地增值税政策的通知》（财税〔2015〕5 号）提出：非公司制企业整体改建为有限责任公司或者股份有限公司，有限责任公司（股份有限公司）整体改建为股份有限公司（有限责任公司）。对改建前的企业将国有土地及房屋权属转移、变更到改建后的企业；按照法律规定或者合同约定，两个或两个以上企业合并为一个企业，且原企业投资主体存续的，对原企业将国有土地及房屋权属转移、变更到合并后的企业。按照法律规定或者合同约定，企业分设为两个或两个以上与原企业投资主体相同的企业，对原企业将国有土地及房屋权属转移、变更到分立后的企业。单位、个人在改制重组时以国有土地、房屋进行投资，对其将国有土地及房屋权属转移、变更到被投资的企业。这些情况下可暂不征收土地增值税。

（二）取消和下放部分行政审批事项，提高审批效率

从我国实际情况来看，长期以来，企业兼并重组的行政审批涉及多个部门，属于，而且是串行审批，审批程序复杂，手续繁多，周期较长，给企业造成了巨大的时间成本和机会成本。为此，我国取消和下放了一批行政审批事项，优化审批流程，提高审批效率，进一步优化企业兼并重组市场环境。其中，主要有以下几个方面。

工业和信息化部、证监会、发展改革委、商务部联合发布了《上市公司并购重组行政许可并联审批工作方案》，将发展改革委实施的境外投资项目核准和备案、商务部实施的外国投资者战略投资上市公司核准和经营者集中审查等三项审批事项，不再作为证监会上市公司并购重组行政许可审批的前置条件，改为并联式审批。

证监会发布的《上市公司重大资产重组管理办法》（中国证券监督管理委员会令第 109 号），取消了对不构成借壳上市的上市公司重大购买、出售、置换资产行为的审批；取消了要约收购事前审批及两项要约收购豁免情形的审批。《关于修改〈上市公司收购管理办法〉的决定》（中国证券监督管理委员会令第

108 号）取消"因取得上市公司发行新股导致持股超过 30%、金融机构因承销导致持股超过 30%"两种情形的豁免审批。

发展改革委发布的《境外投资项目核准和备案管理办法》（中华人民共和国国家发展和改革委员会令 2014 年第 9 号）提出，除涉及敏感国家或地区、敏感行业的项目外，对境外投资项目一律取消核准，实行备案管理。涉及敏感国家和地区、敏感行业的境外投资项目，由国家发展改革委核准。其中，中方投资额 20 亿美元及以上的，由国家发展改革委提出审核意见报国务院核准。《外商投资项目核准和备案管理办法》（中华人民共和国国家发展和改革委令 2014 年第 12 号）提出创新外商投资管理，将外商投资项目由核准调整为核准加备案分类管理方式。

商务部发布的《境外投资管理办法》（商务部令 2014 年第 3 号）提出，企业境外投资涉及敏感国家和地区、敏感行业的，实行核准管理；企业其他情形的境外投资，实行备案管理；加强事后监管与服务。《关于经营者集中简易案件适用标准的暂行规定》（商务部公告 2014 年第 12 号）简化了部分简易案件审查程序，简化案件申报材料，加快立案时间，提高案件审查效率。

（三）充分发挥资本市场作用，丰富融资工具

目前，我国存在资本市场体系不健全、并购融资的金融工具有限、并购基金处于初级发展阶段等问题。为此，证监会、银监会等部门发布了一系列政策文件，其中主要有：

证监会发布了《上市公司重大资产重组管理办法》（中国证券监督管理委员会令第 109 号）、《非上市公众公司收购管理办法》（中国证券监督管理委员会令第 102 号）、《非上市公众公司重大资产重组管理办法》（中国证券监督管理委员会令第 103 号）等，对上市公司兼并重组融资渠道进行了拓宽，支持符合条件的企业可通过发行股票、可转换债券等方式进行融资；鼓励证券公司开展兼并融资业务；非上市公众公司兼并重组，不实施全面要约收购制度，对上市公司兼并重组的股份定价机制进行了完善，对发行股份的定价增加了定价弹性和调价机制规定；对借壳上市的定义进行了完善，明确对借壳上市执行与 IPO 审核等同的要求，明确创业板上市公司不允许借壳上市；非上市公众公司兼并重组，允许实行股份协商定价；鼓励依法设立的并购基金、股权投资基金、创业投资基金、产业投资基金等投资机构参与上市公司并购重组。

证监会发布《优先股试点管理办法》（中国证券监督管理委员会令第 97 号）

提出：上市公司可以发行优先股，非上市公众公司可以非公开发行优先股；普通股为上证50指数成份股，以公开发行优先股作为支付手段收购或吸收合并其他上市公司，以减少注册资本为目的回购普通股的，可以公开发行优先股作为支付手段，或者在回购方案实施完毕后，可公开发行不超过回购减资总额的优先股；上市公司发行优先股，可以申请一次核准，分次发行。优先股试点是我国资本市场的一个重大创新，丰富了上市公司并购支付方式。

（四）优化并购融资服务，加大金融支持力度

随着企业并购的不断活跃，商业银行的并购贷款发展也较为迅速。中国工商银行数据显示，截至2014年底，工行本外币并购贷款余额为818亿元，仅2014年一年即发放471亿元。国家开发银行数据显示，截至2015年2月底，该行并购贷款余额为643亿元，其中境外并购贷款503亿元，占并购贷款余额的78%。[1]

为更好地发挥并购贷款对企业兼并重组的支持作用，银监会发布了修订后的《商业银行并购贷款风险管理指引》（银监发〔2015〕5号）。此次修订将并购贷款期限从5年延长至7年，将并购贷款占并购交易价款的比例从50%提高到60%；将担保的强制性规定修改为原则性规定，同时删除了担保条件应高于其他种类贷款的要求，允许商业银行在防范并购贷款风险的前提下，根据并购项目风险状况、并购方企业的信用状况合理确定担保条件。这些条款的修订可以更好地满足企业融资需求。此外，由于一些项目涉及基础设施建设、矿产资源整合，投资回报所需期限较长，并购贷款期限的延长更加符合并购交易实际情况。

（五）加大对职工安置的支持力度

在企业兼并重组过程中，职工是否妥善安置，不但影响并购的顺利进行，也将直接影响并购后的整合工作。妥善、合理安置职工，有利于矛盾的解决，促进就业和维护社会稳定。而安置职工需要一定的资金支持，为此，2014年11月，人力资源和社会保障部、财政部、发展改革委、工业和信息化部联合印发了《关于失业保险支持企业稳定岗位有关问题的通知》（人社部发〔2014〕76号），利用失业保险金支持符合一定条件的实施兼并重组企业的稳定职工岗位补贴。企业兼并重组被列为政策的范围之一，即在日常经营活动之外发生法律结构或经济结构重大改变的交易，并使企业经营管理控制权发生转移，包括实施兼并、收购、

---

[1] http://www.ce.cn/xwzx/gnsz/gdxw/201503/13/t20150313_4809469.shtml。

合并、分立、债务重组等经济行为的企业。其中规定：可按不超过该企业及其职工上年度实际缴纳失业保险费总额的 50% 给予稳岗补贴，所需资金从失业保险基金中列支。稳岗补贴主要用于职工生活补助、缴纳社会保险费、转岗培训、技能提升培训等相关支出。

（六）改革外汇登记制度，促进投资便利化

为进一步深化资本项目外汇管理改革，促进和便利企业跨境投资资金运作，规范直接投资外汇管理业务，提升管理效率，国家外汇管理局发布的《国家外汇管理局关于进一步改进和调整资本项目外汇管理政策的通知》（汇发〔2014〕2 号）提出，境外直接投资前期费用累计汇出额不超过 300 万美元，且不超过中方投资总额 15% 的，境内机构可凭营业执照和组织机构代码证向所在地外汇局办理前期费用登记。取消境外放款额度 2 年有效使用期限制。《国家外汇管理局关于进一步简化和改进直接投资外汇管理政策的通知》（汇发〔2015〕13 号）提出，取消境内直接投资项下外汇登记核准和境外直接投资项下外汇登记核准两项行政审批事项。取消境内直接投资项下外国投资者非货币出资确认登记和外国投资者收购中方股权出资确认登记。将外国投资者货币出资确认登记调整为境内直接投资货币出资入账登记。取消境外再投资外汇备案。取消直接投资外汇年检，改为实行存量权益登记。

此外，对兼并重组土地使用政策进行了完善。国发 14 号文提出要完善土地管理政策，为解决企业兼并重组中涉及的土地使用问题，国土资源部指导各地国土资源部门对企业兼并重组涉及土地转让、改变用途的，依法依规加快办理相关用地手续；住房和城乡建设部对规范土地转让及改变用途中的规划管理。鼓励优强企业兼并重组，如，《关于进一步优化光伏企业兼并重组市场环境的意见》（工信部电子〔2014〕591 号）鼓励骨干光伏企业实施兼并重组。规范企业兼并重组行为；引导企业开展跨国并购，等等。

第二节　2014 年企业兼并重组基本情况

一、主要进展情况

（一）总体情况

2014 年，国际金融危机影响并未完全消除，世界经济复苏缓慢。从历史上历次并购重组的浪潮可判断，当前是企业兼并重组时间窗口期，金融危机期间盈利状况较好的企业纷纷抓住部分企业经营不善、濒临破产的良机，开始收购优质资产，国内并购市场均呈现出近年来最为活跃的态势。2014年，我国企业兼并重组有序推进，并取得积极进展。企业兼并重组的数量和交易额均有较大增长。以上市公司为例，据证监会统计，2014年我国企业兼并重组的数量为2920起，比2013年增长40%，交易金额达到1.45万亿元人民币，比2013年增长63.1%。[1]

从各区域来看，华东地区的上市公司的并购交易数量最多，华北地区的并购交易额最大。2014年，华东地区企业兼并重组交易金额和交易数量占全国的比重分别为46.4%和39.7%。从各省份来看，交易金额在全国排前三位的分别是北京、上海和浙江。

表3-3　2014年上市公司并购区域分布

区域	已完成交易数目	已完成交易总价值 (亿元)
中南地区	362	1428.7
西北地区	95	370.2
华东地区	614	2023.9
华北地区	284	4363.4
西南地区	129	608.6
东北地区	62	220.2

数据来源：Wind数据库。

从各行业来看，制造业企业的兼并重组最为频繁。2014年，制造业企业兼并重组交易数量占全部交易数量的比重达到62.9%，信息传输、软件和信息技术服务业、房地产业并购活跃，兼并重组交易数量占总量的比重分别为8.8%和5.3%，排在第二、三位；2014年，钢铁、水泥、平板玻璃、电解铝、船舶五个产能严重过剩行业61家上市公司发生33单兼并重组，平均每家公司发生兼并重组0.54单，不到全部上市公司平均1.12单水平的一半。[2]

从经济类型来看，民营经济在并购市场中发挥越来越重要的作用。2014年，民营经济参与兼并重组的交易数量和交易金额占全年的比重分别为65.9%和

---

[1]　工业和信息化部产业政策司。
[2]　工业和信息化部产业政策司。

43.9%，均为几年来的最高值。

从交易类型看，企业并购交易主要以产业整合类型兼并重组（指收购资产所属行业与上市公司所属行业相关、相近或上下游的并购重组）交易为主。2014年，产业整合类型兼并重组的交易数量和交易金额分别占全年的49.9%和42.8%。

海外并购方面，海外并购成为拉动我国对外投资增长的重要引擎。普华永道数据显示，2014年，我国大陆企业的海外并购数量272起，涉及交易金额达569亿美元。主要分布在北美洲、欧洲、亚洲。地方企业"走出去"步伐加快，改变了以前主要靠央企、国企"走出去"的局面，民营企业的并购数量翻番，非金融领域对外直接投资的民企占40%；从行业来看，2014年我国企业海外并购领域不断拓宽，呈多元化发展趋势。对外投资的热点领域仍然是能源矿产行业领域继续成为投资热点，如，五矿资源等企业联营体以58.5亿美元收购秘鲁拉斯邦巴斯铜矿；国家电网公司以21.01亿欧元收购意大利存贷款能源网公司35%股权。制造业领域并购不断升温，如，联想集团以29.1亿美元收购美国摩托罗拉公司移动手机业务；东风汽车有限公司以10.9亿美元收购法国标致雪铁龙集团14.1%股权。农业领域，中粮集团以15亿美元并购新加坡来宝农业公司和以12.9亿美元并购荷兰尼德拉公司，成为迄今农业领域对外投资最大的两个项目。

（二）部分行业情况

1. 水泥行业

2014年，水泥行业的产量为24.9亿吨，同比增长1.8%，比2013年回落7.8个百分点，建成投产熟料生产线54条，总产能7000多万吨。水泥行业逐步转向内涵式增长。[1]根据北京交通大学中国企业兼并重组研究中心数据库、中国水泥协会网和北京、上海、重庆等产权交易所公告，2014年全国水泥行业共首次披露47项兼并重组事件，比2013年增长96%；披露金额的并购交易为45宗，涉及人民币约200.53亿元。

典型的并购案例主要有：四川双马拟通过向拉法基中国发行股份，购买其持有的都江堰拉法基25%的股权总价值约为83234.18万元；亚洲水泥非全资附属公司四川亚东以10亿元人民币，收购四川兰丰水泥全部权益；秦岭水泥向中再生等11名交易对象发行境内上市人民币普通股股票，购买发行对象合计持有的

---

[1] 工信部，http://www.miit.gov.cn/n11293472/n11293832/n11293907/n12246780/16458375.html。

黑龙江省中再生废旧家电拆解有限公司等 8 家公司股权，合计预估值 18.74 亿元；光华控股面向金圆控股等 10 名交易对象定向发行股份，收购其合计持有的互助金圆 100% 股权，拟定的交易价格为 24.71 亿元；中国建材以约 15 亿元入股山水水泥；台泥国际以 12.7 亿元人民币收购湖南金大地材料有限公司全部股权。

从各地区情况来看，河南省政府层面也有意通过天瑞水泥、同力水泥、中联水泥三家水泥龙头企业实施兼并重组，提高河南水泥市场集中度。东北地区水泥企业不断探索企业兼并重组的新模式，亚泰水泥、北方水泥等多数水泥企业积极用并购重组理念来推进市场经营模式的创新，逐步采取相互参股、委托经营等新方式，以维护市场供需平衡和制止恶性竞争。2014 年 7 月 18 日，东北重点水泥企业兼并重组研讨会上成立了东北地区推进水泥企业兼并重组协调小组。

2. 稀土行业

根据中国企业兼并重组研究中心、中国企业兼并重组数据库 ChinaMerger、中国稀土行业协会网、北京、上海、重庆产权交易所等统计，我国稀土行业 2014 年全年共发生兼并重组交易 5 宗，交易金额为 305.41 亿元。关联交易数量为 2 宗，占整个交易数量的 40%，金额为 301.86 亿元，占整个交易金额的 98.84%；非关联交易 3 宗，占整个交易数量的 60%，金额为 3.55 亿元，占整个交易金额的 1.16%。2014 年初，我国稀土行业基本形成了以包钢集团、中国五矿、中铝公司、广东稀土、赣州稀土和厦门钨业 6 家企业为主导的"1+5"行业发展格局。2014 年末，已经完成了包钢集团为主的北方稀土集团、厦门钨业为主的厦门稀土集团、中铝公司为主的中国稀有稀土集团、中国五矿为主的中国五矿稀土集团、广晟有色为主的广东省稀土产业集团和赣州稀土集团 6 大稀土集团组建实施方案备案。可以说，2014 年稀土产业的兼并重组取得了实质性进展。

3. 电解铝行业

我国电解铝行业产能过剩问题严重、产业组织结构不合理、产业集中度不高、企业小而分散，而产业集中度低导致资源配置效率不高，重复研发、重复建设问题严重。2014 年电解铝行业兼并重组较为平缓，共发生 9 宗兼并重组交易，披露的交易金额达 50.27 亿元。交易数量比 2013 年下降了 25%。交易金额比 2013 年的 126.03 亿元下降 60.11%，2014 年兼并重组交易数额较为平均，无超大额并购交易。

典型的案例主要有：2014年8月15日，焦作万方铝业股份有限公司与吉奥高投资签订《拉萨经济技术开发区100%股权转让协议》，以自有资金17亿元收购吉奥高投资控股有限公司下属的万吉能源科技有限公司100%股权。为完善上下游产业链，增强竞争力，云南铝业股份有限拟非公开发行股票募集资金购买冶金投资持有的源鑫炭素100%股权以及冶金集团、阿鲁国际持有的浩鑫铝箔86.92%股权，共计11.51亿元。

4.医药行业

根据北京交通大学中国企业兼并重组研究中心ChinaMerger数据库和北京、上海、重庆等产权交易所的公告，2014年医药制造业共发生兼并重组事件107起，有披露的交易金额达到624亿元人民币。化学药、中药和生物制药三个细分行业交易数量分别为21起、12起和33起，交易金额分别为51.7亿元、24.7亿元和101.7亿元人民币。医药行业的并购主要表现为品种导向。通过对制药企业间的并购进行分析发现，好的产品一直受各医药企业的青睐，也是近年来药品制造行业并购的主要趋势。在药品评审速度慢，新品研发周期长、投入高且风险大的背景下，直接收购现成的品种已经成为企业丰富自身产品线、整合行业资源的重要途径。

典型并购案例主要有：2014年4月，康恩贝制药有限公司以现金9.945亿元收购贵州拜特制药有限公司51%股权，这是康恩贝上市以来最大的一起并购案。2014年8月，西南药业宣布以41亿元收购蓝宝石奥瑞德光电技术股份有限公司100%股权，该并购案不仅涉及西南药业背后的国企改革，又涉及药企的转型。2014年9月，上海莱士血液制品有限公司拟以47.57亿元收购同路生物制药有限公司89.77%股权，交易完成后，同路生物成为上海莱士控股子公司。

5.互联网行业

2014年，互联网行业的并购非常活跃，百度、腾讯和阿里巴巴三大巨头继续引领着互联网行业的并购。互联网领域的并购呈现出以下特点：移动互联网领域并购不断升温；O2O时代推动传统产业与互联网融合的加速，互联网产业与传统产业的不断融合渗透；随着网络技术和移动通信技术的普及，互联网金融发展快速发展，互联网金融的并购也不断增加。

典型案例主要有：2014年1月，联想集团宣布以9.1亿美元收购谷歌旗下摩托罗拉智能手机业务，收购完成后，联想将获得超过 2000 项专利资产，以及摩托罗拉移动品牌和商标组合，同时，摩托罗拉的 3500 名员工和全球 50 多家运营商的合作关系。3 月，腾讯以约 2.15 亿美元入股京东，获得京东 15% 左右的股权，并可在后者上市时追加认购 5% 的股权。京东收购腾讯旗下 QQ 网购和拍拍网的 100% 权益、物流人员和资产，以及易迅网的少数股权和购买易迅网剩余股权的权利。3 月，阿里巴巴集团与银泰商业集团共同宣布，阿里集团将以 53.7 亿元港币的总投资额，以认购银泰商业新股及可转换债券的方式对银泰商业进行战略投资，双方将打通线上线下的未来商业基础设施体系，并将组建合资公司。4 月，阿里巴巴以 12.2 亿美元入股优酷土豆。6 月，阿里巴巴全资收购 UC。6 月，腾讯以 7.36 亿美元入股 58 同城。12 月，百度投资打车软件 Uber。

二、取得的成效

2014 年，随着政策环境的不断完善和市场环境的不断优化，我国企业兼并重组取得了一系列的积极进展，如许多行业的产业集中度不断提高，企业的活力不断增强等。

（一）产业集中度不断提高

行业产业集中度总体上表现为不断提高趋势。从产业集中度来看，企业兼并重组的成效主要体现为行业的产业集中度不断提高。从电解铝行业来看，依据企业的产能，我国电解铝行业的集中度不断提高，2014 年，前 10 家企业的产业集中度达到 77%，前 5 家达到 58%。从稀土行业来看，我国已基本形成以包钢集团、中国五矿、中铝公司、广东稀土、赣州稀土和厦门钨业等 6 家企业为主导的稀土行业发展格局。大型建材企业集团通过并购重组，促使市场集中度进一步提高。如，2014 年，前 10 家水泥集团熟料产能 9.16 亿吨，产业集中度 52%。其中，中国建材集团水泥熟料总产能达 3 亿吨，占全行业 17%。

（二）企业活力不断增强

大型企业竞争力不断增强。从企业的发展实力来看，我国企业的规模不断壮大。2014 年，中国企业 500 强的总营业额达到 56.68 万亿元，净利润总额达到 2.40 万亿元，收入利润率为 4.24%。2014 年企业的上榜门槛首次突破 200 亿元，达到 228.6 亿元，比 2013 年提高了 29.9 亿元。榜单的前 3 名企业的营业收入均超过了 2 万亿元。

我国企业的国际竞争力不断提升增强。2014 年,美国《财富》杂志发布的世界 500 强企业中,我国(包括内地、香港和台湾)的上榜公司数量依然保持增长态势,总数已经达到 100 家。而与此同时,美国上榜公司数量为 128 家,较去年减少 4 家。中国大陆(含香港在内,不包括台湾)上榜企业再创新高,由上年的 89 家增长至 95 家,与美国上榜公司的数量差距进一步缩小。相较于我国 2013 年的上榜企业名单,除百联集团一家落榜外,其余的都留在了榜单上。此外,我国民营企业排名有所上升,例如华为投资控股有限公司排名由上年的第 315 位上升至 285 位,联想集团排名由上年的第 329 位上升至 286 位。此外,2014 年世界 500 强的入围门槛为 237 亿美元,较上年提高 5 亿美元。

表 3-4   2014 年财富 500 强位于前 200 名中国企业

排名	上年排名	公司名称
3	4	中国石油化工集团公司
4	5	中国石油天然气集团公司
7	7	国家电网公司
25	29	中国工商银行
38	50	中国建设银行
47	64	中国农业银行
52	80	中国建筑股份有限公司
55	71	中国移动通信集团公司
59	70	中国银行
79	93	中国海洋石油总公司
80	100	中国铁道建筑总公司
85	103	上海汽车集团股份有限公司
86	102	中国中铁股份有限公司
98	111	中国人寿保险(集团)公司
107	119	中国中化集团公司
111	141	中国第一汽车集团公司
113	146	东风汽车集团
115	134	中国南方电网有限责任公司
122	—	国家开发银行
128	181	中国平安保险(集团)股份有限公司

（续表）

排名	上年排名	公司名称
133	192	中国五矿集团公司
152	161	中国兵器工业集团公司
154	182	中国电信集团公司
160	172	中国中信集团有限公司
165	178	神华集团
166	—	太平洋建设集团
168	196	中国邮政集团公司
169	209	中国南方工业集团公司
178	212	中国航空工业集团公司
185	343	天津市物资集团总公司
187	213	中国交通建设集团有限公司

资料来源：《财富》2014年第7期。

（三）产能过剩矛盾得到进一步化解

产能过剩行业固定资产投资增速下降，产能扩张步伐逐步放缓。如，2014年，有色金属行业全年完成固定资产投资6912.5亿元，同比增长4.6%，增幅回落15.2个百分点。2014年，我国钢铁行业固定资产投资6479亿元，同比下降3.8%。其中黑色金属冶炼及压延业投资4789亿元，下降5.9%；黑色金属矿采选业投资1690亿元，增长2.6%。从工序投资增长情况看，炼铁、炼钢和钢压延加工完成投资分别下降40.4%、10.5%和4.8%。从新开工项目情况看，2014年新开工项目2037个，同比减少215个。其中炼铁项目169个，减少51个；炼钢项目287个，减少71个；钢加工项目1581个，减少93个。产能盲目扩张态势得到明显遏制。[1]严重过剩行业结构调整速度加快，发展质量进一步提高。如，2014年，粗钢产量6.85亿吨、钢材产量9.34亿吨、10种有色金属产量3580万吨、水泥20.53亿吨、平板玻璃6.78亿吨，同比分别增长2.1%、4.7%、6.5%、2.5%、3.5%。水泥行业实现利润780.2亿元，同比增长1.4%。重点统计钢铁企业2014年实现利税1091亿元，增长12.2%；盈亏相抵后实现利润304亿元，增长40.4%。[2]

---

[1] 工信部：《2014年钢铁行业运行情况和2015年展望》。
[2] 工信部。

第三节　面临的问题与挑战

为促进企业兼并重组，加快产业结构调整步伐，我国针对企业兼并重组存在的主要问题发布了一系列的政策文件，如国发 14 号文，企业兼并重组的政策环境日益优化，兼并重组取得重大成效，但我国企业兼并重组仍面临着许多问题。

一、部分企业兼并重组政策未得到真正的落实

国发 14 号文及配套政策措施的出台虽然可以缓解企业兼并重组存在的问题，但是由于部分政策难以切实得到真正的落实，对企业兼并重组的促进作用并未充分显现。一是无论是国家层面还是地方政府，先后制定了一系列文件，基本已经形成了较为完整的政策体系。但对于企业兼并重组之后企业职工的安置、债务的处理、原厂房的变现、占用土地的变现以及税收分享等方面没有具体规定，可操作性不强，政府的作用未得到充分发挥。而在企业兼并重组过程中，这些问题依靠企业自身的力量难以得到很好的解决。二是企业对政策的理解不够、运用不足，也影响政策的实施效果。很多企业对政策缺乏敏感性，不能恰当运用政策，不会通过相应部门解决兼并重组过程中遇到的问题，甚至有些企业不能及时知道国家颁布了哪些兼并重组政策，导致政策未能真正发挥作用。

二、企业兼并重组的金融支持力度仍有限

融资在推动企业兼并重组过程中发挥着重木要作用，但目前我国在金融和资本市场对企业兼并重组的支持力度有限，融资渠道不通畅、融资难、融资成本高等问题依然存在。许多企业采用自有资金作为支付手段，占支付对价的 70% 左右，尤其境外跨境并购，资金问题较为突出。一是融资工具未充分发挥作用。证监会一直在积极的拓宽融资渠道，支持定向可转债、优先股、并购重组过桥融资、并购基金等创新工具的发展。但是这些工具的作用未得到充分发挥，目前企业兼并重组主要依靠发行债券、换股、自有资金等。二是并购贷款的支持力度有限，且使用条件较为严格。1999 年，欧盟与收购有关的银行贷款占整个欧元贷款市场

的52%。美国银行业在企业并购业务中占有较大的比重，从融资占比上看，商业银行的信贷占比达到20%。而我国2013年新增并购贷款为1222.87亿元，同期的并购总金额近1.6万亿元，按规模算，并购贷款只为并购贡献了十二分之一的力量。中国建材自2005年起开始并购，共支付总金额1000多亿元，但仅获得100亿元并购贷款。

三、跨区域、跨所有制兼并重组仍存在障碍

一是跨地区兼并重组存在体制性障碍。跨地区企业兼并重组由于涉及地方的利益、就业等问题。利益分配矛盾成了影响并干扰企业并购的主要障碍。若被重组企业是地方政府财政收入支柱、或主要就业来源，当地政府往往不会支持并购行为。二是跨所有制的兼并重组存在体制机制性障碍。在不同领域、不同行业，对于不同所有制企业存在着政策、法律等限制。缺乏必要的顶层设计，企业兼并难以顺利推进。对于不同所有制企业兼并重组工作，缺乏统一的、明确的政府部门间联动推进机制。民营资本通过兼并重组进入国有经济垄断的行业和领域，还存在"玻璃门"、"弹簧门"等制度障碍。国企的历史遗留问题，如企业的亏损、外债、拖欠职工的内债、账外资产等历史问题，成为阻碍企业兼并重组的桎梏。

四、海外并购面临诸多问题

一是对外投资整体效益不高。我国部分企业在进行海外并购时存在一定的盲目性，而且投资效果欠佳。商务部数据显示，我国进行对外投资的企业中，有四分之一出现亏损。再如，2009年发达经济体对外直接投资的绩效指数是1.11，发展中经济体为0.72，我国仅为0.69，低于世界平均水平。二是我国知名品牌缺乏。我国企业在海外并购中，主要依靠自主知识产权和品牌的尚少，所占比重约为20%。自主知识产权和品牌意识的不强，将影响我国企业在海外发展。世界品牌实验室发布的2014年"世界品牌500强"中，我国大陆企业有29个品牌上榜；但在"全球最佳100品牌排行榜"中仅有1个品牌入选。三是抗风险能力不足。许多国家政治环境不稳定，政策、法律等存在巨大的差异。因此，我国企业海外并购会遭遇政治、经济、法律等各种风险，从而容易导致并购失败。中国与全球化研究中心分析得出，2005年1月1日至2014年6月30日期间发生的120件投资失败典型案例中有25%是由于政治原因导致的，16%是由于法律原因导致的。如首钢收购澳大利亚吉布森山铁矿公司股份时由于涉嫌关联交易，澳大利亚收购

委员会认为该交易违反澳大利亚公司法和收购法，该交易被澳大利亚收购委员会否决。由于政治原因，中铝以 195 亿美元收购澳大利亚力拓失败。四是投资保护主义不断升温。从全球来看，各国出台了许多促进投资自由化的政策措施，但同时也出台了许多监管和限制性投资政策，2013 年，这些监管限制和限制政策比例达到了 27%。

第四章 促进产业技术升级

产业技术升级是实现创新驱动发展战略的前提条件，没有先进的产业技术做支撑，形成良性的技术更替循环，创新驱动将成为无源之水。因此，推动产业技术不断升级是贯彻中央实施创新驱动发展战略的重要手段，是推动我国产业结构优化升级、提升国际竞争力的重要途径。为建设创新型国家，我国采取了财税、金融、产业、人才等一系列政策措施，坚持有重点、有步骤地推动产业技术升级。

第一节 2014年产业技术升级促进政策解析

我国政府一直高度重视产业技术升级工作，2012—2013年制定实施了加强国家自主创新能力建设、推动重点领域科技发展、加快企业技术改造、完善技术市场、深化科技体制改革等相对综合性、原则性的政策措施。2014年，国家推动产业技术升级的政策思路发生了变化，重点从解决阻碍产业技术升级具体问题和营造良好政策环境的角度出发，进一步制定出台了税收、金融、促进技术成果产业化、保护知识产权等一系列配套政策，为产业技术升级提供了强有力的支撑。

一、推进产业技术升级的政策情况

2014年，我国产业技术升级政策重点放在落实上，主要是贯彻落实2012—2013年国家科技创新、防治大气污染、促进企业改造等重大举措。为此，国家发展改革委、工业和信息化部、财政部、人民银行等部门集中制定出台了一批以消除阻碍产业技术升级的障碍、解决具体行业产业技术升级问题为主的配套性政策措施，并从完善金融、税收等优惠政策，促进技术成果产业化，保护知识产权，支持先进技术引进，鼓励科技服务业发展等方面为产业技术升级创造良好政策条件。

表 4-1 2014 年中央政府部门推动产业技术升级的主要政策

发布时间	发布部门	政策名称
2013年12月31日	财政部	关于科技企业孵化器税收政策的通知（财税〔2013〕117号）
2014年1月7日	人民银行	关于大力推进体制机制创新 扎实做好科技金融服务的意见（银发〔2014〕9号）
2014年1月27日	工业和信息化部	关于印发电动自行车用锂离子电池综合标准化技术体系的通知（工信厅科〔2014〕22号）
2014年2月10日	工业和信息化部	关于印发稀土行业清洁生产技术推行方案的通知（工信部节〔2014〕62号）
2014年2月18日	财政部	关于调整重大技术装备进口税收政策的通知（财关税〔2014〕2号）
2014年3月13日	国家发展改革委	关于印发鼓励进口技术和产品目录（2014年版）的通知（发改产业〔2014〕426号）
2014年4月25日	国家发展改革委	关于组织实施新型平板显示和宽带网络设备研发及产业化专项有关事项的通知（发改办高技〔2014〕893号）
2014年7月15日	知识产权局	关于深入实施国家知识产权战略 加强和改进知识产权管理的若干意见（国知发协字〔2014〕41号）
2014年8月13日	工业和信息化部	工业和信息化部印发工业和通信业节能与综合利用领域技术标准体系建设方案（工信厅节〔2014〕149号）
2014年8月8日	科技部	关于印发《国家科技成果转化引导基金设立创业投资子基金管理暂行办法》的通知（国科发财〔2014〕229号）
2014年9月9日	国家发展改革委等五部门	关于印发重大环保装备与产品产业化工程实施方案的通知（发改环资〔2014〕2064号）
2014年10月9日	国务院	国务院关于加快科技服务业发展的若干意见（国发〔2014〕49号）
2014年10月13日	国家发展改革委	2014—2016年新型显示产业创新发展行动计划（发改高技〔2014〕2299号）
2014年12月31日	国务院	关于国家重大科研基础设施和大型科研仪器向社会开放的意见（国发〔2014〕70号）

数据来源：赛迪智库整理。

二、重点政策分析

2014年，我国主要从以下五方面支持产业技术升级。

（一）加大科技资源共享力度，提高科技资源利用效率

高水平的科研基础设施、科研仪器等科技资源是促进技术研发创新、实现产业技术升级的前提和保障，我国整体研发水平上不去，科技成果质量低，特别是企业科研能力不强，重要原因是缺乏先进的科研设施和仪器设备。目前，我国先进的科研设施和仪器设备大多在专业化科研机构、211级的高等院校或者大企业集团，一般企业和社会民众难以接触到这些设备和仪器，而设备和仪器拥有者又不能保证可以经常使用这些仪器和设备，甚至部分仪器和设备成了摆设，从未被使用过，从而严重降低了科技资源的利用效率。推动科研基础设施、科学仪器设备等科技资源共享对实施创新驱动发展战略尤为重要。

为解决科研设施和仪器闲置浪费问题，加快推进科研设施和仪器向全社会开放，2014年12月31日，国务院印发了《国务院关于国家重大科研基础设施和大型科研仪器向社会开放的意见》（国发〔2014〕70号，以下简称国发70号文件）。国发70号文件明确了科技资源共享的目标，即用三年时间基本建成促进各类科研设施与仪器共享的网络化管理服务体系，并健全完善相应共享制度、标准和机制。提出了将科研设施和仪器管理纳入法制化的基本原则，以及信息共享、资源统筹、奖惩结合、分类管理等原则。同时，明确了科研设施和仪器资源共享的适用范围，并结合当前科技资源共享存在的问题和基本原则提出了6项重点措施。一是将符合条件的科研设施和仪器纳入统一的网络平台进行管理。通过统一的网络平台，可以实现科技资源的统筹管理，并提供跨部门、跨领域的在线服务，通过网络平台向社会公开科技资源分布、使用和开放共享信息，可以使社会公众在最合适的时间高效地利用科技资源。二是按照科技资源功能实施分类共享。这有助于科研设施和仪器使用者在最短的时间使用相应的科技资源，也便于不同科技资源的管理。三是建立促进开发的激励引导机制。由于很大一部分科技资源的拥有者不愿意共享资源，通过成本补偿等激励引导机制将促进科技资源拥有者主动共享资源。四是建立相应的评价体系和奖惩办法，通过第三方评估监测科技资源共享情况。五是加强在科技资源共享过程中形成知识产权的管理。六是强化科技资源管理单位的主体责任，主要是强化法人责任，确保科技资源良好运行和充分

共享。此外，国发70号文件还规定了科技资源共享改革采取分阶段实施的办法，2015年底前基本建成网络管理平台，2016年将符合条件的各类科技资源纳入网络平台管理，并建立相应的网络服务体系和科技资源共享信息开放机制，实现科技资源共享信息在平台上发布。2017年形成相应的考核和评价制度。这种明确时间节点和任务要求的做法，有利于保证国发70号文件提出的目标和措施切实得到落实，进而保证符合条件的科技资源可以真正实现全社会共享。

（二）加大重点行业标准化技术体系建设力度，推动行业技术升级

我国行业技术水平不高的一个主要原因是，与国际通用标准相比，我国行业技术标准相对落后，导致我国企业可以按照较低的技术标准选择生产设备、工艺，不利于激发企业技术创新和升级的动力。加之我国行业技术标准化体系建设和管理相对滞后，很多落后标准不能得到及时修订，新兴行业标准缺失，部分标准由于管理不到位不能得到有效执行，加强行业标准的体系化建设尤为重要。因此，2014年，政府部门发布了多项与重点行业技术标准体系化建设有关的政策。一是加强电动自行车用锂离子电池技术标准体系建设。针对近年来多发的锂电池爆炸着火问题，2014年1月，工业和信息化部印发了《关于印发电动自行车用锂离子电池综合标准化技术体系的通知》（工信厅科〔2014〕22号），提出要建立电动自行车用锂离子电池综合标准化技术体系，完善和优化电动自行车用锂离子电池标准，提高我国电动自行车用锂离子电池产品的质量和技术水平，保障相应产品的质量和技术安全。该政策给出了电动自行车用锂离子电池综合标准化技术体系框架，我国电动自行车用锂离子电池标准化体系包括24项标准，其中，15项已发布，3项正在制定，6项待制定。为完善相关标准，加深行业、企业对标准的理解，该政策提出要"积极吸纳各方力量加入标准制定工作中"，并要"加强标准的宣传和培训工作"。二是加强工业和通信业节能与综合利用领域技术标准体系建设，从而提升标准对促进工业绿色低碳发展的整体支撑作用[1]。2014年8月，工业和信息化部印发了《工业和通信业节能与综合利用领域技术标准体系建设方案》（工信厅节〔2014〕149号）。该方案对比了国内外相关技术标准及工作状况，指出我国存在的问题，并从建设目标、标准修订任务、重点领域和"十二五"期间国际标准化工作推进计划四方面提出了具体的建设方案。在标准修订任务中，

---

[1] 《工业和通信业节能与综合利用领域技术标准体系建设方案》（工信厅节〔2014〕149号）。

方案提出"十二五"期间，节能和综合利用领域拟修订 1460 项标准，其中，有 304 项国家标准，1156 项行业标准。标准覆盖资源节约、能源节约、清洁生产、温室气体排放和资源综合利用五大领域，钢铁、有色、石化、化工、建材、机械、轻工、纺织、汽车、电子、通信、黄金、稀土等 13 个重点行业。为保证技术标准体系建设工作的落实，方案提出了建立统一协调机制、加强重点标准研制、加强标准宣传、扩大国际交流与合作等保障措施。这一方案的顺利实施有助于缓解我国节能和资源综合利用相关标准分散且水平差异较大、部分标准与当前和未来节能工作难以适应的问题，对推动我国节能减排标准化有重要意义。

（三）通过具体行动支持重点领域创新发展

更加注重对已有政策的落实是 2014 年推动产业技术升级政策的一个突出特点。因此，2014 年产业技术升级政策很少有综合性、原则性的政策，更多是落实综合性、原则性政策的行动计划、工作专项、实施方案和工程等。

2014 年 2 月，工业和信息化部印发了《关于印发稀土行业清洁生产技术推行方案的通知》（工信部节〔2014〕62 号），推广资源利用效率更高、能源消耗更少的非皂化萃取分离稀土技术、模糊 / 联动萃取分离工业，从源头预防和减少污染物产生、实现清洁发展。

2014 年 4 月，发展改革委、工业和信息化部联合印发了《关于组织实施新型平板显示和宽带网络设备研发及产业化专项有关事项的通知》（发改办高技〔2014〕893 号），通过工作专项支持宽带网络设备和平板显示技术创新。10 月又制定发布了《2014—2016 年新型显示产业创新发展行动计划》（发改高技〔2014〕2299 号），提出了新型显示产业创新发展三大目标，即显著增强创新能力、明显提升发展质量、基本建成配套体系；五项重点任务，即加强规划布局、引导集聚发展，实施技术创新、加快前置布局，完善产业配套、提升供给水平，创新监管方式、完善产业环境，加强国际合作、实现融合发展；五项保障措施，即加强统筹协调，发挥政府资金效用，落实税收政策，完善金融服务，建立监测运行体系。在重点任务中，特别制定了技术跃升行动和产业链提升行动，以提升新型显示产业相关产业链的整体技术水平。

2014 年 9 月，发展改革委、工业和信息化部、科技部、财政部、环保部联合印发了《关于印发重大环保装备与产品产业化工程实施方案的通知》（发改环资〔2014〕2064 号）。通过落实加大水处理用膜材料、高效柴油催化剂、高温除尘滤料等关键技术攻关力度，加快推进示范作用明显、带动性强的先进技术的示范应用，推动市场急需的重大环保装备、先进节能设备产业化工程建设，提升企业创新开发能力，培育先进装备和产品市场等重点任务，加快提升我国环保技术装备与产品的技术水平和供给能力，并通过资金、产业、财税、标准、基础设施建设、管理等政策手段，为推动环保装备和产品产业化提供支撑。

（四）通过发展科技服务业促进科技创新和技术升级

科技服务业作为现代服务业的重要组成部分，对推动科技创新和成果转化、加快产业技术升级有重要的支撑作用。虽然近年来我国科技服务业发展迅速，服务内容逐步丰富，服务质量不断提高，也不断涌现出新的服务模式和服务业态，但与发达国家相比，我国科技服务业总体上还处于发展的初级阶段，服务范围有限，服务能力和专业化程度也有待提高，对科技创新和产业技术升级的支撑能力有限。为推动科技服务业加快发展，增强科技服务业对科技创新和产业技术升级的支撑能力，2014年10月，国务院发布了《关于加快科技服务业发展的若干意见》（国发〔2014〕49号），支持科技服务业发展。该意见明确科技服务业发展要坚持深化改革、创新驱动、市场导向、开放合作的原则，并提出"到2020年科技服务业产业规模达到8万亿元"的发展目标。为实现这一目标，该文件提出要支持"研究开发及其服务、技术转移服务、检验检测认证服务、创业孵化服务、知识产权服务、科技咨询服务、科技金融服务、科学技术普及服务、综合科技服务"等九类科技服务的发展。这九类服务直接作用于科技创新和产业技术升级的关键环节，如技术转移服务有助于科技成果产业化，知识产权服务有助于保护原创者的利益同时引导技术需求者合法合理使用新技术，科技金融服务则有助于技术研发创新机构获得更多的金融支持，创业孵化服务有助于将技术成果真正转化为有商业价值的生产力或产品等。为推动上述九类科技服务的发展，文件针对科技服务业发展存在的市场机制作用不突出、基础设施不完善、缺乏人才和资金支持、社会认知程度不高等问题，提出了"健全市场机制、强化基础支撑、加大财税支持、拓宽资金渠道、加强人才培养、深化开放合作、推动示范应用"等7项保障措施，为科技服务业加快发展创造了良好条件。

（五）为产业技术升级创造良好的政策环境

产业技术升级涉及领域较为宽泛，触及环节较多，需要多方面的政策支持。

对此，国家重视从财税、金融、技术引进、知识产权保护等方面为产业技术升级创造良好的政策环境。

财税方面，2013年11月，财政部印发了《关于科技企业孵化器税收政策的通知》（财税〔2013〕117号），通过房产税、城镇土地使用税和营业税等税收优惠政策支持科技企业孵化器建设。2014年10月，财政部、国家税务总局发布了《关于完善固定资产加速折旧企业所得税政策的通知》，对生物药品制造业，专用设备制造业，铁路、船舶、航空航天和其他运输设备制造业，计算机、通信和其他电子设备制造业，仪器仪表制造业，信息传输、软件和信息技术服务业等6个行业的企业2014年1月1日后新购进的固定资产，实施缩短折旧年限或采取加速折旧的方法，给予税收方面的政策优惠。

金融方面，2014年1月，人民银行、科技部等部门联合印发了《关于大力推进体制机制创新 扎实做好科技金融服务的意见》（银发〔2014〕9号），推动培育和发展服务科技创新的金融组织，鼓励科技信贷和服务模式创新，为企业创新打造多元化的融资渠道。8月，科技部、财政部发布了《关于印发〈国家科技成果转化引导基金设立创业投资子基金管理暂行办法〉的通知》（国科发财〔2014〕229号），通过规范国家科技成果转化引导基金设立创业投资子基金，引导企业投资国家科技成果，推动科技成果市场化。

技术引进方面，2014年2月，财政部、发展改革委等部门联合印发了《关于调整重大技术装备进口税收政策的通知》（财关税〔2014〕2号），支持企业进口先进技术装备。3月，发展改革委、财政部、商务部联合印发了《关于印发鼓励进口技术和产品目录（2014年版）的通知》（发改产业〔2014〕426号），通过指导目录引导企业引进先进的技术和产品。

知识产权保护方面，知识产权局、教育部、科技部、工业和信息化部等部门联合制定发布了《关于深入实施国家知识产权战略 加强和改进知识产权管理的若干意见》（国知发协字〔2014〕41号），通过改进知识产权宏观管理、加强知识产权执法监管、健全知识产权管理制度、创新知识产权服务方式等手段，加强对知识产权的管理，保障原创者权益。

第二节　2014年产业技术升级的基本情况

2014年，我国科技投入和技术创新延续了近年来稳步增长的态势，专利申请量持续上升，芯片、传感器等领域取得技术突破，绿色节能环保等新材料、新产品、新技术得到推广应用，落后生产技术、设备逐步退出，带动了行业整体技术水平的提升。

一、总体情况

2014年，随着科技体制改革有序推进，一系列支持企业科技创新和技术改造配套政策措施的颁布实施，企业技术创新和改造升级迎来了众多政策利好，企业创新动力和研发干劲剧增，研发投入和创新成果继续保持增长态势。2014年，研究与试验发展（R&D）经费支出13312亿元，比上年增长12.4%，与国内生产总值之比为2.09%，科学研究和技术服务业固定资产投资额达到4205亿元，同比增长34.7%，在国民经济20个门类中排名第三位。[1]全国累计建设国家工程研究中心132个，国家工程实验室154个，国家认定企业技术中心1098家。[2]国家知识产权局共受理发明专利申请92.8万件，同比增长12.5%，连续4年位居世界首位；[3]共授权发明专利23.3万件，其中，国内发明专利授权16.3万件，比去年增长了近2万件。[4]从专利结构看，发明专利申请、实用新型申请和外观设计申请占比分别为39.3%、36.8%和23.9%[5]，申请发明专利的数量超过实用新型和外观设计专利，占据主导地位，说明我国自主创新能力和水平正在逐步提升。

科技投入力度加大和自主创新能力的提高带动了技术进步，促进了技术创业。2014年，我国高技术制造业增加值同比增长12.3%，比2013年提高0.5个百分点，占规模以上工业增加值的比重超过10%；全年共签订技术合同29.7万项，技术合同成交金额8577亿元，比2013年增长14.8%；[6]国家新兴产业创投计划累计支

---

[1]　《2014年国民经济和社会发展统计公报》。
[2]　《2014年国民经济和社会发展统计公报》。
[3]　http://www.sipo.gov.cn/zscqgz/2015/201502/t20150212_1075284.html。
[4]　http://www.sipo.gov.cn/zscqgz/2015/201502/t20150212_1075284.html。
[5]　http://www.sipo.gov.cn/zscqgz/2015/201502/t20150212_1075284.html。
[6]　《2014年国民经济和社会发展统计公报》。

持设立 213 家创业投资企业，资金总规模 574 亿元，投资创业企业 739 家。[1] 部分关键、共性技术，如芯片、传感器、电池、数控技术等取得突破，绿色节能生产设备、智能化生产设备得到推广应用，推动了产业技术的更新换代。如婴幼儿配方乳粉企业普遍采取先进的自动化生产设备，生产技术水平比以往有了明显提升。同时，国家加大了产能严重过剩行业的治理力度，制定发布了部分行业的产能置换办法，企业新上产能必须淘汰落后产能，这一措施的贯彻落实迫使有扩大生产规模需求的企业自觉淘汰落后的生产设备，进而带动全行业生产技术水平的提升。

二、取得的进展

（一）国产"芯片"的研制生产取得明显进步

"芯"是当今自动化、数字化、网络化生产设备和数字化、智能化产品最关键的组成部分，"芯"无力一直是制约我国制造业技术水平提升的主要障碍，同时，过多的使用外国"芯"，也使我国产业安全难以得到保障。为此，国内致力于芯片研发的企业加大科研投入，组织高水平的科研队伍坚持不懈的自主创新，使得国产芯片在众多领域取得突破式进展。一方面，智能手机等领域芯片研发取得新进展。如中兴通讯公司开发出国内首款 28nm 的 TD-LTE/LTE、FDD/TDS/GSM 商用芯片——ZX297510。这是中兴通讯坚持自主创新的成果，2014 年的国内发明专利授权榜上，中兴通讯以 2218 件授权专利排在第 2 位，仅次于第一位的华为。此外，我国第一颗自主设计的 ASIC 芯片 FDC3301 由中国航天科工三院 33 所研制成功。另一方面，部分"芯"国内实现量产。如国内首条 8 英寸 IGBT 专业芯片生产线投产，首款智能电视 SoC 芯片实现量产等，为产业技术升级提供了强力的"芯"支撑。

（二）严格质量管理等政策的颁布实施加快了产业技术升级

近年来婴幼儿配方乳粉等个别行业产品出现严重质量问题，阻碍行业健康有序发展。为此，工业和信息化部等有关部门制定出台了严格婴幼儿配方乳粉质量管理等政策措施，通过对企业生产设备、产品质量提出严格标准和要求，形成倒逼机制，迫使企业更新生产技术和设备，进而推动行业技术升级。以婴幼儿配方

---

[1] 《2014年国民经济和社会发展统计公报》。

乳粉行业为例，为保证国产婴幼儿配方乳粉质量，有关部门通过换证手段，要求企业提升生产设备技术水平，企业为获得继续生产的资格，不仅进口先进的自动化生产线，更引进先进的产品质量检测设备，建立了专门的检测机构，如完达山、太子等婴幼儿配方乳粉企业产品质量检测设备、环境的水平甚至高于国家级专业化的乳粉检测中心，自动化设备水平在全世界也处于先进行列，使我国婴幼儿配方乳粉行业的整体技术水平得到显著提升。

第三节　面临的问题与挑战

虽然，科技体制改革的深入推进及促进自主创新和企业技术改造升级配套措施的出台和落实，增强了政策对产业技术升级的支撑能力。但是，经济下行压力大、关键技术受制于人、缺乏市场认可度高的创新产品等，都对我国产业技术升级形成障碍。

一、传统行业企业受制经济下行压力，技术改造升级动力不足

我国经济发展步入新常态，经济增速放缓，行业利润下滑严重，传统行业企业融资困难，技术升级缺乏有力支撑。2014 年，国内生产总值达到 63.6 万亿元，比 2013 年增长 7.4%，增速放缓 0.3 个百分点；规模以上工业增加值增长 8.3%，增速放缓 1.4 个百分点。[1]工业企业利润增长更是呈现断崖式下跌。2014 年，规模以上工业企业实现利润 6.5 万亿元，同比增长 3.3%，增速比 2013 年下降 8.9 个百分点。并且，自 2014 年下半年以来，规模以上工业企业利润额累计增速直线下降，钢铁、水泥、平板玻璃、电解铝等传统行业盈利水平持续处于低位，加之化解过剩产能政策要求，银行对上述产能严重过剩行业限制贷款，企业融资困难，维持基本生存尚且不易，因而很难有充足的资金和精力进行技术改造升级。

二、关键技术设备受制于人依然是我国产业技术升级的障碍

虽然近年来我国一直鼓励自主研发、自主创新，集中大量人力、物力、财力攻克关键共性技术，以突破产业升级技术瓶颈，同时冲破国外技术封锁。但是目前我国很多行业具有自主知识产权的技术和生产装备的水平与国外相比，至少有

---

[1]　《2014年国民经济和社会发展统计公报》。

10年以上的差距,如海工装备等,企业技术改造升级所需先进设备、工业控制系统等大多仍依赖进口。如20世纪末至21世纪初,我国发电行业曾集中进行一次设备升级,重点是利用DCS系统对发电设备进行集中控制,减少人的现场监测,提高产业的本质安全。但是,当时我国很多电厂的DCS系统多是引进德国西门子、日本横河的系统,使用国产系统的电厂相对较少。2013—2014年,为提升婴幼儿配方乳粉产品质量,我国要求婴幼儿配方乳粉企业进行设备升级,重点是提升产品质量检测设备的技术水平,虽然这一政策顺利落实,但是大多数婴幼儿配方乳粉企业更新的装备和质检设备都来源于欧美国家。这种进口设备对我国企业来讲虽然价格处于可以接受的范围,但是后续的服务、维护费用往往很高,一般是按照小时计费,大幅提高了企业的运营成本,挤占了企业自主研发创新等方面的资金空间,阻碍企业生产技术水平的进一步提升。

三、智能装备和技术水平低、质量差、成本高制约我国制造业智能化发展

智能化是全球制造业发展的方向和趋势,德国工业4.0、"新工业法国"等国家战略中都提出各自的制造业智能化发展模式或方向,谷歌、西门子、GE等公司已经研发出一批智能化的生产设备和产品,我国也将推进智能制造作为加快制造业发展的重要途径和手段。推进智能制造的关键是智能装备及相关基础配件,如高端传感器、先进控制器、智能机器人、伺服电机、减速机、高精度执行器等,而受加工精度、材料、创新能力和基础设施等方面的限制,国产相关设备和配件的技术和质量水平均要低于欧美发达国家,企业进口相关设备和配件又要承受高额的进口价格,因而严重影响我国制造业智能化发展。如调研中有企业反映,日本企业纳博特思克和谐波减速机控制全球75%的市场份额,但向我国企业供货的产品价格高、质量差,导致我国国内组装的机器人较国外同类型进口机器人价格高80%以上,而国内机器人的使用寿命不足国外的50%,严重削弱了我国企业的市场竞争力。

四、缺乏技术水平更高、消费体验效果更好的创新产品影响新生产设备、技术和产品的进一步研发创新和推广应用

市场对新生产设备、技术和产品的研发和应用具有导向和决定性作用,只有获得市场认可的设备、技术和产品才有更深入的研发和应用拓展空间,特别是当

今新技术、新产品层出不穷的时代，消费者认可度往往成为一项新技术或新产品生命力的决定因素。因此，发达国家企业更强调创新技术和产品的消费者体验，一旦一种产品获得消费者认可，就会给企业创造可观的利润，企业就会有充足的资金继续投资开发系列性产品，持续占领市场。这种良性循环的模式可以很好地激励企业不断创新。而我国企业更重视引进生产技术和设备，忽视自身产品和技术的创新，更忽视了产品的消费体验。目前我国很少有企业能开发出原创的具有良好消费者体验效果的产品，大多数企业是将眼睛盯住国外产品进行模仿，导致市场反应经常滞后或多数沦为国外企业的代工厂，进而被锁定在产业价值链低端，仅能赚取微薄利润来维持生存，难以从中获取资金进行创新和技术升级。比如新能源汽车的研发方面，我国虽然有很多企业致力于开发纯电动汽车，也取得了不错的成果，但在市场认可度方面，美国的特斯拉汽车无疑更加成功。智能产品方面，谷歌等企业不断传出开发出新型智能产品的消息，而我国更多是政府部门批准建设了某某产业基地或出台了某些政策，在新智能产品开发方面则鲜有令人振奋的消息。

第五章　化解产能过剩矛盾

2012年以来，受国际金融危机和国内需求增速放缓的双重因素影响，我国钢铁、水泥、电解铝、平板玻璃、船舶等传统行业供需矛盾突出，产能过剩问题严重。为此，2013年10月，国务院发布《关于化解产能严重过剩矛盾的指导意见》（国发〔2013〕41号），全面部署化解产能严重过剩矛盾工作，化解产能严重过剩矛盾成为当前和今后一个时期推进产业结构调整的工作重点。

第一节　2014年化解产能过剩矛盾政策解析

2014年是国务院部署化解本轮严重过剩矛盾的第二年。总的来看，化解产能严重过剩矛盾工作推进顺利。发展改革委、工业和信息化部、财政部、质检总局、人民银行等相关部门出台了一系列有针对性的政策措施，化解产能过剩矛盾政策体系基本建立。

一、加快化解产能矛盾的政策情况

2014年化解产能严重过剩矛盾的政策措施主要集中在利用淘汰落后产能现有工作渠道下达年度淘汰过剩产能目标任务，建立部分产能严重过剩行业产能置换制度，完善有利于过剩产能退出的环保、能耗、金融、财税、质量、价格等政策措施。

（一）落实2014年需淘汰的过剩产能目标任务

2014年3—4月，工业和信息化部发布《关于下达2014年工业行业淘汰落后产能和过剩产能目标任务的通知》（工信部产业〔2014〕148号），向各省、自治区、直辖市人民政府及新疆生产建设兵团下达了2014年钢铁、水泥、电解铝、平板玻璃化解过剩产能目标任务。文件明确要求各地采取有效措施，确保2014年年底前全面完成任务。明确要求各地按照淘汰落后产能工作流程和标准，在2014年4月底前，将目标任务分解到市县，落实到具体企业，12月底前，全部拆除列入公告名单内企业的落后生产线（主体设备），并完成现场检查和验收。7—11月，分三批公布了《2014年工业行业淘汰落后和过剩产能企业名单》（工业和信息化部公告2014年第45号、2014年第52号、2014年第70号）。

（二）建立部分产能严重过剩行业产能置换制度和信息报送制度

2014年7月，工业和信息化部发布《关于做好部分产能严重过剩行业产能置换工作的通知》（工信部产业〔2014〕296号）、《关于部分产能严重过剩行业在建项目产能置换有关事项的通知》（工信部产业〔2014〕327号），在钢铁、电解铝、水泥、平板玻璃行业新（改、扩）建项目，实施产能等量或减量置换，将淘汰落后产能、化解产能过剩和促进结构优化升级有机结合起来。2015年2月，工业和信息化部发布《关于规范部分产能严重过剩行业产能置换指标交易信息报送的函》（工信厅产业〔2015〕10号），建立全国产能置换指标供需平台，统一规范产能指标出让和需求信息报送样式。

2014年7月，发展改革委、工业和信息化部发布《关于建立化解产能严重过剩矛盾信息报送机制的通知》（发改办产业〔2014〕1684号），要求财政部、人力资源和社会保障部等化解产能严重过剩矛盾工作机制组成单位按照《国务院关于化解产能过剩严重矛盾的指导意见》（国发〔2013〕41号）的任务分工，按牵头任务和参加任务分类提供任务完成情况、下一步工作计划等。同时，要求地方及时报送化解产能严重过剩矛盾有关工作进展情况等信息。

（三）完善有利于过剩产能退出的金融、财税、环保、能耗、财税、价格等政策

2014年2月，国家质检总局发布《关于严格工业产品生产许可管理切实做好化解产能严重过剩有关工作的通知》（国质检监〔2014〕64号）；工业和信息化部、国家质检总局、国家标准委发布《关于电石、铁合金行业能耗限额标准贯彻实施方案的通知》；4月，环境保护部《关于在化解产能严重过剩矛盾过程中加强环保管理的通知》（环发〔2014〕55号）;5月，发展改革委、工业和信息化部、国家质检总局发布《关于运用价格手段促进水泥行业产业结构调整有关事项的通知》（发改价格〔2014〕880号）;发展改革委、科技部、工业和信息化部、财政部、环保部、住建部、国家能源局联合发布《关于促进生产过程协同资源化处理城市及产业废弃物工作的意见》（发改环资〔2014〕884号）;住建部、工业和信息化部联合发布《绿色建材评价标示管理办法》;7月，财政部、海关总署、国家税务总局联合发布《关于取消加工贸易项下进口钢铁保税政策的通知》（财关税〔2014〕37号），银监会发布《关于支持产业结构调整和化解产能过剩的指导意见》（银监办发〔2014〕55号）。

表5-1　2014—2015年中央层面发布的化解产能过剩的主要政策文件

序号	发布时间	发布部门	政策名称
1	2014年1月	工业和信息化部	关于加强工业节能监察工作的意见（工信部节〔2014〕30号）
2	2014年1月	工业和信息化部、财政部	关于报送2014年工业行业淘汰落后和过剩产能目标计划及申报中央财政奖励资金有关工作的通知（工信厅联产业〔2014〕14号）
3	2014年2月	工业和信息化部、国家质量监督检验检疫总局、国家标准化管理委员会	关于印发电石、铁合金行业能耗限额标准贯彻实施方案的通知（工信部联节〔2014〕78号）
4	2014年2月	国家质量监督检验检疫总局	关于严格工业产品生产许可管理切实做好化解产能严重过剩有关工作的通知（财关税〔2014〕64号）
5	2014年3月	中国银监会	关于支持产业结构调整和化解产能过剩的指导意见（银监办发〔2014〕55号）
6	2014年4月	工业和信息化部	关于做好优化企业兼并重组市场环境工作的通知（工信部产业〔2014〕174号）
7	2014年4月	环境保护部	关于在化解产能严重过剩矛盾过程中加强环保管理的通知（环发〔2014〕55号）
8	2014年4月	财政部、海关总署、国家税务总局	关于取消加工贸易项下进口钢材保税政策的通知（财关税〔2014〕37号）
9	2014年4月	工业和信息化部	关于印发《2014年工业节能监察重点工作计划》的通知（工信部节〔2014〕54号）

（续表）

序号	发布时间	发布部门	政策名称
10	2014年4月	工业和信息化部	关于下达2014年工业行业淘汰落后产能和过剩产能目标任务的通知（工信部产业〔2014〕148号）
11	2014年5月	发展改革委、工业和信息化部、国家质量监督检验检疫总局	关于运用价格手段促进水泥行业产业结构调整有关事项的通知（工信部产业〔2014〕880号）
12	2014年5月	发展改革委员会、科学技术部、工业和信息化部、财政部、环境保护部、住房和城乡建设部、国家能源局	关于促进生产过程协同资源化处理城市及产业废弃物工作的通知（发改环资〔2014〕884号）
13	2014年5月	住房和城乡建设部、工业和信息化部	关于印发《绿色建材评价标识管理办法》的通知（建科〔2014〕75号）
14	2014年6月	工业和信息化部	关于进一步落实2014年淘汰落后和过剩产能任务的通知（工信厅产业函〔2014〕426号）
15	2014年7月	工业和信息化部	2014年工业行业淘汰落后和过剩产能企业名单（第一批）（工业和信息化部公告2014年第45号）
16	2014年7月	工业和信息化部	关于做好部分产能严重过剩行业产能置换工作的通知（工信部产业〔2014〕296号）
17	2014年7月	工业和信息化部	关于部分产能严重过剩行业在建项目产能置换有关事项的通知》（工信部产业〔2014〕327号）
18	2014年7月	发展改革委、工业和信息化部	关于建立化解产能严重过剩矛盾信息报送机制的通知（发改办产业〔2014〕1685号）
19	2014年8月	工业和信息化部	2014年工业行业淘汰落后和过剩产能企业名单（第二批）（工业和信息化部公告2014年第52号）
20	2014年9月	工业和信息化部	关于做好"十三五"期间重点行业淘汰落后和过剩产能目标计划制订工作的通知（工信部产业〔2014〕419号）
21	2014年11月	工业和信息化部	2014年工业行业淘汰落后和过剩产能企业名单（第三批）（工业和信息化部公告2014年第70号）

（续表）

序号	发布时间	发布部门	政策名称
22	2014年12月	工业和信息化部	2014年淘汰落后和过剩产能企业名单调整公告（工业和信息化部公告2014年第86号）
23	2015年1月	工业和信息化部	公告四川省6个在建水泥项目产能置换方案（工业和信息化部公告2015年第11号）
24	2015年2月	工业和信息化部	关于规范部分产能严重过剩行业产能置换指标交易信息报送的函（工信厅产业〔2015〕10号）
25	2015年2月	工业和信息化部	关于进一步做好淘汰落后和过剩产能检查验收工作的通知

资料来源：赛迪智库产业政策研究所，2015年。

二、重点政策分析

2014年，化解产能严重过剩矛盾的重点政策集中在建立部分产能严重过剩行业产能置换制度方面。2014年7月，工业和信息化部发布《关于做好部分产能严重过剩行业产能置换工作的通知》（工信部产业〔2014〕296号），颁布《部分产能严重过剩行业产能置换实施办法》（以下简称《实施办法》）；2014年7月和2015年2月，分别颁布《关于部分产能严重过剩行业在建项目产能置换有关事项的通知》（工信部产业〔2014〕327号）和《关于规范部分产能严重过剩行业产能置换指标交易信息报送的函》（工信厅产业〔2015〕10号），进一步明确钢铁、电解铝、水泥、平板玻璃行业在建项目产能置换有关事项。产能置换的政策要点主要是明确产能置换原则、实施产能置换的范围及方式、置换方案制定和置换后产能的处置方法和要求，规范指标交易等方面。

（一）产能严重过剩行业实施产能置换的原则

一是坚持控制总量和优化存量相结合。按照疏堵结合、严禁新增产能的思路，结合产业布局优化和结构升级的要求，加快淘汰落后和过剩产能，为实施新（改、扩）建项目腾出资源、环境容量和市场空间。二是坚持市场调节与政府引导相结合。鼓励各地探索实施政府引导、企业自愿、市场化运作的产能指标交易，发挥市场作用，支持跨地区产能置换，提高资源配置效率。三是坚持统筹考虑和区别对待相结合。制定产能置换方案，要统筹考虑地区资源优势、环境容量等因素，实行区别对待。对环境敏感区域，须实施减量置换，其他地区可实施等量置换。

（二）实施产能置换的范围及方式

《实施办法》第二条和第三条明确实施产能置换的对象为钢铁（炼钢、炼铁）、电解铝、水泥（熟料）、平板玻璃行业的新建、改建和扩建项目；实施方式为京津冀、长三角、珠三角等环境敏感区域采取减量置换，其他地区采取等量置换；京津冀、长三角、珠三角等环境敏感区域明确为北京市、天津市、河北省、上海市、江苏省、浙江省，以及广东省的广州、深圳、珠海、佛山、江门、东莞、中山、惠州、肇庆等9市，以及其他环境敏感区域。同时，明确产能等量置换是指新（改、扩）建项目应淘汰与该建设项目产能数量相等的落后或过剩产能，减量置换是指新（改、扩）建项目应淘汰大于该建设项目产能数量的落后或过剩产能。

（三）置换产能的确定方式

《实施办法》第四条明确2013年度及以后列入工业和信息化部公告的企业淘汰落后和过剩产能（不含各地列入明确压减范围的钢铁产能），方可用于产能严重过剩行业新（改、扩）建项目产能置换，且不得重复使用。已超过国家明令淘汰期限的落后产能，不得用于产能置换。《关于部分产能严重过剩行业在建项目产能置换有关事项的通知》（工信部产业〔2014〕327号）进一步明确2011—2013年列入工业和信息化部公告已完成淘汰的上述四个行业的落后和过剩产能，可用于淘汰产能指标置换，产能数量依据公告确定；2014年及以后则按照《实施办法》公布的产能换算表确定。第五条明确京津冀、长三角、珠三角等环境敏感区域需置换淘汰的产能数量按不低于新（改、扩）建项目产能的1.25倍予以核定，其他地区实施等量置换。

（四）产能置换指标交易

《实施办法》支持跨地区产能置换，并鼓励各地积极探索实施政府引导、企业自愿、市场化运作的产能置换指标交易。提出产能置换指标交易由各省（区、市）工业和信息化主管部门进行组织协调，制定具体交易实施办法，报省级人民政府同意后执行。工业和信息化部搭建全国产能置换指标供需信息平台，为产能置换提供信息服务，并探索建立全国产能置换指标交易平台。明确水泥（熟料）、平板玻璃行业用于交易的产能置换指标，需指标出让方省级工业和信息化主管部门报省级人民政府确认公示，并报工业和信息化部登记；钢铁（炼铁、炼钢）、电解铝行业用于交易的产能置换指标，需指标出让方省级工业和信息化主管部门核实报省级人民政府公示，并报工业和信息化部复核确认，在全国产能置换指标供需信息平台发布。

（五）置换方案制定和置换后产能的处置

《实施办法》要求各地制定产能置换方案并通过全国产能置换指标供需信息平台发布。其中，水泥（熟料）、平板玻璃行业产能置换方案及核实确认意见，报省级人民政府确认后向社会公告，并报工业和信息化部；钢铁（炼铁、炼钢）、电解铝行业产能置换方案及核实确认意见，报省级人民政府，并向社会公示，同时报工业和信息化部，由工业和信息化部组织专家对置换方案进行复核后，将确认的产能置换方案向社会公告。

《实施办法》要求各地工业和信息化主管部门根据省级人民政府向社会公告的产能置换方案，按照《关于印发淘汰落后产能工作考核实施方案的通知》（工信部联产业〔2011〕46号）要求，将用于置换的全部淘汰项目，列入年度淘汰落后产能企业名单，组织拆除主体设备（生产线），使其不能恢复生产。

第二节　2014年化解产能过剩的基本情况

2013年10月，国务院发布《关于化解产能严重过剩矛盾的指导意见》（国发〔2013〕41号），全面系统部署化解产能过剩矛盾工作以来，国务院各相关部门出台了化解产能严重过剩矛盾的政策措施和意见，并提高标准，加大对炼钢、炼铁、电解铝、平板玻璃、水泥等严重过剩行业淘汰落后产能力度。产能严重过剩的黑色金属冶炼及压延加工业、有色金属冶炼及压延加工业、非金属矿物制品业的固定资产投资增幅明显回落，产能扩张速度逐步放缓，结构调整步伐加快，企业质量效益有所提升。

一、产能严重过剩行业固定资产投资增幅明显回落，产能扩张速度逐步放缓

2014年1—10月份，黑色金属冶炼及压延加工业、有色金属冶炼及压延加工业投资完成额累计同比增速分别为 –6.10%、6.10%，较上年同期下降明显，分别下降9.23、17.54个百分点；非金属矿物制品业投资完成额累计同比增长14.3%，增速与上年基本持平。

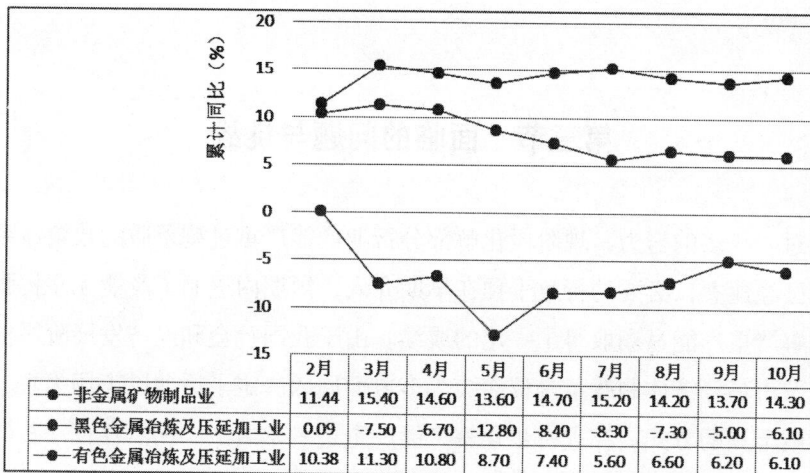

图5-1 2014年产能严重过剩行业固定资产投资完成额累计同比增速

资料来源：国家统计局网站。

二、严重过剩行业结构调整速度加快，提质增效效果明显

2014年1—10月份，黑色金属冶炼及压延加工业、有色金属冶炼及压延加工业、非金属矿物制品业分别实现利润总额1043.78亿元、1019.35亿元、3012.74亿元，分别累计增长6.94%、8.75%、9.22%。粗钢产量6.85亿吨、钢材产量9.34亿吨、10种有色金属产量3580万吨、水泥20.53亿吨、平板玻璃6.78亿吨，分别同比增长2.1%、4.7%、6.5%、2.5%、3.5%。

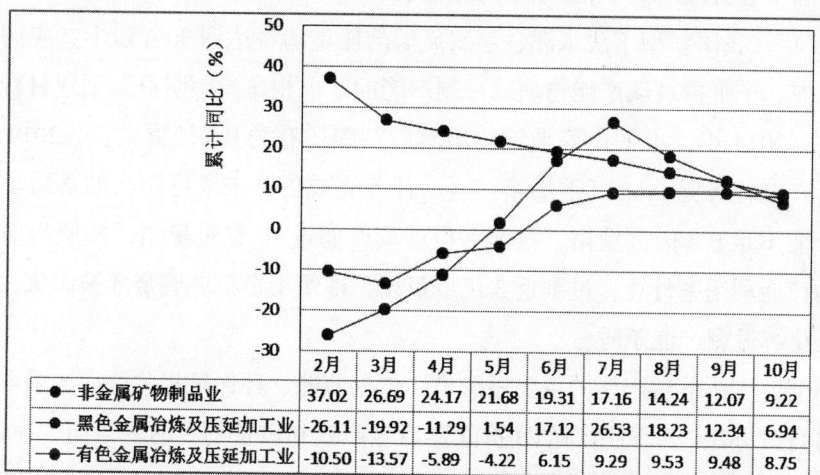

图5-2 2014年产能严重过剩行业实现利润总额累计同比增速

资料来源：国家统计局网站。

第三节　面临的问题与挑战

经过一年多的努力，现阶段化解部分行业产能严重过剩矛盾的政策体系和工作制度已经建立，必要的行政干预在早期介入，短期内遏制了产能无序扩张的局面，化解严重产能过剩取得了一定的成绩。由于我国社会和经济发展阶段性的特点，以及市场经济体制改革进程滞缓等多方面原因决定了后期以市场为主，辅以必要行政干预的方式。在进一步化解产能严重过剩矛盾上，仍然存在一些问题和挑战。主要表现在：要素价格改革滞后导致环境和资源成本未能有效体现，节能、环保等法律法规不完善，且执法效率不高，地方政府追求短期对企业的隐性补贴政策等造成市场竞争机制难以有效发挥作用；行政干预手段在短期能起到遏制产能过快增长的局面，但是从长期来看，可能引发负面影响。

一、通过淘汰落后产能的方式化解产能过剩矛盾空间有限

随着淘汰落后工作的持续深入推进，《部分工业行业淘汰落后生产工艺装备和产品指导目录 (2010 年本)》和《产业调整指导目录》规定的标准，钢铁、水泥、平板玻璃等严重过剩行业的落后产能大部分已经顺利淘汰，继续以此标准淘汰的空间十分有限。例如，按照水泥和玻璃"十二五"规划目标及行业发展态势，到 2015 年，我国新型干法水泥、浮法玻璃的比重均将达到 90% 以上，应淘汰的立窑水泥、小平拉玻璃产能与消减过剩产能的需求相比差距明显。据建材行业协会预测，2014 年，小平拉等平板玻璃落后产能还有约 0.5 亿重量箱，2014 年淘汰落后产能任务是 0.35 亿重量箱。这一任务完成后，未来可淘汰的落后小平拉玻璃产能不足 0.2 亿重量箱。我国平板玻璃产能近 11 亿重量箱，按照当前不足 80% 的产能利用率计算，过剩近 3 亿重量箱，即便小平拉玻璃全部被淘汰，也难以彻底化解过剩产能矛盾。

当前，淘汰落后产能的主要做法是，依据节能、环保等相关法律，采取强制关停等行政办法，从而达到彻底拆除落后生产线和设备的目的。当前，在钢铁、电解铝、平板玻璃等严重过剩行业，不满足节能、环保法律规定标准的设备、生产线基本被淘汰殆尽。地方政府采取提高标准淘汰，甚至对符合节能、环保等法

律规定标准的产能强制淘汰的做法缺乏法律依据。如广东省工业和信息化主管部门曾表示，其淘汰的产能不仅符合节能环保要求，且要高于国家淘汰落后的标准。同时，按照国家行政体制改革要求，政府部门应减少对微观事务的管理，充分发挥市场在资源配置中的决定性作用，依靠行政办法淘汰落后产能的传统方法难以维系。

二、从长期看，严控增量不能从根本上解决产能严重过剩问题

我国开展化解产能过剩矛盾的工作已有 20 年历史，已经探索出优化存量、控制增量相结合的方法，在历次化解产能过剩矛盾中发挥了重要的作用。从近年来的实际效果看，传统的严控新增产能的方式在短期内能起到立竿见影的效果，但是难以根治产能严重过剩的顽疾，在特定时期还存在负面效应。

首先，我国是发展中国家，无论从国家、地方经济发展需要，还是居民提高生活水平要求看，都给企业扩大产能规模提供了广阔空间。强行停止或严格审批新上项目的方式相当于行政性地压制企业扩张欲望，不符合市场经济发展规律。这种做法虽然在产能严重过剩时期能很好地遏制产能过快增长的势头，但从长远来看，在经济增长的大形势下，会在一定程度上造成未来市场供需失衡。对于通过审批、核准等方式管理的行业，一旦政策放开，强烈的市场需求信号会导致企业在短期内做出扩张产能的决策，以避免国家再次严控新增产能而失去扩张机会。这种集中式产能扩张往往是企业基于抢占市场的需要做出的，存在对市场需求的放大效应，对行业而言，可能会是数倍，将会埋下新一轮产能严重过剩的隐患。

其次，为维持地方经济快速发展，很多地方政府往往倾向于企业能扩大规模。一旦政策放开或相关政策出台前，地方政府往往会抓紧上项目，个别地区甚至先上项目后报批。部分地区出于保护本地企业和市场的目的，往往设置一些障碍，鼓励本地企业扩大产能，导致很多行业产能在国家放开新上项目限制后出现反弹式增长。这种现象在国家加大投资力度、刺激经济增长时更为明显。2005年我国出现严重产能过剩现象，2006—2007 年产能过剩问题尚未得到解决，但是在 2008—2009 年，国家为应对 2008 年全球金融危机，不仅在控制过剩行业新增项目方面有所放松，4 万亿元的刺激政策也给企业扩大产能以激励，从而导致 2009—2010 年钢铁、水泥等行业新上一批项目，成为现阶段钢铁、水泥等行业产能过剩的重要诱因。

三、能源资源等要素价格改革滞后导致价格信号失真，造成市场无法自发调节产能规模

从欧美等发达国家的经验来看，价格信号传递顺畅且失真少，是市场机制发挥作用，通过竞争自发平衡供需，消减过剩产能的前提条件。在市场定价机制比较健全的情况下，环境、能源和资源等要素成本能够通过要素价格反映，价格信号能顺畅、准确、及时地在市场上传递。对于消费者而言，他们根据商品的价格和质量决定是否购买，从而形成一定的消费需求量。对于企业而言，环境、资源、能源等成本进入企业投入的生产成本，并根据市场需求和商品价格决定生产能力规模和产量。在供给和需求的共同作用下实现市场出清，并形成稳定的供需平衡和一个合理的产能规模。在现阶段，由于市场经济成熟度不高，能源、资源等领域市场化改革相对滞后，能源、资源、土地、环境等成本不能有效地在要素价格上加以体现，更不能完全内化为企业的生产成本，导致价格信号传递不畅，甚至出现严重失真和扭曲。投入要素价格低于实际价格，一方面使得企业产能决策偏离市场实际供需平衡点，从而导致部分行业产能扩张速度过快，在市场低迷期造成产能严重过剩；另一方面客观上造成部分行业进入门槛和运营成本偏低，使得企业在市场低迷情况下仍然能维持较大产能规模，甚至可能进一步扩张，造成落后产能、过剩产能难以自发退出，特定时期加剧了产能严重过剩矛盾。

四、现有节能环保安全质量等法律法规尚未对企业违法违规行为形成有效约束

首先，节能、环保、安全、质量等相关法律法规所规定的处罚数额严重偏低，难以遏制部分企业违法违规的利益冲动。大气、固体废物、水污染防治及节约能源法对造成环境污染、过度消耗能源资源行为的罚款一般不超过20万元。过低的处罚金额不能弥补企业违法排污行为给社会和环境造成的危害和损伤，也远远低于行为主体从其违法行为中所获得的收益，难以形成让企业彻底不敢再碰触底线的威力。安全不合规和质量不合标准等问题，往往也是通过媒体曝光或下达整改通知，难以对责任主体形成有效的约束作用。2014年新修订的《环境保护法》对此进行了修订，规定按照原处罚数额按日连续处罚原则，提高处罚金额，加大企业违法成本，被称为史上最严的环保法，但是实施效果仍有待时间检验。

其次，排污收费标准及对超标排污行为的惩罚力度严重不足。现行排污收

费标准远低于污染治理成本，对于超标排污的违法行为，按规定只加收一倍排污费。低排污费给企业一种负面激励，即采取缴纳排污费以"合法排污"，严重降低了排污费对降低环境污染的作用。2014 年 9 月 1 日，国家发展改革委、财政部、环保部联合下发《关于调整排污费征收标准等有关问题的通知》，调整排污费征收标准，同时实行差别化排污收费政策，将废气、污水主要污染物征收标准较现行标准提高一倍。2014 年新修订的《环境保护法》规定不再征收排污费，改为征收环境保护税。这对激励企业采用先进工艺改造现有产能，降低能耗、减少污染物排放，提高产品质量等都具有正面激励和负面约束作用，但是实施效果，特别是执法效果仍有待进一步检验。

再次，执法难和执法不严的现象普遍存在。部分地方反映，政府部门依据环保、节能等方面法律强制要求企业关停、拆除不合标准设备，淘汰落后产能的执法成本很高，在排污、能耗等方面取证困难，甚至部分责任人员称还受到企业的恐吓和威胁，导致执法工作难以顺利进行，造成个别企业钻法律空子，本应关停、淘汰的产能不能依法退出。

五、地方政府隐性支持政策造成企业盲目扩大产能，并延缓严重过剩产能退出

首先，招商引资是多数地方政府促进本地经济增长的第一选择，尤其是县（市、区）一级为吸引企业到本地投资，采取对部分企业提供税收减免、补贴及所辖区域银行贷款贴息、使用本地资源等政策优惠。这些优惠政策降低了企业生产运营的成本，使一些行业严重过剩，且自身竞争能力较弱的企业在一些地区依然能够维持生产经营，甚至可以很好地生存。如河北省工信厅的数据显示，2013 年河北省平板玻璃的产能超过 2 亿重量箱，但产量不到 1.2 亿重量箱，产能利用率低于全国平均水平。但是，河北省沙河市很多玻璃企业却表示目前生存状态很好，利润率基本可以维持在 10% 左右，深加工企业可以达到 20% 左右，即便产能严重过剩也影响不大。据其他省份企业反映，河北省玻璃企业能如此有信心，与当地在资源、能源使用等方面给予企业一定的政策优惠是分不开的，并认为当地的这种做法不利于营造公平的市场竞争环境。

其次，部分地方政府从维持地区经济发展、保证税收、促进就业等方面考虑，干预企业决策，阻止企业消减产能。当政府发展目标与企业决策不一致时，政府部门往往会介入和影响企业减少产能的决策，并采用税收减免、优先贷款、补贴，甚至地方保护等方式使这些企业维持产能现状，延缓了产能的退出。例如，在新疆、内蒙古、云南、青海、宁夏等经济发展相对落后的地区，某些县、镇主要依靠一两个钢铁企业维持 GDP、财政收入和稳定就业。如果企业生产线或设备被淘汰，短期内会给当地经济发展和社会稳定造成严重负面影响，地方政府往往会向中央政府部门争取延缓当地企业淘汰落后产能。

第六章　淘汰落后产能

2010 年 2 月，国务院发布《关于进一步加强淘汰落后产能工作的通知》（国发〔2010〕7 号）后，淘汰落后产能的政策体系和工作推进机制已经建立，淘汰落后产能工作推进顺利，并取得了丰硕的成果，加快了经济发展方式转变，促进了产业结构优化升级，推进了节能减排，进一步推动了我国工业经济的健康发展。

第一节　2014 年淘汰落后产能政策解析

2014 年，淘汰落后领域主要是政策的贯彻执行和完善。通过建立的组织协调和推进实施体系、奖励政策措施、计划下达、企业名单公告、监督、考核推动淘汰落后产能顺利开展，并对政策体系进行完善，探索利用标准淘汰落后产能。

一、落实2014年淘汰落后产能任务

2014 年 3—4 月，工业和信息化部、国家能源局、国家煤矿安全监察局，分别发布《关于下达 2014 年工业行业淘汰落后产能和过剩产能目标任务的通知》（工信部产业〔2014〕148 号）、《关于做好 2014 年煤炭行业淘汰落后产能工作的通知》（国能煤炭〔2014〕135 号）、《关于下达 2014 年电力行业淘汰落后产能目标任务的通知》（国能电力〔2014〕131 号），向各省、自治区、直辖市人民政府及新疆生产建设兵团下达了 18 个工业、煤炭、电力行业 2014 年淘汰落后产能和过剩产能目标任务，要求各地采取有效措施，确保年底前全面完成 2014 年淘汰任务。明确要求各地在 2014 年 4 月底前，将目标任务分解到市县,落实到具体企业；12 月底前，全部拆除列入公告名单内企业的落后生产线（主体设备），并完成现

场检查和验收。为充分发挥全社会的监督作用，要求各地在省级人民政府网站及当地主流媒体上，向社会公告相关企业名单，以及完成淘汰任务的企业名单。7—11月，分三批公布了《2014年工业行业淘汰落后和过剩产能企业名单》(工业和信息化部公告2014年第45号、2014年第52号、2014年第70号)，涉及炼铁、炼钢、焦炭、铁合金、电石、电解铝、铜（含再生铜）冶炼、铅（含再生铅）冶炼、水泥（熟料及磨机）、平板玻璃、造纸、制革、印染、化纤、铅蓄电池（极板及组装）、稀土等工业行业。

二、推动落后产能加快淘汰

2013年12月，工业和信息化部办公厅发布《关于做好彻底拆除已停产落后设备工作的通知》(工信厅产业函〔2013〕828号)，要求山西、辽宁、湖南、广东、海南、四川、重庆、贵州、云南、陕西、宁夏、新疆建设兵团做好自2010年以来由于涉及职工安置、资产抵押、债权债务纠纷等问题，暂未按要求彻底拆除落后设备的48家（户）工业行业企业的设备拆除工作。明确要求地方制定和切实落实限期拆除落后设备工作方案，挂牌督办；会同电力监管等部门，采取有效措施，加强监管，确保落后设备不能恢复生产，条件成熟时立即组织拆除；同时，严禁将拆除的落后设备向其他地区或国家转移。2014年6月，工业和信息化部发布《关于进一步落实2014年淘汰落后和过剩产能任务的通知》(工信厅产业函〔2014〕426号)要求各地加快将尚未落实2014年淘汰落后和过剩产能任务分解到相关企业（生产线）。要求各地进一步开展摸底调查，继续落实相关行业任务，尤其要重视将国务院《政府工作报告》确定的钢铁、水泥、平板玻璃行业任务落实到位。12月，工业和信息化部发布《2014年淘汰落后和过剩产能企业名单调整公告》(工业和信息化部公告2014年第86号)对河北省涉及城市供暖的唐山贝氏体钢铁（集团）有限公司的1座40吨转炉、60万吨炼钢产能淘汰任务进行调整，调整为唐山清泉钢铁（集团）有限责任公司的1座45吨转炉项目；华瑞（邯郸）铸管有限公司（峰峰矿区）3座35吨转炉、158万吨炼钢产能，因只有基础设施，主体一直未建成、未投产，基础设施已于2月拆除，不符合淘汰落后产能相关政策要求，从公告名单中剔除。

三、理顺淘汰落后和发展关系

2014年7月，工业和信息化部发布《关于做好部分产能严重过剩行业产能置换工作的通知》(工信部产业〔2014〕296号)、《关于部分产能严重过剩行业在建项目产能置换有关事项的通知》(工信部产业〔2014〕327号),对产能严重过剩的钢铁、电解铝、水泥、平板玻璃行业新(改、扩)建项目,实施产能等量或减量置换。2015年2月,工业和信息化部《关于进一步做好淘汰落后和过剩产能检查验收工作的通知》,要求地方分类处理落后产能,对落后产能主体设备(生产线)须作废毁处理,严禁异地转移;对过剩产能主体设备(生产线),可不完全作废毁处理;对不属于国家明令淘汰的辅助设备,经具有检测资质机构鉴定并出具法定报告后,可以再利用。具有四种无法按期拆除的主体设备(生产线),报请省级人民政府同意并承诺不再恢复生产,由企业属地县(市、区)政府封存,并协调有关部门做好断电、断水,确保不具备恢复生产条件后,可视为完成淘汰任务。四种情况分别为:拟拆除的主体设备(生产线)因债权债务纠纷、资产抵(质)押、申请破产等由相关部门依法查封、扣押、冻结;拟拆除的主体设备(生产线)属国有资产,且处置程序尚未按有关规定完成;拟拆除的主体设备(生产线)留作工业遗址、旅游开发等用途;其他合规情形(如,依法依规进行转产)。

表6-1　2013年12月以来中央层面发布的淘汰落后产能主要政策文件

序号	发布时间	发布部门	政策名称
1	2013年12月	工业和信息化部	关于做好彻底拆除已停产落后设备工作的通知(工信厅产业函〔2013〕828号)
2	2014年1月	工业和信息化部、财政部	关于报送2014年工业行业淘汰落后和过剩产能目标计划及申报中央财政奖励资金有关工作的通知(工信厅联产业〔2014〕14号)
3	2014年1月	工业和信息化部	关于加强工业节能监察工作的意见(工信部节〔2014〕30号)
4	2014年2月	工业和信息化部、国家质量监督检验检疫总局、国家标准化管理委员会	关于印发电石、铁合金行业能耗限额标准贯彻实施方案的通知(工信部联节〔2014〕78号)
5	2014年3月	国家能源局、国家煤矿安全监察局	关于做好2014年煤炭行业淘汰落后产能工作的通知(国能煤炭〔2014〕135号)
6	2014年3月	中国银监会	关于支持产业结构调整和化解产能过剩的指导意见(银监办发〔2014〕55号)
7	2014年4月	工业和信息化部	关于印发《2014年工业节能监察重点工作计划》的通知(工信部节〔2014〕54号)

（续表）

序号	发布时间	发布部门	政策名称
8	2014年4月	国家能源局	关于下达2014年电力行业淘汰落后产能目标任务的通知（国能电力〔2014〕131号）
9	2014年4月	工业和信息化部	关于下达2014年工业行业淘汰落后产能和过剩产能目标任务的通知（工信部产业〔2014〕148号）
10	2014年5月	发展改革委、工业和信息化部、国家质量监督检验检疫总局	关于运用价格手段促进水泥行业产业结构调整有关事项的通知（工信部产业〔2014〕880号）
11	2014年5月	住房和城乡建设部、工业和信息化部	关于印发《绿色建材评价标识管理办法》的通知（建科〔2014〕75号）
12	2014年6月	工业和信息化部	关于进一步落实2014年淘汰落后和过剩产能任务的通知（工信厅产业函〔2014〕426号）
13	2014年7月	工业和信息化部	2014年工业行业淘汰落后和过剩产能企业名单（第一批）（工业和信息化部公告2014年第45号）
14	2014年8月	工业和信息化部	2014年工业行业淘汰落后和过剩产能企业名单（第二批）（工业和信息化部公告2014年第52号）
15	2014年7月	工业和信息化部	关于做好部分产能严重过剩行业产能置换工作的通知（工信部产业〔2014〕296号）
16	2014年7月	工业和信息化部	关于部分产能严重过剩行业在建项目产能置换有关事项的通知》工信部产业〔2014〕327号）
17	2014年9月	工业和信息化部	关于做好"十三五"期间重点行业淘汰落后和过剩产能目标计划制订工作的通知（工信部产业〔2014〕419号）
18	2014年11月	工业和信息化部	2014年工业行业淘汰落后和过剩产能企业名单（第三批）（工业和信息化部公告2014年第70号）
19	2014年12月	工业和信息化部	2014年淘汰落后和过剩产能企业名单调整公告（工业和信息化部公告2014年第86号）
20	2015年2月	工业和信息化部	关于进一步做好淘汰落后和过剩产能检查验收工作的通知

数据来源：赛迪智库整理。

第二节　2014年淘汰落后产能的基本情况

一、淘汰落后产能工作进展良好

2010—2013年，工业领域淘汰落后产能涉及钢铁、有色金属、建材、轻工、纺织、食品等8500多家企业，淘汰炼铁9000万吨、炼钢5800万吨、水泥（熟料及粉磨能力）6.6亿吨、平板玻璃1.35亿重量箱。其中，2013年完成淘汰炼铁618万吨、炼钢885万吨、焦炭2400万吨、铁合金210万吨、电石118万吨、电解铝27.3万吨、铜（含再生铜）冶炼86.4万吨、铅（含再生铅）冶炼96.5万吨、锌（含再生锌）冶炼18.5万吨、水泥（熟料及粉磨能力）10578万吨、平板玻璃2800万重量箱、造纸831万吨、酒精34.3万吨、味精29万吨、柠檬酸7万吨、制革916万标张、印染32.06亿米、化纤25.7万吨、铅蓄电池（极板及组装）2840万千伏安时。[1]

2014年，工业行业淘汰落后和过剩产能目标任务为炼铁1900万吨、炼钢2870万吨、焦炭1200万吨、铁合金234.3万吨、电石170万吨、电解铝42万吨、铜冶炼51.2万吨、铅冶炼11.5万吨、水泥（熟料及粉磨能力）5050万吨、平板玻璃3500万重量箱、造纸265万吨、制革360万标张、印染10.84亿米、化纤3万吨、铅蓄电池（极板及组装）2360万千伏安时、稀土（氧化物）10.24万吨。[2]截至11月底，工业和信息化部已经公告了第一批、第二批和第三批企业名单。总体上来看，2014年淘汰落后产能工作进展良好，部分省份进展较快。截至6月30日，江苏省化解过剩产能的21个项目中，7个项目已完成（占全部项目的33.3%），14个项目正在推进；淘汰落后产能的100个项目中，88个项目已经关停（占全部项目的88%），45个项目已拆除主体设备（占全部项目的45%）。截至7月15日，山东省已关停落后生产线（设备）企业58户，占全部任务的92%，已拆除26户，占41%[3]。

---

[1]　根据淘汰落后产能工作经验交流会材料整理。
[2]　工业和信息化部关于下达2014年工业行业淘汰落后和过剩产能目标任务的通知（工信部产业〔2014〕148号）。
[3]　根据淘汰落后产能工作经验交流会地方材料整理。

二、主要特点

（一）涉及的重点行业动态调整

2014年，淘汰落后产能重点行业共涉及炼铁、炼钢、焦炭、铁合金、电石、电解铝、铜（含再生铜）冶炼、铅（含再生铅）冶炼、水泥（熟料及磨机）、平板玻璃、造纸、制革、印染、化纤、铅蓄电池（极板及组装）、稀土等16个工业行业。相比2013年，酒精、味精、柠檬酸、锌冶炼调出重点行业，稀土列入淘汰落后产能重点行业。按照《关于进一步加强淘汰落后产能工作的通知》（国发〔2010〕7号）、《部分工业行业淘汰落后生产工业装备和产品指导目录（2010年本）》（工产业〔2010〕第122号公告）、产业结构调整指导目录（2011年本）（发展改革委令2013第21号）要求，酒精、味精、柠檬酸、锌冶炼行业落后产能已经基本淘汰完毕，从2014年起调出重点行业。同时，稀土行业落后产能比重大、淘汰任务繁重，且关系到整个行业兼并重组目标的实现，根据国务院要求，列入2014年淘汰落后产能计划。

（二）钢铁等行业淘汰落后产能任务量进一步加大，焦炭等行业任务量下降

2014年4月，工业和信息化部发布《关于下达2014年工业行业淘汰落后产能和过剩产能目标任务的通知》（工信部产业〔2014〕148号），按照《政府工作报告》有关要求，颁布确定2014年淘汰落后和化解过剩产能目标任务，涉及炼铁1900万吨、炼钢2870万吨、焦炭1200万吨、铁合金234.3万吨、电石170万吨、电解铝42万吨、铜（含再生铜）冶炼51.2万吨、铅（含再生铅）冶炼11.5万吨、水泥（熟料及磨机）5050万吨、平板玻璃3500万重量箱、造纸265万吨、制革360万标张、印染10.84亿米、化纤3万吨、铅蓄电池（极板及组装）2360万千伏安时、稀土（氧化物）10.24万吨。从行业来看，炼铁、炼钢、电石、铁合金、电解铝、平板玻璃分别比2013年增长622.43%、267.48%、50.04%、35.83%、53.85%、55.56%。同时，在现行标准下，焦炭、铜冶炼、铅冶炼、造纸、制革、印染、化纤等行业落后产能已经不多，淘汰任务也大幅减少，其中铅冶炼、制革、印染、化纤行业减少40%以上。

（三）淘汰落后与发展的关系进一步理顺

2014年7月，工业和信息化部发布《关于做好部分产能严重过剩行业产能

置换工作的通知》(工信部产业〔2014〕296号),对产能严重过剩的钢铁、电解铝、水泥、平板玻璃行业新(改、扩)建项目,实施产能等量或减量置换。产能置换的实施有利于推动存量产能调整升级和布局优化,缓解地方经济发展和淘汰落后产能、缓解产能过剩的矛盾,提高地方加快淘汰落后产能的积极性。

第三节　面临的问题与挑战

一、经济新常态增加淘汰落后产能工作难度

首先,经济增长速度放缓,地方政府稳增长压力增大。我国经济发展的条件和环境已经或将发生诸多重大转变,经济增长基本告别过去30多年来两位数的高速增长,进入中高速增长时期。2014年,国内生产总值636463亿元,增长7.4%,增速同比下降0.3个百分点,全部工业增加值227991亿元,增长7.0%,规模以上工业增加值增长8.3%。其次,经济进入了比较优势转换的关键时期,既有的低成本比较优势逐渐削弱,新的比较优势尚在形成。支撑经济高速增长的人口数量红利正在丧失,劳动人口转入负增长,成本上升,将影响制造业劳动力供给能力。据联合国有关数据预测,我国劳动适龄人口(15—64岁)将在2015年达到峰值,到2020年我国劳动人口约为7.85亿,2030年约为7.50亿。劳动适龄人口占比持续下降,总抚养比持续上升,2013年劳动适龄人口占比73.92%,较2010年降低0.61个百分点;总抚养比为35.3%,增长1.1个百分点。2010年以来,多数行业人力成本增速已高于劳动生产率增速,2013年全国平均工资达到51483元,是2000年的5.52倍,年均增长速度达到14.06%。据美联储等机构的估算,中美两国的制造业单位实际工资的差距在2015年预计将缩小到7美元,比2006年减少10美元。劳动力成本快速上涨,加上土地成本、能源成本的上涨,环境约束日益趋紧,使得过去高增长所依赖的低价格要素投入模式难以为继,传统制造业竞争力面临严峻挑战。但是,新产品、新技术、新业态尚在孕育中,尚未形成支撑经济较快发展的格局。部分地方工业经济增长速度下降幅度较大,面临淘汰落后产能和稳增长、促进就业的双重压力,结构调整阵痛和增长速度换挡的叠加,客观上增加了淘汰落后产能的难度,影响了淘汰落后产能工作的积极性。

二、治理大气污染加大重点地区淘汰落后产能任务

《大气污染防治行动计划》明确要求结合发展实际和环境质量状况,进一步

提高环保、能耗、安全、质量等标准，分区域明确淘汰落后产能任务，倒逼产业转型升级。要求采取经济、技术、法律和必要的行政手段，提前一年完成钢铁、水泥、电解铝、平板玻璃等 21 个重点行业的"十二五"落后产能淘汰任务。2015 年底前再淘汰炼铁 1500 万吨、炼钢 1500 万吨、水泥（熟料及粉磨能力）1 亿吨、平板玻璃 2000 万重量箱。同时，提出到 2017 年底前分年度重点行业压减产能目标。钢铁行业，河北、山东、山西分别淘汰压缩产能 6000 万吨、1000 万吨、670 万吨以上；焦化行业，山西、山东分别淘汰和压缩产能 1800 万吨、1000 万吨以上。从工业和信息化部公布的 2014 年分省淘汰落后产能任务来看，山东、湖北、四川、贵州 4 省任务较重，涉及 10 个以上行业，行业覆盖面超过 65%。河北省钢铁、平板玻璃分别占全国的 35%、71%，山西省焦炭占比超过 50%。广西、贵州、内蒙古 3 省（区）铁合金占比超过 60%，浙江、河南、福建 3 省制革占比超过 65%，江苏、山东、江西、福建 4 省铅蓄电池占比超过 80%。

三、淘汰落后产能的工作方式仍需创新

党的十八届三中全会部署全面深化改革战略，经济体制改革是全面深化改革的重点，要求处理好政府和市场的关系，使市场在资源配置中起决定性作用和更好发挥政府作用。同时，明确政府的职责和作用主要是保持宏观经济稳定，加强和优化公共服务，保障公平竞争，加强市场监管，维护市场秩序，推动可持续发展，促进共同富裕，弥补市场失灵。要求进一步简政放权，深化行政审批制度改革，最大限度减少中央政府对微观事务的管理，市场机制能有效调节的经济活动，一律取消审批，对保留的行政审批事项要规范管理、提高效率；大幅度减少政府对资源的直接配置，推动资源配置依据市场规则、市场价格、市场竞争实现效益最大化和效率最优化。

党的全面深化改革战略，以及淘汰落后产能工作的进一步深入都要求淘汰落后产能工作进一步适应新的形势要求，减少行政手段的干预，创新工作方式，加大市场和法律手段的应用，进一步完善利用环保、能耗等标准，运用法律手段和经济手段淘汰落后和过剩产能的工作机制。

第七章　产业转移和优化布局

产业转移是指企业在追求利润最大化过程中将工业生产的部分环节或全部由原来的生产地向土地供给、劳动力价格、环境容量、政策支持、市场容量、物流成本等更具优势的区域转移。产业转移是在不同发展水平的国家和地区之间转移的一种经济现象，伴随着区域产业分工与合作，在产业空间分布上绝大部分表现为由发达区域向欠发达区域转移，是一种由非均衡状态向均衡状态转变的过程。因此，产业转移往往与产业结构优化和产业布局优化具有一定的相关性，会伴随一个国家和地区产业发展的整个过程。

第一节　2014 年产业转移和优化布局政策解析

进入 21 世纪以来，我国经济保持了持续快速发展，土地、劳动力、技术、环境等资源禀赋和比较优势都发生了重大变化。劳动力数量优势逐渐下降，工业用地供给日益趋紧，资源环境容量约束日益趋紧，技术创新能力不断提升，我国东部、中部、西部、东北地区与东南亚等国家产业发展的阶梯性特征越来越明显，产业发展层次和产业结构的差异性也日益明显。为了更好地发挥各地区比较优势，一些中西部省区在《产业转移指导目录（2012 年本）》的基础上先后出台了一系列承接产业转移的政策措施，逐步形成了我国促进产业转移和布局优化的产业政策体系。

一、基本形成产业转移政策体系

近年来，为了更好地落实中共中央、国务院关于完善产业政策措施，推进产业在区域间的有序转移，促进东、中、西产业协调发展，工业和信息化部等部委先后出台了一系列产业转移政策。2012年下半年,为了解决产业转移过程中出现的产业承接地之间盲目竞争、产业无序流动和落后生产能力转移等问题,工业和信息化部等部委联合发布了《产业转移指导目录(2012年本)》;2013年5月,为了贯彻落实国家产业政策,化解产能过剩矛盾,探索严把产业政策闸门,截断落后产能转移路径的方式方法,防范落后产能转移,工业和信息化部印发了《产业转移项目产业政策符合性认定试点工作方案》。

2014年10月,国家发展改革委、工信部等部委发布《关于重点产业布局调整和产业转移的指导意见》,从强化资源型产业布局导向、发挥市场主导作用、深化产业对外合作、增强中西部产业发展和承接能力等方面明确了产业转移和优化布局的重点任务,并明确了财税、金融、产业与投资、土地、产业合作等方面的支持政策,成为当前和今后一个时期指导产业布局调整和产业转移的纲领性文件。随着《产业转移指导目录(2012年本)》、《关于重点产业布局调整和产业转移的指导意见》等政策的发布和落实,国家层面的产业转移政策体系初步形成。

在国家产业转移政策的指导下,各省纷纷开始行动,根据本地区产业发展基础和资源禀赋,制定了承接产业转移的行动计划。2014年2月,湖南省发布了《2014年全省承接产业转移工作要点》,提出了要紧紧围绕七大战略性新兴产业、传统优势产业和农业产业化,现代服务业,新型城镇化三个专题,以重大项目为抓手,以对接、推介、考察活动为载体,突出湘南示范区建设、特色(示范)园区(示范带)打造、重点企业服务和优化发展环境"四个重点",力求实现重大项目引进、重点企业落户、重点区域对接、重大平台搭建和重点园区建设"五个突破"。2014年3月,河南省出台了《河南省制造业承接产业转移2014年行动计划》,承接以电子信息、装备制造、汽车及零部件、食品、现代家居、服装服饰六大高成长性制造业为重点,加快引进关联度高、辐射力大、带动性强的龙头型、基地型项目,带动配套企业抱团跟进,培育壮大产业集群,发挥产业倍增效应,推动高成长性制造业成为引领带动工业结构升级的核心力量,形成布局合理、特色突出、结构优化的制造业集群发展新格局。2014年4月,河北省制定了"承接北京产业转移地图",张家口和承德地区承接绿色产业、高新技术产业转移,秦皇岛、唐山、沧州沿海地区承接中华工业、装备制造业转移,廊坊和保定地区承接新能源、装备制造、电子信息产业转移,冀中南地区承接战略性新兴产业、高端产业制造环节和一般制造业的整体转移。此外,甘肃省还印发了《2014年全省承接产业转移工作要点及落实责任分工方案》，对具体工作分工进行了部署。

由此可以看出，各省都结合自身的产业基础、资源禀赋和市场结构制定了有针对性的承接产业转移政策措施，从而构建了"中央宏观统筹、省级中观指导"的产业转移政策体系，有效地贯彻落实了《产业转移指导目录（2012年本）》精神。可以预见，2015年随着产业转移政策的贯彻落实，我国将有更多的产业转移项目落地，成为推动"长江经济带"、"京津冀一体化"、"一带一路"建设的重要动力。

二、组织开展产业转移经验交流

近年来，随着产业转移规模、层次、范围的不断扩大，我国产业转移过程中出现了盲目转移、恶性竞争、重复建设、过度投资等一系列问题，给区域经济和产业发展带来了巨大的负面影响。如在西部省区土地、税收、财政补贴等优惠政策的吸引下，东部沿海地区大量高污染、高能耗的重化工企业盲目向新疆、内蒙古、青海、甘肃等西部地区转移，严重破坏了本就脆弱的自然生态环境。为了合理有序地推动产业转移，防止落后产能和低端工艺、装备、技术向中西部地区转移而加剧产能过剩矛盾，工业和信息化部建立了产业转移信息服务平台，并开展了一系列产业转移有关的培训班和经验交流会。

2014年5月，为进一步做好国家产业转移信息服务平台建设工作，加强产业转移工作联系，工业和信息化部产业政策司组织召开了国家产业转移信息服务平台联系人工作会议。会议对产业转移工作进行了培训和交流，介绍了平台开通以来的运行情况，通报了信息报送积分排名，并就平台运行以来存在的问题和下一步工作建议进行了深入讨论。

2014年8月，为推进产业合理、有序地转移，进一步优化产业布局，工业和信息化部在青岛举行了"产业合理有序转移理论与实务高级研修班"。各省、自治区、直辖市工业和信息化主管部门中高级管理人员、有关产业转移园区管理人员围绕国家区域发展战略及产业布局方向、国内外产业转移环境与趋势等重点内容展开研讨。

三、深入开展产业转移对接活动

为了进一步优化产业布局，促进产业战略性转移，推进我国各地区产业转移和结构调整进程，工业和信息化部、商务部等部委先后在新疆、河南、甘肃、上海组织了一系列产业转移对接活动。

2014 年 10 月 31 日，为了深度推进产业转移合作，工业和信息化部与河南、河北、山西、内蒙古、安徽、江西、湖北、湖南、陕西 9 省（区）人民政府共同举行了"2014 中国（郑州）产业转移系列对接活动"。各省的航空、电解铝、铝后深加工以及精细化工产业、煤化工设备与电力设备、军民融合等产业在对接活动中实现了双赢和多赢。此次对接活动共签约 643 个项目，总投资 3548 亿元，签约项目呈现龙头项目多、基地型项目多、转型升级项目多的特点。

2014 年 11 月 14 日，商务部投资促进事务局与上海市商务委员会、上海市漕河泾新兴技术开发区发展总公司在上海联合举办了以"园区承接产业转移经验和企业发展战略布局"为主题的"2014 中西部产业转移交流会"。四川、重庆、甘肃、云南、山西、贵州等中西部 16 个省市的政府、商务主管部门、投资促进机构、园区的负责人代表参会并进行了交流和对接。

第二节　2014 年产业转移的基本情况

2014 年以来，随着工业比较优势的持续变化，我国产业转移呈现出新的发展趋势，产业转移的重点和区域也发生了结构性变化。一方面，受到资源供给和环境约束的影响，东部沿海地区劳动密集型、资源密集型产业持续往中西部地区转移，这为东部地区产业升级和结构优化带来了重大战略机遇；另一方面，受我国劳动力供给不足、成本上涨以及"一带一路"战略实施的影响，国内许多劳动密集型产业开始向东南亚、中亚等更具有比较优势的国家和地区转移。

一、产业梯度转移趋势更加明显

改革开放以来，东部沿海地区以其优越的区位优势和政策优势，迅速成为我国重要的工业品出口加工制造基地。2008 年以来，随着劳动力、原材料、土地等生产要素成本的上涨，东部沿海地区以出口为导向的制造企业开始面临着巨大的生存压力，许多企业开始将生产线搬迁到要素禀赋更具有比较优势的中西部地区，由此开启了我国新一轮的产业转移。进入 2014 年，我国劳动力、环境、土地等资源供给和价格都出现了根本性变化，进一步促进了产业向中西部地区的转移。

表 7-1　2014 年各地区固定资产投资增长速度　　　　单位：%

东部地区		中部地区		西部地区	
北京	-1.1	山西	11.5	四川	14.7
天津	15.2	安徽	16.5	重庆	17.9
河北	15.5	江西	18.0	贵州	23.6
辽宁	-1.5	河南	19.2	云南	15.1
黑龙江	1.5	湖北	19.3	西藏	22.1
吉林	15.4	湖南	19.4	陕西	15.9
上海	6.5			甘肃	21.1
江苏	15.5			青海	22.0
浙江	16.6			宁夏	19.8
福建	19.0			新疆	22.9
山东	15.8			广西	16.7
广东	15.9			内蒙古	15.7
海南	13.2				

资料来源：国家统计局。

从各省市情况来看，固定资产投资增长速度呈现明显的层次性。西部省区经济发展水平较低，平均固定资产投资增长率达到 18.96%，其中经济发展水平较低的贵州、新疆、西藏、青海、甘肃等四省区固定资产投资增长速度较快，2014 年投资增速均超过了 20.0%；中部六省经济发展水平相对较高，固定资产投资保持中高速增长，平均增长率达到了 17.32%；东部地区经济发展水平最高，目前处于结构转型的关键阶段，固定资产投资平均增速为 11.35%，其中北京、辽宁、黑龙江三省市固定资产投资几乎处于零增长状态。由此可见，我国产业发展已经呈现出较为明显的梯度转移趋势，东部沿海地区大量劳动密集型产业开始往人力资源较为丰富的中西部地区转移。

二、产业资本"走出去"取得重要进展

习近平总书记分别于 2013 年 9 月和 10 月提出建设"新丝绸之路经济带"和"21 世纪海上丝绸之路"的战略构想，希望借助既有的、行之有效的区域合作平台，主动地发展与沿线国家的经济合作伙伴关系，共同打造政治互信、经济融合、文化包容的利益共同体、命运共同体和责任共同体。进入 2014 年以来，我国产业转移主要围绕着"一带一路"的建设，在很大程度上促进了沿线国家的基础设施

建设和经济发展，带动了国内产业向东南亚和中亚等周边国家转移，对促进我国与周边国家的经济合作、提升政治互信水平具有重要意义。

一方面，东南亚国家以其丰富而廉价的劳动力资源优势吸引我国大量的劳动密集型产业向当地转移。以泰国、越南、印度尼西亚等为代表的东南亚国家经济发展水平较低，工业发展处于快速增长阶段，劳动力供给充足、成本较低，仅相当于我国的1/3到1/2，具有承接我国劳动密集型产业的基础和优势。2014年，随着我国江苏、浙江、福建等沿海地区"腾笼换鸟"战略的实施，许多纺织服装、电子产品、机械制造、食品加工等劳动密集型制造业开始大量往东南亚地区转移。

另一方面，中亚国家以其丰富的资源储备吸引我国大量的资源密集型产业向当地转移。中亚国家在地理气候、文化风俗方面与我国新疆地区具有相似性，具有丰富的农业、能源、矿产等资源储备，在经济发展、产业结构、比较优势等方面与我国具有很强的互补性，这为承接我国产业转移奠定了基础。2014年我国部分产业资本开始向中亚地区转移，投资开发能源、水利、纺织、机械制造等领域，目前哈萨克斯坦、乌兹别克斯坦等国家已经成为承接我国产业转移的重要区域。

三、产业链转移逐渐成为产业转移的趋势

企业的生产无法孤立存在，而需要一个良好的外部环境及相关的产业群为其提供各种零部件及配套服务。由此，产业转移在很大程度上是产业链的转移，甚至是产业生态体系的转移。随着产业转移规模的不断扩大和速度的加快，我国产业转移的层次也有所提升，由过去以企业或产业链单个环节的转移为主开始转向整个产业链或产业生态体系的转移为主。河南省引进了富士康之后，带动了郑州航空港区周边配套产业及相关产业的跟进布局，酷派、天语等10多家智能手机生产基地如今已与富士康比邻而居，如果这些手机厂家的生产线全部投产，郑州航空港区智能手机的年产能将达3亿多部。

产业转移过程中，产业链以及产业生态体系的转移对中西部欠发达地区承接产业转移提出了更高要求。首先，产业承接地要完善相关的政策环境。产业承接地具备良好的金融、税收、贸易等政策环境，满足入驻企业和产业发展的需求。其次，产业承接地要具备良好的生产要素。产业承接地应当在人才、物流、能源等要素方面具备充足的供给能力，为入驻企业和产业提供充足的支持。第三，产业承接地要具有完善的配套企业。如前所述，产业转移不是单个企业生产区域的

转移，需要完善的配套零部件企业和相关服务，这就要求产业承接地能够为引进企业提供符合质量标准的配套零部件和服务。

四、制定承接产业转移政策措施

从区域经济发展角度来讲，产业转移不是简单的将需要淘汰的落后产业搬迁到欠发达地区，产业转移的过程应该是一个资源重新配置的过程，也是一个由区域非均衡发展向均衡发展转变的过程。欠发达地区承接产业转移将为当地带来先进的技术、设备、人才和管理理念，从而带动工业技术的升级和产业结构的优化，促进整体竞争力的不断提升。因此，产业承接地应当以其资源禀赋为基础，结合市场发展环境制定产业发展规划，从而在产业转移过程中重塑竞争优势。

近年来，中西部地区积极制定承接产业转移的行动计划，营造承接东部地区及国外产业转移的软硬件环境。2014年2月，国家发展改革委批复了《宁夏银川－石嘴山承接产业转移示范区实施方案》，将银川市、石嘴山市全境9县（区）全部列入国家承接产业转移示范区。同月，按照《中共湖南省委 湖南省人民政府关于推进湘南承接产业转移示范区建设的若干意见》和《湖南省湘南承接产业转移示范区规划》，湖南省政府印发了《2014年全省承接产业转移工作要点》。3月，河南省政府制定了《河南省制造业承接产业转移2014年行动计划》。

第三节　面临的困难与挑战

近几年来，随着各地工业经济的持续发展，工业比较优势开始出现变化，我国发达地区迎来了产业结构调整和升级的重大机遇。但是，广大中西部地区在承接产业转移过程中面临的问题和挑战也出现了新的变化，如基础设施和公共服务能力较弱、产业发展的政策环境有待改善、居民的现代消费意识有待培育、产业园区同质化竞争严重等，这在很大程度上不利于我国比较优势的发挥和区域经济的协调发展。

一、产业转移面临的困难和问题

（一）中西部地区基础设施和公共服务能力较弱
一直以来，由于经济发展水平较低，用于交通、物流、信息、能源等基础设施建设的资金投入比较有限，导致我国广大中西部地区基础设施和公共服务能力较弱。目前，交通建设滞后、物流成本较高、信息化水平低、产业工人缺乏等问题已成为广大中西部地区承接产业转移和产业发展的重要障碍。以交通基础设施建设为例，到 2014 年，占国土面积 56% 的西部地区的高速公路建设总里程仅为 3.86 万公里，占全国高速公路总里程的 36%，交通基础设施建设滞后、物流成本高、物流效率低严重制约了中西部地区现代物流的发展和西部地区竞争力的提升。

（二）产业发展的政策环境有待改善

一直以来，中西部地区许多地方政府思维方式、管理模式、服务理念与东部沿海地区及国外还有很大差别，导致政府服务效率低下，不利于承接发达地区的产业转移。当前，我国东部沿海地区的产业发展已经由企业的竞争上升为产业链和产业生态体系的竞争，政府的作用也由管理向服务转型，通过为企业提供完善的政策咨询、信息发布、平台建设等服务吸引外来企业投资。而我国广大中西部地区在招商引资方面还处在依靠土地廉价供给、资源低价供给、税收返还等传统的手段，这种政府管理思维模式难以适应新形势的变化。

（三）居民的现代消费意识有待培育

由于中西部地区经济发展水平、居民文化教育水平都比较低，广大居民尚未形成信息化条件下的生产生活方式和思维方式，制约了中西部地区现代市场的培育，也不利于我国中西部地区产业的升级，这在一定程度上影响了中西部地区的投资环境。近年来，我国互联网经济发展十分迅速，尤其是 2014 年以来，互联网思维、互联网金融、电子商务已经成为产业发展和居民生活的重要组成部分。但是，在广大中西部地区，尤其是西部偏远地区，由于信息网络、现代物流发展滞后，电子商务还处于起步阶段，制约了中西部地区产业结构优化与升级。

（四）产业园区同质化竞争问题严重

对于广大中西部欠发达地区而言，许多省区都存在比较优势雷同的情况，邻近地区尤为明显，这就导致引进的产业和扶持的主导产业会出现雷同，从而容易引起各个园区之间严重的同质化竞争。以重庆为例，重庆是西南重镇，具有丰富的劳动力资源优势，是发展纺织、服装等劳动密集型产业的理想区域，但是重庆在巴南区、江津区、合川区分布有重庆尚盟时装产业园、金考拉国际服装产业城、西部服饰科技创业产业园等三个千亩级服装产业园以及一些规模较小的纺织服装产业园，使得各园区面临严重的同质化竞争。

（五）承接产业转移缺乏宏观统筹

从产业转移的实施情况来看，许多地方产业转移存在盲目性、随意性和不可持续性，不仅使得大量的项目存在重复建设，加剧了产能过剩的矛盾，造成了大量的资源浪费，而且许多低层次的产业向中西部生态脆弱地区转移，破坏了当地的自然生态环境，加剧了当地的贫困程度。2014年，《新京报》曾报道，内蒙古阿拉善左旗腾格里沙漠作为我国产业转移的重要承接地，由于化工企业大量超采地下水、将未经处理的工业污水直接排放到沙漠中，造成当地大面积环境污染、地下水位下降40多米和地下水污染等一系列环境问题，沙漠污染已经达到了几乎无法修复的程度。

二、产业转移面临的挑战

一直以来，低廉的劳动力价格、丰富的劳动力供给以及不计环境成本的生产方式是我国参与国际产业竞争的重要优势。但是，随着经济总量的增长、居民收入水平的提升以及资源环境约束趋紧，我国在承接国际产业转移以及参与国际产业竞争中的比较优势已经发生了变化，劳动力价格优势逐渐丧失、资源供给压力加大、环境约束趋紧等，这些都在很大程度上对我国产业转移带来了巨大挑战。

（一）人口数量红利基本丧失

改革开放以来，伴随着我国城镇化进程的推进，大量农村剩余劳动力开始进城务工，成为我国制造业发展的重要支撑。2014年，我国16—59岁人口总数为9.16亿人，占人口总数的67.0%，其中农民工人数达到2.69亿人，农民工总量增速呈持续回落态势，2011年、2012年、2013年和2014年的增速分别比上年下降1.0、0.5、1.5和1.48个百分点，表明农村剩余劳动力供给也即将面临拐点，人口数量红利逐渐丧失。2014年，随着农村剩余劳动力供给拐点的到来以及50后和60后劳动力逐渐退休，大量的"80后"和"90后"又不愿意从事制造业，使得我国劳动力供给数量出现下降，劳动力成本迅速上升，成为导致我国劳动密集型制造业外迁的重要原因。我国劳动力结构和劳动力供给状况的变化给当前产业发展带来了重大挑战，为此必须实现产业结构的战略性调整，重塑制造业的竞争优势。

（二）资源供给压力加大

人均资源占有量较低一直是制约我国工业经济发展的重要因素。目前，我国天然气、石油、铝、铜和水的人均占有量分别仅相当于世界平均水平的 4.30%、6.00%、9.70%、25.00% 和 28.00%。在这样的背景下，我国大量资源依靠进口，2014 年石油进口占石油消耗的比重超过了 50%，进口铁矿石占需求的比重超过70%。随着我国工业的快速发展和人民生活水平的迅速提升，我国资源消耗的速度也将随之增加，这在很大程度上对我国产业安全保障和产业竞争力的提升带来了巨大的挑战。

（三）环境约束日益趋紧

近年来，随着经济的持续快速增长和居民消费水平的提升，我国能源消耗不断增加，已经占全球能源消耗的 20%，给自然生态环境带来巨大压力。2014 年，"雾霾"再次成为年度关键词，全国平均雾霾天数达到了 29.9 天，创 52 年来之最，其中号称"上有天堂，下有苏杭"之称的杭州雾霾天数达到 154 天，为全年的 42.2%。另有报告显示，我国最大的 500 个城市中，只有不到 1% 的城市达到世界卫生组织推荐的空气质量标准，与此同时，世界上污染最严重的 10 个城市有 7 个在中国。由此可见，环境约束日益趋紧，成为制约我国产业发展的重要挑战，我国必须加快落后产能的淘汰和转移，切实转变经济发展方式，实现经济结构的战略性调整。

（四）外部竞争更加激烈

2013 年以来，美国、欧洲、日本等发达经济体逐渐从上一轮金融危机中走出来，经济已经步入复苏阶段，而且加大了在智能制造、新材料、新能源、新一代信息技术等新兴产业领域的科研和产业化投入，给我国战略性新兴产业的发展带来了巨大挑战。不仅如此，东南亚、南亚、中亚等地区经济增长速度不断提升，已经初步具备了经济起飞的基础和条件，这些国家和地区在劳动密集型、资源密集型产业方面的比较优势更加突出，成为我国产业跨国转移的重要承接地。未来我国产业发展将面临着发达国家在新兴产业领域和发展中国家在传统产业领域的两面"夹击"，这将为产业发展带来巨大挑战。

产业篇

第八章 钢铁产业结构调整

经过几十年的快速发展，我国钢铁产量和质量都有很大的提高。但近两年来，中国钢铁市场低迷，钢价连续下跌。2014 年，受国内房地产等下游行业市场低迷影响，我国钢铁消费需求放缓、供需矛盾不断扩大、钢铁企业低利运行，钢铁行业整体仍然处于严重产能过剩状态，钢铁工业产业集中度低。

第一节 2014 年钢铁产业结构调整的主要政策

2014 年，全球经济仍处于金融危机后的修复阶段，世界经济深度调整，大部分发达国家普遍存在结构调整不到位、人口老龄化问题逐渐加剧、缺乏新的经济增长点等问题。我国经济整体保持稳定增长，但钢铁行业产能依然严重过剩，企业仍然承受着巨额亏损，企业稳定和保障就业对行业发展提出了严峻考验。

一、政策基本情况

为积极有效地化解钢铁、水泥、电解铝、平板玻璃、船舶等行业产能严重过剩矛盾，2013 年 10 月，国务院发布《关于化解产能严重过剩矛盾的指导意见》。2014 年以来，工业和信息化部、发展和改革委员会、财政部、环境保护部等部委以及各级地方政府围绕加快兼并重组、抑制过剩产能、规范行业准入等方面，从行业、企业和产品等多角度出发，陆续出台数十项政策来规范和引领钢铁行业发展。

表 8-1 2014 年以来国家钢铁行业相关产业政策汇总

颁布日期	颁布部门	政策名称
2014年1月6日	工业和信息化部	京津冀及周边地区重点工业企业清洁生产水平提升计划
2014年3月10日	环境保护部、工业和信息化部	关于发布钢铁、水泥行业清洁生产评价指标体系的公告
2014年3月24日	国务院	国务院关于进一步优化企业兼并重组市场环境的意见
2014年3月25日	工业和信息化部	2014年工业绿色发展专项行动实施方案
2014年4月10日	环境保护部	关于加强地方环保标准工作的指导意见
2014年6月17日	财政部	关于进一步明确国有金融企业直接股权投资有关资产管理问题的通知
2014年7月1日	工业和信息化部	大气污染防治重点工业行业清洁生产技术推行方案
2014年7月31日	工业和信息化部	工业和信息化部关于做好部分产能严重过剩行业产能置换工作的通知
2014年8月21日	工业和信息化部	工业和信息化部印发工业和通信业节能与综合利用领域技术标准体系建设方案
2014年9月11日	工业和信息化部	关于部分产能严重过剩行业在建项目产能置换有关事项的通知
2014年9月10日	发展和改革委、环境保护部、财政部	关于调整排污费征收标准等有关问题的通知
2015年1月20日	工业和信息化部	关于印发钢铁、石油和化工、建材、有色金属、轻工行业企业能源管理中心建设实施方案的通知

数据来源：赛迪智库整理，2015 年 3 月。

表 8-2 2014 年以来地方钢铁行业相关产业政策汇总

颁布日期	颁布部门	政策名称
2014年2月26日	陕西省人民政府	陕西省人民政府关于化解产能严重过剩矛盾的实施意见（陕政发〔2014〕9号）
2014年4月16日	河北工信厅	河北省重点产业技术改造投资导向录（2014—2015年）
2014年4月30日	浙江发展改革委、经信委	浙江省钢铁行业化解产能过剩工作方案
2014年6月10日	河北发改委	关于运用价格手段促进产业结构调整有关事项的通知（冀发改价格〔2014〕845号）
2014年5月23日	浙江省人民政府	浙江省人民政府办公厅关于印发浙江省化解产能过剩矛盾实施方案的通知（浙政办发〔2014〕66号）

（续表）

颁布日期	颁布部门	政策名称
2014年3月14日	上海市经信委	上海市部分行业限制类和淘汰类生产工艺、装备、产品指导目录（第一批）（沪经信调〔2014〕94号）
2014年6月18日	上海市经信委	上海工业及生产性服务业指导目录和布局指南（2014年版）（沪经信规〔2014〕201号）

数据来源：赛迪智库整理，2015年3月。

二、现阶段政策重点

（一）严格行业准入管理，严禁钢铁行业新增产能

2014年2月18日，国务院新闻办举行新闻发布会，工业和信息化部副部长毛伟明指出，化解过剩产能是一项十分艰巨的任务，在2017年以前，对钢铁行业不再新增任何产能。

1. 公告符合《钢铁行业规范条件》的企业名单

2014年1月和11月，工业和信息化部公告了第二批和第三批符合《钢铁行业规范条件》的企业名单，截至2014年11月，历时三年，工业和信息化部分三批次共计公告了符合《钢铁行业规范条件》的企业305家。通过公告企业名单，多年来行业内过剩的钢铁产能露出水面，最大限度地消除了钢铁行业管理盲区，促进了钢铁行业规范经营和产能过剩矛盾化解。

2. 工业和信息化部发布废钢铁加工行业准入企业名单

2014年9月，根据《废钢铁加工行业准入条件》和《废钢铁加工行业准入公告管理暂行办法》，工业和信息化部发布了第三批废钢铁加工行业准入企业名单，旨在推动废钢铁资源综合利用，规范和促进废钢铁加工行业健康发展。

（二）实施产能等量或减量置换来化解钢铁行业过剩产能

1. 《关于做好部分产能严重过剩行业产能置换工作的通知》和《部分产能严重过剩行业产能置换实施办法》

2014年7月31日，工业和信息化部发布《关于做好部分产能严重过剩行业产能置换工作的通知》以及《部分产能严重过剩行业产能置换实施办法》。早在2010年国务院印发的《关于进一步加强淘汰落后产能工作的通知》中，就已提出产能等量或减量置换。但由于没有明确要求和可操作的路径，各地在执行中标

准不一，程序不够规范，甚至存在多次置换的问题，没有达到控制产能总量、遏制盲目扩张的目的。文件中指出：按照疏堵结合、严禁新增的思路，要求钢铁行业所有新建、改建和扩建项目，必须制定产能置换方案，满足等量或减量置换的要求，实现产能总量控制。同时，指导地方加快淘汰落后和过剩产能，为实施新项目腾出资源、环境容量和市场空间，推动产业布局优化和结构升级。

《实施办法》中对产能置换指标交易的具体办法做出规定：一是支持跨地区产能置换，引导国内有效产能向优势企业和更具比较优势的地区集中，推动形成分工合理、优势互补、各具特色的区域经济和产业发展格局。鼓励各地积极探索实施政府引导、企业自愿、市场化运作的产能置换指标交易。二是产能置换指标交易由各省（区、市）工业和信息化主管部门进行组织协调，制定具体交易实施办法，报省级人民政府同意后执行。三是工业和信息化部搭建全国产能置换指标供需信息平台，为产能置换提供信息服务。同时，探索建立全国产能置换指标交易平台。四是水泥（熟料）、平板玻璃行业用于交易的产能置换指标，需指标出让方省级工业和信息化主管部门报省级人民政府确认公示，并报工业和信息化部登记，在全国产能置换指标供需信息平台发布。钢铁（炼铁、炼钢）、电解铝行业用于交易的产能置换指标，需指标出让方省级工业和信息化主管部门核实报省级人民政府公示，并报工业和信息化部复核确认，在全国产能置换指标供需信息平台发布。

同时《实施办法》中还明确了产能置换方案的主要内容：一是淘汰项目所属的行业和地区、企业名称、组织机构代码、主体设备（生产线）、核定的产能和拆除时间，以及相关材料（工商营业执照、税务登记证、生产许可证等有效证明材料）。二是新（改、扩）建项目所属的行业和地区、企业名称、拟建的主体设备和产能。三是通过跨省（区、市）交易获得的产能置换指标，需提供指标出让方省级人民政府确认意见，以及供需双方省级工业和信息化主管部门完成交易的确认意见。

实施产能等量或减量置换，是一项给"出路"的政策，既有利于淘汰落后和过剩产能，又有利于推动存量产能调整升级和布局优化，特别是控制产能总量，避免出现"越淘汰越过剩"，缓解地方经济发展与淘汰落后产能、化解产能过剩的矛盾，推动工作尽快取得实效。

2. 陕西省发布文件指导通过等量或减量置换控制新增产能

2014年2月14日，陕西省人民政府发布《关于化解产能严重过剩矛盾的实施意见》，文件从着力淘汰落后产能、加快传统产业转型升级、积极培育新的支柱产业和优化关中地区产业发展和产业布局等方面提出了化解产能过剩矛盾的重点任务。加快传统产业转型升级方面，要求钢铁产业严格控制新增产能，通过技术改造降低物耗能耗，提高生产效率，优化产业结构。立足陕西省需求，重点开发高技术、高附加值的优特产品。进一步优化产业布局，鼓励陕钢集团炼钢、轧钢生产线"退城入园"，加强优特钢产品研发生产，基本实现二次能源100%回收利用。

（三）优化钢铁行业兼并重组市场环境

2014年3月24日，国务院发布了《关于进一步优化企业兼并重组市场环境的意见》（以下简称《意见》），从审批制度、完善政策体系和健全体制机制等方面做出了具体安排。审批制度方面，要求相关部门取消下放部分审批事项和简化审批程序。政策体系方面，从金融政策、财政政策、税收政策、土地和职工安置政策、产业政策等方面进行完善。体制机制方面，从市场体系建设、地区间利益分配机制、民营资本市场和国有企业改革等方面健全兼并重组体制机制。

《意见》针对当前企业兼并重组面临的突出矛盾和问题，重点提出了七个方面的政策措施：一是加快推进审批制度改革。优化审批制度，系统梳理相关审批事项，缩小审批范围，推行并联式审批。取消下放部分审批事项，对市场机制能有效调节的事项，取消相关审批。简化审批程序，实行分类审核，提高审查效率，简化相关证照变更手续。二是改善金融服务。优化信贷融资服务，引导商业银行开展并购贷款业务，改善对企业兼并重组的信贷服务。发挥资本市场作用，丰富兼并重组企业融资方式和支付方式，鼓励各类财务投资主体以多种形式参与兼并重组。完善企业兼并重组的股份定价机制。三是落实和完善财税政策。完善企业所得税、土地增值税政策，扩大兼并重组企业所得税特殊性税务处理的适用范围，研究完善企业改制重组涉及土地增值税等相关政策。四是完善土地管理和职工安置政策。完善土地使用政策，按规定支付给企业的土地补偿费可以用于企业安置职工、偿还债务等支出。五是加强产业政策引导。提高节能、环保、质量、安全等标准，规范行业准入，形成倒逼机制，引导企业兼并重组。六是进一步加强服务和管理。推进服务体系建设，培育中介服务机构。七是健全企业兼并重组的体制机制。完善市场体系建设，深化要素配置市场化改革，加快建立现代企业产权制度，加强反垄断和反不正当竞争执法。

《意见》中"修订完善兼并重组企业所得税特殊性税务处理的政策，降低收购股权（资产）占被收购企业全部股权（资产）的比例限制，扩大特殊性税务处理政策的适用范围"等政策的修订和完善将有效减轻钢铁企业兼并重组的税赋负担，对未来钢铁行业兼并重组将发挥有效推动作用。

（四）进一步规范行业管理

1.《钢铁行业清洁生产评价指标体系》

为规范钢铁企业的经营行为，不断加强行业管理，指导和推动钢铁企业依法实施清洁生产，2014年2月26日，工业和信息化部联合国家发展改革委和环境保护部发布了《钢铁行业清洁生产评价指标体系》。指标体系中确定了六类清洁生产指标，即生产工艺装备指标、节能减排装备指标、资源与能源利用指标、产品特征指标、污染物排放控制指标和清洁生产管理指标。指标体系适用于钢铁联合企业长流程清洁生产水平评价、清洁生产审核；新（扩、改）建项目环境影响评价、新建项目审批核准；企业环保核查、节能评估等。早在2005年，国家发展改革委和原国家环保总局曾发布《钢铁行业清洁生产评价指标体系（试行）》，到了2006年，环保部发布了《清洁生产标准钢铁行业》（HJ/T189–2006）。新发布的《指标体系》最大的变化是增加了生产工艺装备类指标。将装备技术作为最基础的内容放进《指标体系》中去，体现了装备大型化对于钢铁行业清洁生产的作用。另外，新发布的《指标体系》还体现了对原料场污染控制技术的要求。过去，钢铁企业的原料厂基本都是露天工作，部分钢铁企业对厂区环境进行整治，如建设封闭的地下料场，对厂区环境空气的改善收效显著。对原料场污染控制技术要求对于改善污染将产生积极效果。新的《指标体系》还增加了部分钢铁企业已进行适用的新技术，如煤调湿技术，能源管控中心、铁钢和钢轧界面高效衔接技术等。

2.《关于印发钢铁、石油和化工、建材、有色金属、轻工行业企业能源管理中心建设实施方案的通知》

为指导企业完善能源管理体系、提高能源管理水平，2015年1月20日，工业和信息化部连续第六年印发《钢铁行业企业能源管理中心建设实施方案》，《实施方案》计划在 2020 年前，建设和改造完善钢铁企业能源管理中心 100 个左右，实现在年生产规模 200 万吨及以上的大中型钢铁企业基本普及能源管理中心。早在 2009 年，财政部、工信部就联合印发了《工业企业能源管理中心建设示范项目财政补助资金管理暂行办法》。截至目前，工信部已利用中央财政资金 18 亿元，支持建设了 5 批 276 个工业企业能源管理中心示范项目，涉及钢铁、石油和化工、建材、有色金属等行业，覆盖全国 31 个省份。虽然在政府的大力推动下，工业企业能源管理中心建设取得了一定的成效，但试点覆盖面及建设运行水平仍然有限。2015 年《实施方案》的发布将继续加大实施中央财政资金支持的补助政策，还将争取将能源管理中心建设纳入京津冀等区域大气污染治理行动方案。

第二节　2014 年钢铁产业结构调整的主要情况

近几年来，我国钢铁行业步入微利时代毋庸置疑。伴随着经济发展进入新常态，国内钢铁行业发展也呈现出新特征、新趋势。从 2014 年全年钢铁行业整体运行情况来看，全行业仍处于转型升级的"阵痛期"，虽然企业经营效益有所好转，但由于受国内外经济增速放缓、市场需求疲软、价格下跌、融资环境等因素的影响，企业生产经营形势依然严峻。2014 年是钢铁产业结构调整的实施年，产业结构调整取得一定进展与成效，化解产能过剩初见绩效，节能技术全面推行，节能环保效果显著。

一、国内钢材市场供给大于需求，产品价格持续走低

2014 年预计粗钢产量为 8.18 万吨，同比增长 1.67%；而同期折合粗钢表观消费量为 7.37 亿吨，同比下降 2.25%，考虑到社会库存大幅减少的情况，国内实际消费为零增长或小幅正增长。造成国内钢材市场供大于求，价格下跌不止。从 2003 年以来，全国钢材价格总体水平呈现下行趋势，2014 年这种趋势依然延续。根据工业和信息化运行局数据监测统计，从 2011 年到 2014 年间，全国重点大中型钢铁企业全年平均销售结算价格呈现持续下滑态势，依次为 4468 元 / 吨、3750 元 / 吨、3442 元 / 吨、3074 元 / 吨。上年年底，我国钢材价格综合指数跌至 83.1 点，同比下降 16.2%，创下近 12 年以来的最低水平。由于中国的钢材产量占全球钢材比重为 49.4%，是全球最大的钢材生产中心和消费中心，国内价格的

走低一定程度上影响到全球钢铁市场的走势。

二、技术创新水平不断提升，新技术、新产品加快开发应用

2014 年钢铁行业更加注重创新驱动，把技术和产品创新作为钢铁企业发展的重要支撑和驱动力。一年来，钢铁企业技术创新步伐进一步加快。企业加强通过技术改造来推动技术进步与创新，进而推动工艺技术装备结构综合配套水平优化升级。在加工工艺技术水平、新型钢材、新型钢品种以及节能环保技术的研究开发等方面，都取得了重大成果，有效推动了上下游产业发展和支撑国内装备制造业和重大工程发展。鞍钢核反应堆安全壳、核岛关键设备及核电配套结构件三大系列核电用钢在世界首座第三代核电项目 CAP1400 实现应用；武钢无取向硅钢应用于全球单机容量最大的向家坝 800 兆瓦大型水轮发电机[1]；太钢成功生产出国内高端不锈钢最薄 0.02 毫米的精密带钢产品。钢铁行业 8 项成果获 2014 年度国家科技进步奖[2]，其中，宝钢牵头的"600℃超超临界火电机组钢管创新研制与应用"获得国家科技进步一等奖，其余 7 个项目获得国家科技进步奖二等奖。此外，由鞍山重型矿山机器股份有限公司参与完成的"高性能大型振动筛关键技术及其应用"获得国家技术发明二等奖。

三、钢铁工业固定资产投资同比下降，化解产能过剩矛盾取得初步成效

受经济新常态、市场需求放缓等因素的影响，自 2012 年来国内钢铁产业投资增速放缓，钢铁产业投资占全国固定资产投资的比重呈现下降趋势。据工业和信息化部相关统计数据显示，2014 年，我国钢铁行业固定资产投资 6479 亿元，同比下降 3.8%，表明产能扩张已经降温。其中黑色金属冶炼及压延业投资 4789 亿元，下降 5.9%；黑色金属矿采选业投资 1690 亿元，增长 2.6%。产能盲目扩张态势得到一定程度的遏制，有效缓解产能压力。如果从整个钢铁行业工序投资增速变化情况来看，炼铁、炼钢和钢压延加工完成投资分别下降 40.4%、10.5% 和 4.8%。这意味着，我们对钢铁行业产能过剩矛盾的化解，注重方式方法的采用，更加强调从源头上来控制，增强政策调整的有效性。钢铁行业的投资中，矿山、环保、钢材深加工占有更多的份量，投资结构进一步优化。从区域差异情况来看，

---

[1] 工业和信息化部网站。
[2] http://factory.mysteel.com/15/0116/06/9D9F021FD1A14E19.html。

2014年新增钢铁产能主要在西北地区，其他地区尤其是东部地区产能压力进一步缓解。

四、深入应用推广节能技术，节能减排效果显著

受2013年《大气污染防治行动规划》等相关政策规划的强制约束，2014年钢铁行业进一步加强了节能减排技术的应用和推广，全面推行烧结脱硫、能源管控等节能减排技术，在能耗、水耗、主要污染排放等方面不断缩小与国际领先水平的差距，钢铁工业节能减排再次迈上新台阶。一方面，主要污染物排放强度和排放总量继续降低，根据工业和信息化部监测的重点大中型企业污染物排放情况，外排废水总量同比下降5%，二氧化硫排放下降16%，烟粉尘排放下降9.1%。另一方面，单位钢能源消耗指标持续改善。在单位钢耗电量、新耗水量、主要工序耗能等方面，能源消耗指标均有所下降。据统计，2014年重点大中型钢铁行业企业吨钢综合能耗、总用水量、吨钢耗新水量，同比分别下降1.2%、0.6%、0.5%。与此同时，钢铁行业废物综合利用水平显著提高，尤其高炉煤气利用率、转炉煤气利用率水平等再上新台阶。

五、民营钢铁企业兼并重组逐渐兴起，产业集中度稳步提高

受行业整体盈利状况水平不高、行业景气度仍然很低的影响，企业采取联合重组提高竞争力的意识加强。同时，国内企业兼并重组的环境正发生重大调整，推动企业并购重组的配套政策正在逐步形成。譬如，在《关于促进企业兼并重组的意见》（国发〔2010〕27号）和《关于加快推进重点行业企业兼并重组的指导意见》（工信部联产业〔2013〕16号）政策基础上，2014年3月24日国务院出台的《关于进一步优化企业兼并重组市场环境的意见》（国发〔2014〕14号），进一步加强了政策引导支持，健全服务体系，营造良好的政策环境，引导和激励企业自主、自愿参与兼并重组。在这些相关政策的助力和引导下，2014年钢铁行业联合重组活动日趋活跃，尤其是一批民营钢铁企业兼并重组也逐渐兴起，推动产业集中度稳步提高。

第三节　面临的问题与挑战

2014 年，整个钢铁行业结构调整经历了很大的困难，取得了一定成绩，同时依然存在突出问题，困扰着钢铁行业。经济进入新常态后，工业经济运行下行压力依然较大，钢铁企业将面临原料价格波动、融资难等多重挑战。

一、低价格、低效益的局面仍没有改变，处于转型升级的"阵痛期"

2014 年钢铁原燃料，像铁矿石、煤炭等供需格局逆转，价格大幅下降。在 1 月份到 12 月份期间，进口铁矿石到岸价格由 133.1 美元 / 吨降到 68.7 美元 / 吨，焦炭价格也由 1425 元 / 吨降至 893 元 / 吨。但是原料成本走低优势，没有明显形成钢铁产业竞争优势，未能改变钢铁产品价格持续走低的局面。钢材价格综合指数持续下降，如三级螺纹钢跌至 2791 元 / 吨，较 2014 年初下降 785 元 / 吨；热轧卷板跌至 3131 元 / 吨，较年初下降 528 元 / 吨。钢材价格的下跌严重影响了行业的效益水平。在所有行业中，钢铁行业销售利润是最低的，2014 年销售利润率只有 0.85%，甚至在 1~10 月份利润率只有 0.75%，在整个工业行业中垫底。更主要的是钢铁主业几乎还处于亏损或者微利状态，和全球主要工业化国家如美、韩、俄等国相比，我们同样处于比较低的水平。

二、企业融资环境尚未得到有效改善，"融资难、融资贵"问题突出

近年来，实体经济发展中"融资难"、"融资贵"问题突出，由于制造业和房地产及民间借贷之间的收入差距巨大，目前还不能做到有效监管和规范融资，大量巨额资金从实体部门流出，转向金融、房地产等行业。钢铁行业也面临同样的困境，缺乏融资渠道、企业资金十分紧张，有些银行采取"一刀切"做法，大额抽贷、压贷，企业"失血"、"抽血"现象较为突出，已有钢铁企业因此出现停产甚至破产情况。受银行系统严控产能过剩行业和钢贸企业信贷规模影响，银行提高了钢铁行业贷款利率。据统计，2014 年重点大中型钢铁企业财务费用共计 938.3 亿元，同比增长 20.6%，是企业实现利润的 3 倍多。

三、企业盈利水平两极分化严重，产业生态体系亟待完善

由于经济形势的严峻，钢铁行业分化在加剧，优势企业更加明显，而有些企业则出现了亏损、倒闭，整个产业生态有待于进一步完善。一是从企业效益看，重点大中型企业中实现利润前20名企业总体盈利280亿元，占行业利润总额的92%，而有19家企业出现了亏损，累计亏损额高达110多亿元。二是从中端企业来看，优势企业更加明显。利润排在前20位，占全部企业总额50.66%，占全行业三分之二,2014年前10个月利润总额占比高达82.7%。三是从2014年《财富》世界500强企业来看，2014年我国内地共有91家企业（含台湾地区5家、香港4家，共有100家）荣登《财富》世界500强的榜单，仅次于美国的128家，但是有16家企业出现了亏损，主要集中在钢铁、有色金属、煤炭等行业，较为严重的鞍钢集团亏损10.3亿美元。由于钢铁等行业是我国产能严重过剩行业，在较长一段时期里要经历一个痛苦的结构调整和去产能的过程，如不能通过转型升级实现效益提升，长期盈利能力必然堪忧。

四、产品出口大幅增加，贸易保护主义有所加剧

我国钢铁行业在全球占了半壁江山，是一个规模型、重量型的巨大钢铁生产基地。2014年，我国钢材产品出口可谓逆全球经济发展形势而上。据商务部统计数据显示，2014年我国出口钢材占全球钢铁贸易量的32.2%，创下历史最高水平。出于保护本国的国内企业的目的，欧盟、巴西、墨西哥、印度、俄罗斯、印度尼西亚等多个国家对我国钢材产品采取贸易保护措施，仅在2014年一年内对我国钢铁企业发起的贸易救济措施调查高达43起。发起调查国家不断增多，不仅包括欧美发达国家，也包括新兴国家。

五、钢材市场交易秩序混乱，公平竞争的市场环境尚未形成

受利润率偏低、行业不景气等多因素影响，有些中小企业采取生产地条钢、无票销售等违法违规手段，通过不正当竞争获取市场份额和利润，不仅挤压了合法经营企业的盈利发展空间，而且严重扰乱了市场公平竞争环境，企业发展外部环境亟须改善。同时，钢铁行业假冒伪劣产品较多，缺乏有效监督和落实反不正当竞争的手段和措施，环境执法标准尺度不一，受各种因素制约，落后企业无法淘汰出局，公平竞争的市场环境不够完善，这都不利于整个钢铁行业健康发展。

第九章　有色金属产业结构调整

我国有色金属资源储量丰富，品种较为齐全。其中，钨、铋、锑、稀土等有色金属储量居世界第一位，钒、钼、铌、铍、锂、铅、镍、汞、铝、铌等金属储量规模也处于世界前列。截至目前，我国有色金属工业已基本形成涵盖采选、冶炼、加工等各个环节的生产体系，为国民经济的快速发展奠定了战略性物资基础。但与此同时，随着我国经济增速放缓，由早期的高速发展向中高速发展转变，有色金属工业也同样面临工业污染、产能过剩、技术落后等诸多问题，亟需政策进行破题。

第一节　2014 年有色金属产业结构调整的主要政策

一、政策基本情况

当前，我国有色金属工业面临系列问题，一是世界经济乏力，新兴经济体增速放缓，导致有色金属行业下游需求不振，国内相关企业盈利水平下降明显，整体行业产能过剩问题突出；二是我国有色金属行业研发创新动力不足，产品附加值不高，主要集中在国际产业链的中低端，高端产品缺失；三是我国有色金属国有企业盈利水平较低，管理尚待提高。为有效化解落后产能、推动有色金属行业健康发展，我国自 2011 年起先后出台了若干指导意见、专项规划以及总体发展规划，已基本形成完善的政策框架体系。相关政策涉及市场准入条件、淘汰落后、节能减排、技术改造、清洁生产、循环经济、兼并重组、产业转移等多方面内容。

表 9-1　2014—2015 年有色金属产业结构调整相关文件

发布时间	发布部门	文件名称
2013年1月	工业和信息化部	工业领域应对气候变化行动方案（2012—2020年）
2013年2月	工业和信息化部	关于有色金属工业节能减排的指导意见（工信部节〔2013〕56号）
2013年1月	工业和信息化部等12部委	关于加快推进重点行业企业兼并重组的指导意见（工信部联产业〔2013〕16号）
2013年6月	工业和信息化部	新材料产业标准化工作三年行动计划（工信部原〔2013〕225号）
2013年7月	工业和信息化部	铝行业规范条件（工业和信息化部公告2013年第36号）
2013年10月	国务院	国务院关于化解产能严重过剩矛盾的指导意见（国发〔2013〕41号）
2013年11月	国土资源部	《关于征求稀土、钾盐矿产资源合理开发利用"三率"指标要求（试行）意见的函》（国土资厅函〔2013〕1047号）
2014年6月	环境保护部	《再生有色金属工业污染物排放标准》征求意见函（环办函〔2014〕724号）
2014年5月	环境保护部、国家质量监督检验检疫总局	锡、锑、汞工业污染物排放标准（GB 30770-2014 2014-07-01实施）
2014年4月	环境保护部	再生铅冶炼污染防治可行技术指南（征求意见稿）（环办函〔2014〕461号）
2014年5月	工业和信息化部	关于下达2014年工业行业淘汰落后和过剩产能目标任务的通知（工信部产业〔2014〕148号）
2014年5月	财政部、工业和信息化部	国家物联网发展及稀土产业补助资金管理办法（财企〔2014〕87号）
2014年6月	工业和信息化部	关于清理规范稀土资源回收利用项目的通知（工信部原函〔2014〕239号）
2014年9月	工信部	铅锌行业规范条件（2014）（征求意见稿）
2014年12月	国土资源部	关于锰等矿产资源合理开发"三率"指标要求（试行）的公告（2014年第31号）
2014年12月	工业和信息化部	全国工业能效指南（2014年版）（工信厅节〔2014〕222号）
2015年1月	工业和信息化部	原材料工业两化深度融合推进计划（工信部原〔2015〕25号）
2015年3月	工业和信息化部	2015年原材料工业转型发展工作要点的通知（工信厅原函〔2015〕106号）

资料来源：赛迪智库整理，2015 年 3 月。

进一步规范行业准入管理。2014年，在之前发布的《铅锌行业规范条件》、《钨锡行业规范条件》、《稀有金属管理条例》等行业规范性条件基础上，工信部进一步强化了有色金属行业准入规范管理。2014年，总计公布三批开采黄金矿产批准书企业名单，涉及70家企业，主要分布在山东、吉林、内蒙古、湖南等地，2014年5月，工信部公告第五批符合《稀土行业准入条件》的企业名单，其中包括中铝稀土（江苏）、赣州稀土龙南冶炼分离有限公司、中铝广西有色崇左稀土、四川汉鑫矿业等五家稀土企业。预计2015年将延续产业规范管理路线，修订发布《铅锌行业规范条件》、《钨锡行业规范条件》、《稀有金属管理条例》等相关文件，研究制定《黄金行业规范条件》，并着重加强管理规范与金融、环保、能源等相关政策的衔接，研究建立行业规范后续管理工作制度，落实已公告企业的动态监管，调整稀有金属指令性生产计划下达方式，研究推动钨、钼资源税改革等相关内容。支持引导企业利用新一代信息技术，以产业公共服务平台、智能工厂示范、虚拟技术平台研发等为重点，推动有色金属企业生产自动化、管理信息化、流程智能化、制造个性化，打造数字型、智慧型和服务型产业。

提升产业技术工艺水平。2014年11月，国家发改委、工信部、财政部联合发布《关键材料升级换代工程实施方案》，其中，在海洋工程装备产业用高端金属材料领域，重点支持深井、超深井及低温开采用高性能铝合金钻杆及油套管产业化，并推动TA2、TC4等级钛合金管形成年产5000吨以上钛合金管生产能力；在轨道交通装备领域，重点支持高性能铸造铜包铝、铬锆铜导电合金产业化以及产业示范应用，铜包铝导电合金年产能达到1万吨，铬锆铜合金接触线产能达到2万吨；并推动高品质铝合金汽车板产业化，攻克大尺寸铸锭、板形、组织及表面状态控制、热处理等关键技术，形成年产5万吨汽车车身板材能力。

推动有色金属行业兼并重组和存量优化。2013年12部委联合发布《关于加快推进重点行业企业兼并重组的指导意见》（工信部联产业〔2013〕16号），其中明确提出支持电解铝优势企业强强联合，推进上下游企业联合重组，鼓励"煤（水）电—铝"及"矿山—冶炼—加工—应用"一体化经营，实现规模化、集约化发展，培育3-5家具有较强国际竞争力的大型企业集团；稀土行业则重点支持大企业通过联合、兼并、重组等方式，大力推进资源整合，大幅度减少稀土开采和冶炼分离企业数量，提高产业集中度，基本形成以大型企业为主导的行业格局。2014年，国务院批复组建包钢集团、厦门钨业、中铝公司、中国五矿、广东稀土和赣州稀土等六大稀土大集团,形成大集团为主导的行业发展格局,并支持有条件的有色金属企业在海外建立资源开采、冶炼和精深加工基地。

促进节能减排和清洁生产。2013年12月,环保部修改并完善《铝工业污染物排放标准》(GB 25465-2010)、《铅、锌工业污染物排放标准》(GB 25466-2010)、《铜、镍、钴工业污染物排放标准》(GB 25467-2010)、《稀土工业污染物排放标准》(GB 26451-2011)和《钒工业污染物排放标准》(GB 26452-2011)等六项国家污染物排放标准,其中新增大气污染物特别排放限值指标,并强化PM、SO2排放限值控制以及增加NOx排放限值控制指标,其他污染物项目在原标准基础之上均相应予以完善。2014年,环保部相继推出《关于铁、铜、铅、锌、稀土、钾盐和萤石等矿产资源合理开发利用"三率"最低指标要求(试行)的公告》(国土资源部2014年第31号)、《再生有色金属工业污染物排放标准》、《关于锰等矿产资源合理开发"三率"指标要求(试行)的公告》(2014年第31号)等相关技术标准。

二、重点政策解析

(一)《关于有色金属工业节能减排的指导意见》(工信部节〔2013〕56号)

根据《指导意见》相关内容,至2015年底,我国有色金属工业万元工业增加值能耗比2010年下降18%左右,累计节约标煤750万吨,二氧化硫排放总量减少10%,污染物排放总量和排放浓度全面达到国家有关标准,全国有色金属冶炼的主要产品综合能耗指标达到世界先进水平。其中,电解铝直流电耗≤12500千瓦时/吨,氧化铝综合能耗≤550千克标煤/吨,铜冶炼综合能耗300千克标煤/吨,铅冶炼综合能耗320千克标煤/吨,电锌综合能耗900千克标煤/吨,镁冶炼综合能耗4000千克标煤/吨,海绵钛电耗≤25000千瓦时/吨。

为有效推动有色金属工业节能减排,本次意见涉及产业结构调整、节能减排与资源综合利用关键技术研发、技术应用示范、有色金属再生循环利用、能效对标达标、企业节能降耗管理、清洁生产等11项重点任务。其中,在产业结构调整方面,重点推进落后产能,提高执行市场准入条件,强化对新建和改(扩、建)项目的节能评估和审查,引导有色金属冶炼企业向能源、资源富集地区转移,推动企业兼并重组,鼓励延长产业链;在综合利用关键技术研发与技术应用示范领域,重点推进连续炼铜清洁生产技术、镁冶炼还原新工艺及节能减排技术、海绵钛生产节能技术、一步炼铅成套工艺技术等一批重大、关键、共性的节能减排技术，以及新型铝电解节能技术、铜冶炼先进熔池熔炼技术、铅冶炼液态高铅渣直接还原技术、新型蓄热竖罐还原炉炼镁技术，非皂化萃取分离稀土技术、高浓度氨氮废水资源化处理技术、锌精矿焙烧烟气净化除汞技术等一批先进适用的节能减排技术；在有色金属再生循环利用方面，重点增加再生铜、再生铝、再生铅产量占当年铜、铝、铅产量的比重，形成若干再生有色金属产业集聚发展的重点地区。

针对上述重点任务，《指导意见》提出以下五点政策建议：一是建立健全节能减排工作管理体系，制定节能减排专项方案，并提出明确的发展目标、重点任务和有效措施，重点推进有色金属行业节能减排监测体系建设，定期组织节能减排形势分析；二是强化行业准入管理和淘汰落后产能工作力度，严格执行行业准入条件和相关有色金属产品能耗限额标准，按照国家节能减排约束性指标的有关要求，对各级工业主管部门和相关企业进行监督考核。加快研究制定有色金属工业改（扩、建）项目节能评估审查办法，从严控制有色金属企业盲目扩张。定期公告淘汰落后产能涉及企业名单，进一步完善落后产能退出的政策措施和长效机制；三是修订完善节能减排标准体系，积极会同有关部门研究制定铜、铝、铅、锌等金属品种节能、环保设计规范，组织各地节能监察机构加强对各地区有色金属企业能耗限额标准执行情况的监督检查，开展有色金属企业国家强制性能耗限额标准、机电设备、能源计量器具配备、能源计量数据及使用、特种设备等专项检查活动；五是强化财政税收政策支持引导作用，增加对有色金属工业重大、关键、共性节能减排与资源综合利用技术研发的科技投入力度，并研究制定支持再生有色金属产业发展、赤泥综合利用的相关财政税收政策；六是创新节能减排机制，认定一批有色金属行业专业节能服务公司，组织开展能源审计、电力需求侧管理、合同能源管理、节能项目融资等一系列节能减排服务。探索建立有色金属企业节能减排自愿协议制度，研究制定对开展清洁生产审核、实施节能减排自愿协议的有色金属企业的相关激励措施。

（二）《锡、锑、汞工业污染物排放标准》(GB 30770—2014)

当前，我国锡、锑、汞工业污染物排放管理主要执行文件主要包括《工业炉窑大气污染物排放标准》(GB 9078-1996)、《大气污染物综合排放标准》(GB 16297-1996) 以及《污水综合排放标准》(GB 8978-1996) 等综合类排放标准。但上述标准修订追溯时间过长，已不适应当前产业发展需求，污染物排放浓度限值已经明显落后于当前生产工艺和污染防治技术水平。同时存在针对性不强、污染物项目缺失等问题。当前，制定《锡、锑、汞工业污染物排放标准》(GB 30770—2014)有助于对锡、锑、汞工业各种污染物排放进行有效控制，促进锡、锑、汞工业向清洁、健康的方向发展。

此次发布的标准修改单综合考虑国内锡、锑、汞工业行业生产和排放控制现状、生产工艺和污染物排放治理技术发展情况以及达标的经济成本等因素规定了不同大气污染物项目的特别排放限值。其中水污染物控制项目选择了包括pH、化学需氧量、悬浮物、石油类、氨氮、总氮、总磷、硫化物、氟化物、铜、锌、锡、锑、铅、镉、汞、砷、六价铬等18项；大气污染物控制项目选择了颗粒物、二氧化硫、氮氧化物、硫酸雾、氟化物、锡、锑、铅、汞、镉、砷共11项。为防止稀释排放，标准中规定了单位产品的基准排水量和基准排气量。为了推进重点区域污染防治工作，规定了适用于重点区域的水和大气污染物特别排放限值。新标准中，新建企业污染物排放限值接近发达国家的标准要求，特别排放限值达到国际领先或先进水平。

与现行标准相比，现有企业实施并达到新标准中的新建企业限值后，SO_2、COD、NH_3-N 年排放量将分别削减41%、47%和57%，废气中各类重金属的削减率均在65%以上。实施新标准，企业需要增加新建或改进一些设施的建设费用，还有环保设施运营费用。目前，全国40%以上的现有企业由于建设时间较早，环保设施设备简陋，工艺落后，要达到新标准中新建企业的排放控制要求，以年产1.5万吨锑冶炼企业为例，大气和废水治理改造环保设施投资约800万元，占总投资9%，运行费用每年约350万元，全国锡、锑、汞企业全部改造完成约20亿元左右，每年运行费用约5亿元左右。对于新建企业，以年产5.7万吨锡冶炼企业为例，达到新标准要求，采用废气、废水的污染控制措施，环保投资费用约1.0亿元，占总投资18%，运行费用每年约0.4亿元。

(三)《国家物联网发展及稀土产业补助资金管理办法》(财企〔2014〕87号)

根据《管理办法》，未来财政补助将集中在稀土资源开采监管、稀土采选、冶炼环保技术改造、稀土共性关键技术与标准研发、稀土高端应用技术研发和产业化、公共技术服务平台建设等五大领域。其中，在稀土开采监管方面，重点支持监管基础设施建设项目及电子监控系统建设项目；在稀土共性关键技术与标准研发方面，重点开展绿色、高效稀土采选共性关键技术与标准研发，支持开展低能耗、低排放、高效清洁的冶炼关键技术、稀缺元素（铽、镝）减量化应用技术、高丰度元素（镧、铈、钇）应用技术研发、废旧稀土材料及应用器件中稀土二次资源高效清洁回收技术研发；在稀土高端应用技术研发和产业化方面，重点推动高性能稀土磁性材料、发光材料、储氢材料、催化材料、抛光材料、先进陶瓷材料、人工晶体材料、稀土助剂等稀土功能材料与器件技术研发和产业化，以及高稳定性、高一致性稀土材料制备技术及专用装备的研发；在公共技术服务平台建设方面，则重点支持具备条件的稀土企业建立高端稀土材料及器件研究开发中试基地，建立完善的稀土材料综合性能测试、应用技术评价及标准体系。

本次《管理办法》资金补助主要采用以奖代补、无偿资助两种形式，具体措施如下：一是对已整体完成稀土开采监管系统建设的地方政府给予一次性奖励，奖励金额一般不超过项目实际投资额的 20%。项目实际投资额包括基础设施建设和监管设备购置的实际投入，但不包括车辆购置费用和系统日常运行维护费用；二是对已通过国家环保核查的稀土采选、冶炼企业，根据工业和信息化部稀土企业准入公告核定的企业产能予以一次性奖励，奖励标准：矿山采选 1000 元 / 吨（按稀土氧化物 REO 计）、冶炼分离 1500 元 / 吨（按稀土氧化物 REO 计）、金属冶炼 500 元 / 吨；三是对稀土共性关键技术与标准研发及高端应用技术研发项目，采取无偿资助方式。无偿资助额度，一般不超过项目研发费用的 40%。研发项目费用支出范围按照《财政部关于企业加强研发费用财务管理的若干意见》（财企〔2007〕194 号）的规定执行。单个项目年度支持金额不超过 1000 万元；四是对稀土高端应用技术产业化项目，采取无偿资助方式。无偿资助额度，一般不超过预算年度上一年企业投资额的 20%。单个项目年度支持金额不超过 5000 万元。五是对公共技术服务平台建设项目，采取无偿资助方式。无偿资助额度，一般不超过预算年度上一年企业投资额的 40%；六是除监管系统建设和环保改造奖励资金外，其余项目资金可分年度申请。

（四）《原材料工业两化深度融合推进计划》（工信部原〔2015〕25 号）

2015 年 01 月，工业和信息化部发布《原材料工业两化深度融合推进计划》，以原材料工业智能工厂建设与关键岗位机器人推广为工作重点，着重推动原材料工业企业向智能化、服务型企业转变，增强原材料企业生产过程控制优化、计算机模拟仿真、电子商务、商业智能等应用基本普及。研发设计、数据分析、质量控制、环境管理、集成应用、协同创新能力。本次发布的《推进计划》中，根据行业不同特点实施分类推进，其中涉及有色金属行业的有数字化设计工具开发应用、关键工艺流程数控化研究、职能工厂示范、数字化矿山、供应链协同管理等六项重点工程，以及制定完善有色、稀土行业的企业两化融合水平测评指标体系和等级评定办法、组建两化融合标准化工作委员会、培育电子商务和物流业、建立健全行业监管及产品追溯系统等八项重点任务。

根据《推进计划》目标，在数字化设计工具开发应用方面，至 2018 年，有色金属企业数字化设计工具普及率分别达到 85%。重点推动基于计算流体力学（CFD）和离散单元法（DEM）技术的碎磨、选别、分离、冶炼设备的建模、选冶关键工艺设备的虚拟样机等相关领域研究。一是在关键工艺流程数控化方面，重点推广选冶工业在线智能检测分析装备、氧化铝生产过程智能优化控制、铜富氧熔炼控制、粗铅富氧强化熔炼控制、铝电解高效节能控制、湿法炼锌优化控制、高性能铜（铝）板材轧制数字化控制成型等相关技术及系统；二是选取铝、铜行业 3—4 家先进企业，以大数据和工业网络为基础，建立生产信息服务云架构，形成信息、知识、智能决策的数据和计算支持能力，通过物料关联与跟踪的智能物联网，实现对重要物料的标识、追溯和成份配置，开发基于先进生产工艺条件的高效节能控制技术，建立生产过程的三维可视化仿真系统，最终实现生产过程的智能操控、决策、管理和服务，建立全过程能效优化的智能化生产和管理决策体系；三是以铁矿、铜矿、金矿为代表，建设 3—4 个智能矿业示范工程。加快信息通信技术（ICT）与矿业的融合，将井下无轨车辆、大型采选设备与先进物联网、模式识别、预测维护、机器学习等新一代信息化技术结合，推动矿业关键工艺过程控制数字化。继续推广监测监控、井下人员定位、井下紧急避险、矿井压风自救、供水施救和通信联络等矿山安全避险六大系统。建立混合型智能生产物联网，应用数据协调、数值模拟和二维码识别等技术，搭建具备人员、设备、工艺、物料、能源等要素的自动识别、信息共享、自发协作、集约调度的网络系统，实现采选过程动态可调可控，增强企业对矿石性质变化及外部市场变化的应变能力，满足精细化生产管理的要求。针对矿山分布较为分散与偏僻的特点，建设综合物流信息系统，利用上下游供需信息的高效协同，实现经济库存;四是选择 2—3 家铜、铝、锌大型企业集团建设上下游协同生产和协作管理系统，应用数据协调、数值模拟和二维码识别等技术，建立自动识别、信息共享、集约调度的网络系统平台，实现有色金属全产业链各个环节中人员、设备、工艺、物料、能源、财务的协同，消除任务等待与积压、信息传递延时与失真等管理瓶颈，推动产业链上下游协同管理。

第二节　2014年有色产业结构调整的主要情况

一、有色金属工业运行整体平稳

受整体经济以及淘汰落后产能的影响，2014年我国有色金属工业增速有所放缓，行业价格走势整体表现为弱势宽幅震荡格局，上海期货交易所铜、铝、铅、锌等主要有色金属价格低于上年同期价格水平，相关企业盈利空间进一步压缩。2014年，我国有色金属工业整体营业收入为57025亿元，同比增长8.6%，行业利润2053亿元，同比下降1.5%。其中，常用有色金属上游采选、冶炼行业利润进一步下滑，分别为266亿元、217亿元，同比分别下降12.4%、13.7%，而中游压延加工则呈现正增长，实现营业利润894亿元，同比增加11.6%。

2014年，我国铜、铝、铅、锌等十种有色金属产量4417万吨，同比增长7.2%，增速回落2.7%。其中，精炼铜796万吨，同比增长13.8%；原铝2438万吨，同比增长7.7%；锌583万吨，同比增长7%，而铅产量则小幅回落，年产422万吨，下降5.5%。固定资产投资增幅大幅回落，低于国民经济增长速度，总体投资额度为6912.5亿元，同比增长仅为4.6%，较2013年下降15.2%。其中，铝冶炼固定资产投资下降幅度最为明显，全年投资仅为618.6亿元，下降幅度高达17.8%；而与之相对应，有色金属中下游加工业则呈现大幅攀升态势，全年完成固定资产投资3810.7亿元，同比增长15.4%。在有色金属对外贸易方面，国内有色金属需求疲软导致出口增加，进口增速相对趋缓。2014年我国有色金属行业进出口贸易总额为1771.6亿美元，同比增长12.1%。其中进口1000.2亿美元，出口771.6亿美元，分别增长−3.2%和40.9%。

二、淘汰落后产能提速，节能降耗成效显著

2014年有色金属行业淘汰落后产能总量为电解铝42万吨、铜冶炼51.2万吨、铅冶炼11.5万吨、铅蓄电池（极板及组装）2360万千伏安时、稀土（氧化物）10.24万吨，其中不再涉及锌冶炼。截至2014年12月，全国有色金属行业淘汰落后产能超额完成任务，其中，电解铝实际淘汰落后产能47.85万吨、铜冶

炼 70.86 万吨、铅冶炼 35.60 万吨，分别超额完成 13.93%、38.40%、209.57%。2010—2014 年间全国有色金属行业共计淘汰落后产能 9827 万吨，其中，电解铝 203.51 万吨、铜冶炼 299.93 万吨、铅冶炼 363.69 万吨、锌冶炼 115.34 万吨。根据淘汰落后产能区域划分，电解铝淘汰落后产能区域主要集中在河南、甘肃、贵州、山东、湖北、青海等地，占整体淘汰落后产能的 71.85%。铜冶炼淘汰落后产能区域主要集中江西、湖南、山西、云南、河北、河南六省，占比达 74.37%。铅冶炼淘汰落后产能区域主要集中在湖南、河南、湖北三地，共计 224.80 万吨，占整体淘汰落后产能的 61.81%。铅冶炼淘汰落后产能区域主要集中在湖南、贵州、甘肃、云南四省，共计 92.81 万吨，占整体淘汰落后产能的 80.47%。

表 9-2 电解铝冶炼淘汰落后产能情况　　　　　单位：万吨

区域	2010年	2011年	2012年	2013年	2014年	总计
全国（任务）	28.72	60.00	27.00	27.00	42.00	184.72
全国（完成）	37.80	63.86	27.00	27.00	47.85	203.51
山西	4.20	9.81				14.01
辽宁		3.00				3.00
黑龙江		0.60				0.60
山东	3.40	5.00			6.40	14.80
河南	11.38	4.80	17.90	26.00	6.25	66.33
江西			1.00			1.00
湖北		10.70			2.00	12.70
湖南	0.60	2.00	2.00			4.60
贵州	8.00				7.70	15.70
云南		1.30	0.76			2.06
陕西	0.72	2.00			9.00	11.72
甘肃	4.50	17.00	3.20			24.70
青海	5.00	7.00				12.00
新疆		0.65	2.30			2.95

资料来源：赛迪智库产业政策研究所，wind 数据库。

表 9-3 铜冶炼淘汰落后产能情况　　　　　单位：万吨

区域	2010年	2011年	2012年	2013年	2014年	总计
全国（任务）	11.65	29.10	70.00	86.00	51.20	247.95

（续表）

区域	2010年	2011年	2012年	2013年	2014年	总计
全国（完成）	24.74	42.53	75.80	86.00	70.86	299.93
河北	3.00		10.00		3.00	16.00
山西		5.00			28.20	33.20
内蒙古			9.50	2.50	1.00	13.00
辽宁	3.00		2.50	4.00		9.50
山东	7.00		0.85	0.97	2.70	11.52
河南		9.52	8.42	3.60		21.54
江西	3.30	19.69	16.30	31.70		70.99
湖南		2.90	22.55	14.05	18.80	58.30
重庆		0.12				0.12
云南	7.44	3.20	5.14	6.79	0.46	23.03
甘肃	1.00	1.00	0.50	0.50		3.00
新疆		1.10		2.00	4.00	7.10

资料来源：赛迪智库产业政策研究所，wind 数据库。

表9-4　铅冶炼淘汰落后产能情况　　　　　　　　　　　　单位：万吨

区域	2010年	2011年	2012年	2013年	2014年	总计
全国（任务）	24.29	58.50	115.00	96.00	11.50	305.29
全国（完成）	32.00	66.09	134.00	96.00	35.60	363.69
河北			2.75	2.60	4.00	9.35
山西		0.60	2.15			2.75
内蒙古		2.00			6.00	8.00
辽宁		4.20	4.50			8.70
江苏		3.50		8.00		11.50
山东	3.00			6.50		9.50
河南		17.39	41.46			58.85
安徽	2.00			0.50	10.00	12.50
江西			8.50			8.50
湖北		3.60	9.30	11.00	1.00	24.90
湖南	9.80	24.50	41.80	58.45	6.50	141.05
广东			0.80			0.80
四川		3.40				3.40

（续表）

区域	2010年	2011年	2012年	2013年	2014年	总计
重庆		4.50	14.80			19.30
贵州	3.28				4.10	7.38
云南	7.00		0.40		1.00	8.40
陕西	2.40		5.70	2.50		10.60
甘肃	1.50	0.60				2.10
:宁夏	3.00				2.00	5.00
新疆		1.80	2.00			3.80

资料来源：赛迪智库产业政策研究所，wind 数据库。

表 9-5　锌冶炼淘汰落后产能情况　　　　　　　单位：万吨

指标名称	2010	2011	2012	2013	总计
全国（任务）	11.30	33.70	32.00	19.00	96.00
全国（完成）	29.61	33.83	32.90	19.00	115.34
河北		2.30			2.30
山西	1.00	1.00			2.00
辽宁	2.00	2.00			4.00
安徽	2.00				2.00
湖南	3.00	16.75	13.16	5.80	38.71
四川			1.00	5.20	6.20
重庆			3.00	0.07	3.07
贵州	19.27			5.00	24.27
云南	0.80	8.78	4.00	0.90	14.48
陕西	1.24		0.26		1.50
甘肃	0.30	3.00	11.50	0.55	15.35

资料来源：赛迪智库产业政策研究所，wind 数据库。

在节能降耗方面，根据工信部统计数据显示，随着节能减排技术以及节能环保装备的大规模应用，全国有色金属行业均呈良性发展趋势。其中，铝锭冶炼节电 35 亿千瓦时，同比下降 144 千瓦时 / 吨，综合交流电耗降至 13596 千瓦时 / 吨；铜、铅、电解锌冶炼产业综合能耗分别为 251.8、430.1、896.6 千克标准煤 / 吨，同比下降 16.2%、6%、1%。根据《关于推荐尾矿综合利用示范工程的通知》（工信厅联节函〔2014〕10 号）显示，在 34 个尾矿综合利用示范工程名单中，涉及有色金属行业的共计 15 席，如巴彦淖尔西部铜业有限公司尾矿综合回收利用项目（铜及铅锌尾矿）、低品位菱镁尾矿高效综合利用示范工程（菱镁尾矿）、金属尾矿资源清洁高效利用整体解决方案（铅锌尾矿）等。

三、关键技术及重大装备研发提速

随着我国强化自主创新的扶持力度，2014 年，有色金属工业基础工艺与关键技术研发逐渐涌现出一大批具有自主知识产权的重大科技成果，有效加快了我国有色金属工业由中、低端制造向高端发展的进程。在有色金属采选加工领域，重点实现了高性能铜铝复合材料连铸直接成形技术、铝电解槽高效节能控制技术、弱磁性矿石高效强磁选关键技术、节能铜包铝管母线技术、高致密高流动性金属粉末制备技术、飞行器钛合金零部件、高端激光切割机、航空铝合金板材预拉伸机装备、海底矿产开采设备等关键共性技术以及基础工艺设备的重大突破。在稀有金属工业领域，重点突破了高速列车永磁同步牵引系统、永磁同步牵引电动机、网络控制系统、超高纯稀土环保制备技术、组织调控稀土永磁的制备技术、稀土在永磁材料中的平衡与优质利用技术、热压 / 热流变磁体制备技术、高光束质量超高斯平顶钕玻璃激光器关键技术、稀土新型储氢材料关键制备技术、稀土纳米晶溶解增强的荧光免疫分析技术、高性能钐铁氮各向异性磁粉产业化技术、白光 LED 用高性能铝酸盐 / 氮化物荧光粉及其产业化制备技术、超薄 Ce:YAG 闪烁晶体等关键技术。其中，中国南车株洲电力机车研究所研制的高速列车永磁同步牵引系统、永磁同步牵引电动机、网络控制系统三大技术，使我国成为世界上掌握该技术的少数国家之一。液晶空间光调制器 Gamma 曲线线性化光束整形技术、激光参数集成化测量技术则为国际首创，重点解决了 Gamma 曲线固有非线性导致激光光强空间分布变化敏感以及整形精度低、通用测试仪器无法精确评价激光器整机性能等技术难题。在再生金属综合利用领域，成功研制 NGL 炉冶炼废杂铜成套工艺及装备、废杂铜精炼连铸连轧、再生高速钢电渣重熔、离子熔覆再制造、立磨辊再制造堆焊等设备，以及实现废杂铜火法精炼直接制杆、废铝易拉罐保级还原、废旧采煤机械设备绿色清洗及关键零部件再制造、高品质再生铸造铝合金生产、铁路内燃机车涡轮增压器激光再制造等关键技术领域重大突破。

四、有色金属工业区域集中度逐步提升

随着我国淘汰落后产能以及产业转移相关政策的实施，自 2009 年以来，有色金属冶炼产能逐步由区域分散形态向资源能源丰富的地区集中。其中，铅冶炼工业主要集中在云南、河南、湖南、湖北、广西、江西等西南、中部诸省，占全

国比重由 2009 年的 66.77% 增至 2014 年的 85.73%。锌冶炼则向湖南、云南、陕西、内蒙古、广西、甘肃等省转移，占全国比重由 2009 年的 82.48% 稳步提升至 2014 年的 86.83%。当前，我国铝土矿主要集中在山西、河南、广西、贵州、云南、重庆、山东等七省，占全国总储量的 92%。与之相适应，当前我国电解铝产量主要集中在山东、河南、山西、广西、贵州等地，江西、湖南分别于 2012 年、2013 年全部退出，新疆电解铝产量则呈现增长趋势。当前我国铜冶炼工业主要分布在浙江、江西、江苏、安徽等地，各个省份皆有涉及，这与铜矿资源富集区匹配度较低有关，目前铜矿资源主要分布在江西、云南、湖北、西藏、甘肃、安徽、山西、黑龙江等省，总体储量约占全国的 76.40%。相对其他有色金属，区域集中度不是太高，产业转移路径不太明晰。

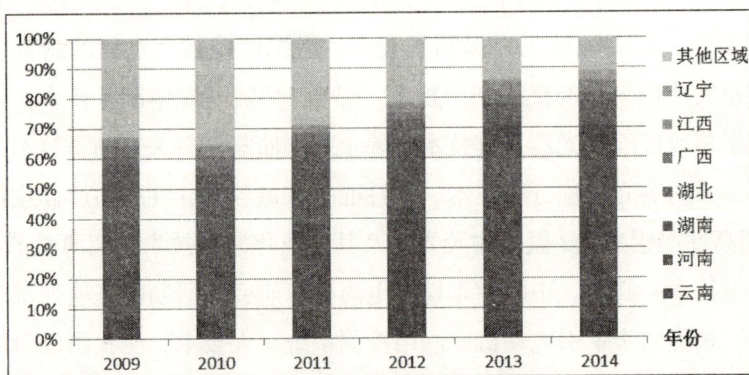

图9-1　铅冶炼区域分布变化趋势

数据来源：赛迪智库产业政策研究所整理，wind 数据库。

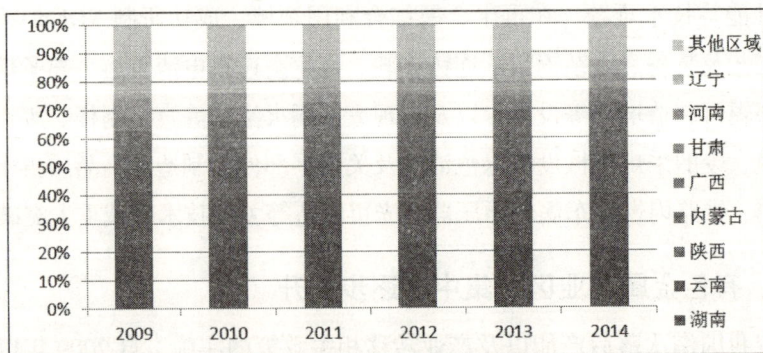

图9-2　锌冶炼区域分布变化趋势

数据来源：赛迪智库产业政策研究所整理，wind 数据库。

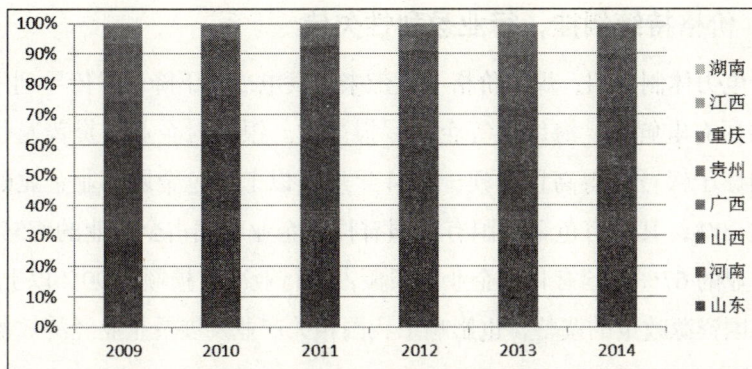

图9-3　氧化铝产区分布变化趋势

数据来源：赛迪智库产业政策研究所整理，wind 数据库。

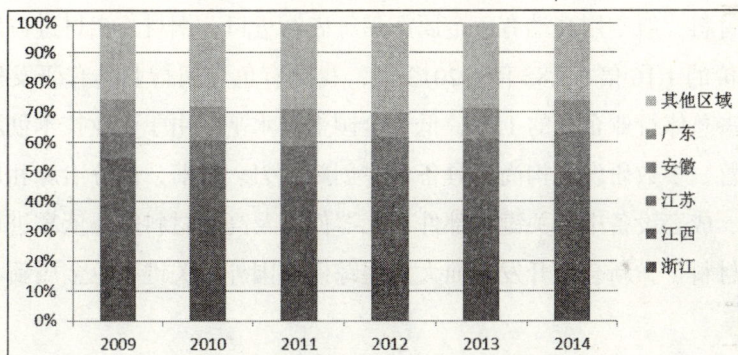

图9-4　铜材产区分布变化趋势

数据来源：赛迪智库产业政策研究所整理，wind 数据库。

第三节　面临的问题与挑战

一、有色金属行业产能过剩压力依然较大

我国现有 3500 万吨电解铝产能中应淘汰的落后产能已不多，缺乏竞争力企业关停过程中涉及企业债务、银行贷款、人员安置、地方财政、对上下游产业关联影响以及历史遗留等问题，产能退出渠道不畅，电解铝产能过剩压力仍较大。同时，其他品种冶炼产能及中低档加工产能过剩也比较严重。当前，新增产能已有所控制，落后产能年底前基本淘汰完毕，但高成本产能退出难题犹存。

二、价格持续倒挂，行业盈利性欠佳

由于电力体制原因，煤炭价格下跌带来的发电成本下降难以传导到用户，采用网电的国有电解铝、海绵钛等企业亏损严重。银行对企业信贷普遍收紧，企业转而向影子银行获得高息贷款。2014年规模以上有色金属工业企业财务费用增长高达20%，其中有色金属国有及国有控股企业利润占全行业的6.5%，亏损额占全行业的67%，国有骨干企业亏损额占铝行业净亏损额的90%以上。印尼、赞比亚等国资源政策的调整，也影响了我国相关产业发展及企业经济效益。

三、创新能力有待加强

总体而言，我国有色金属产品处于国际产业链的中低端位置，产品质量、精度以及稳定性与国外同类产品相比依然存在较大差距。其中，精密电子元器件、特种合金材料、航空用高端有色金属产品等尚需进口，铜材、铝材进口均价分别为出口均价的1.16倍、1.85倍。2013年，我国有色金属行业具有研发机构的企业数量仅占总体行业企业的11%，低于全国平均水平。由于企业技术创新研发体系还不完善，多数研发机构尚不具备自主创新能力。目前，部分冶炼和加工关键核心技术、成套设备中的关键零部件、元器件以及高新材料等还依靠进口。自主开发的新材料少，新合金开发方面大多跟踪模仿国外，关键有色金属新材料开发滞后。

四、资源瓶颈短期难以解决

我国有色金属资源禀赋相对贫乏、矿石品位较低且开采成本较高，国内有色冶炼企业自备矿山资源保障不足，矿石多需外购。以镍为例，2014年镍原料对外依存度高达82%，且企业境外资源开发成本、风险日益提高，项目进展缓慢。根据有色金属地质调查中心研究统计显示，2013—2025年，我国镍需求量将超过1300万吨，但我国目前保有镍储量仅193万吨，不足消费量的15%。

第十章　建材产业结构调整

建材工业由于存在水泥和平板玻璃行业产能严重过剩、部分企业生产装备技术水平严重落后且污染严重、水泥等部分细分领域产业集中度低等问题，一直是我国产业结构调整的重点领域。近年来，围绕行业准入、淘汰落后产能、化解过剩产能、推进企业兼并重组、推广节能环保技术、发展绿色建材等重点工作，有关部门研究制定实施了一系列政策措施，有力地推动了建材工业的结构调整。

第一节　2014 年建材产业结构调整的主要政策

作为传统工业，建材产业结构调整依然任重而道远。2014 年，建材产业结构调整重点是化解严重过剩的水泥、平板玻璃产能，推动水泥、平板玻璃等行业绿色发展，指导水泥、平板玻璃、耐火材料等行业规范发展，推广应用先进、绿色建材，推动建材工业节能减排和与信息化融合发展等。围绕这些内容，国务院、发展改革委、工业和信息化部（简称工信部）、财政部、住房城乡建设部（简称住建部）等部门制定实施了产能置换、行业规范、行业准入、推广应用新型建材等政策措施，加快建材产业结构调整。

一、政策基本情况

截至 2015 年 1 月，近 1 年多来，国务院、发展改革委、工信部等部门制定实施了 20 余项与建材产业结构调整有关的政策，主要政策见表 10-1。这些政策大致分为两类，一类是直接针对建材工业行业出台的政策，重点是规范行业发展，如工信部制定发布了耐火材料、平板玻璃、水泥等行业的规范条件，温石棉行业准入标准，建筑卫生陶瓷行业准入公告管理暂行办法等。此外，发展改革委还制定了水泥行业清洁生产评价指标体系等促进建材工业绿色发展的政策。另一类是有助于建材工业化解过剩产能、促进建材工业节能降耗、推动建材工业兼并重组、加快新型绿色建材推广应用、推进建材工业与信息化融合发展等非直接针对建材工业行业的政策。如工信部印发了做好部分产能严重过剩行业产能置换工作的通知，发展改革委等部门制定了能效"领跑者"制度实施方案，国务院发布了进一步优化企业兼并重组市场环境的意见，住建部、工信部发布了推广应用高性能混凝土的意见，工信部制定发布了原材料工业两化深度融合推进计划（2015—2018年）等。

表 10-1　2014 年中央政府部门推动建材产业结构调整的主要政策

发布时间	发布部门	政策名称
2014年1月3日	工信部	关于印发《京津冀及周边地区重点工业企业清洁生产水平提升计划》的通知（工信部节〔2014〕4号）
2014年2月26日	发展改革委	水泥行业清洁生产评价指标体系
2014年3月7日	国务院	关于进一步优化企业兼并重组市场环境的意见（国发〔2014〕14号）
2014年3月14日	工信部	关于印发《2014年工业绿色发展专项行动实施方案》的通知（工信部节〔2014〕109号）
2014年3月27日	工信部	温石棉行业准入标准
2014年5月6日	发展改革委	关于促进生产过程协同资源化处理城市及产业废弃物工作的意见（发改环资〔2014〕884号）
2014年5月21日	住建部、工信部	绿色建材评价标识管理办法
2014年7月8日	工信部	关于印发建筑卫生陶瓷行业准入公告管理暂行办法的通知（工信部原〔2014〕286号）
2014年7月10日	工信部	关于做好部分产能严重过剩行业产能置换工作的通知（工信部产业〔2014〕296号）
2014年7月25日	工信部	关于部分产能严重过剩行业在建项目产能置换有关事项的通知（工信部产业〔2014〕327号）
2014年8月13日	住建部、工信部	关于推广应用高性能混凝土的若干意见（建标〔2014〕117号）
2014年10月23日	发展改革委、财政部、工信部	关于印发关键材料升级换代工程实施方案的通知（发改高技〔2014〕2360号）

（续表）

发布时间	发布部门	政策名称
2014年12月26日	工信部	耐火材料行业规范条件（2014年本）
2014年12月31日	发展改革委	关于印发能效"领跑者"制度实施方案的通知（发改环资〔2014〕3001号）
2014年12月31日	发展改革委	关于印发《重要资源循环利用工程（技术推广及装备产业化）实施方案》的通知（发改环资〔2014〕3052号）
2014年12月31日	工信部	平板玻璃行业规范条件（2014年本）
2015年1月11日	工信部	关于印发钢铁、石油和化工、建材、有色金属、轻工行业企业能源管理中心建设实施方案的通知（工信部节〔2015〕13号）
2015年1月16日	工信部	水泥行业规范条件（2015年本）
2015年1月21日	工信部	关于印发《原材料工业两化深度融合推进计划（2015—2018年）》的通知（工信部原〔2015〕25号）

数据来源：赛迪智库整理，2015年3月。

二、重点政策解析

2014年，我国主要从以下七方面支持建材产业结构调整。

（一）通过行业准入或规范条件指导建材工业规范发展

2014年至2015年1月，工信部制定发布了水泥、平板玻璃和耐火材料三个建材行业的规范条件。重点从产业布局、生产工艺与技术装备、清洁生产和环境保护、节能降耗与综合利用、质量管理、安全生产等方面提出了行业规范发展的要求。其中，产业布局方面突出强调如水泥等产能严重过剩行业要严格控制新增产能，按照产能置换工作要求，新建水泥熟料项目必须严格执行产能等量或减量置换。生产工艺与技术装备方面主要鼓励使用安全、清洁的技术和装备，避免使用落后的生产技术装备，支持企业利用信息技术对传统生产设备改造升级，提高生产效率。节能降耗与综合利用方面强调要加强能源管理，建立完善能源管理体系，并开展节能评估与审查，提高水泥、平板玻璃等行业能源利用效率。质量管理和安全管理则更重视制度建设，如要求企业必须建立相应的产品质量保证制度和企业质量管理体系，完善安全生产管理体系，建立安全生产责任制，从制度上保证产品质量和安全生产。2014年3月27日,工信部发布了温石棉行业准入标准,从建设布局、工艺、装备、规模、质量管理、清洁生产、安全生产等方面规定温石棉行业的准入标准。7月8日,工信部印发了建筑卫生陶瓷行业准入公告管理暂行办法,加强对建筑卫生陶瓷行业的准入公告管理。

(二)通过标准和专项行动推动建材工业绿色发展

建材工业属于高污染行业,降低建材工业污染物排放,推进建材工业绿色清洁发展一直是建材产业结构调整的重要方向。2014年,发展改革委、工信部等部门通过标准和专项行动推动建材工业绿色发展。2月26日,发展改革委制定发布了水泥行业清洁生产评价指标体系,按照国际清洁生产领先水平、国内清洁生产先进水平和国内清洁生产基本水平三个等级对水泥行业的清洁生产等级进行了划分,并制定了详细的评定方法和标准,在为其他相关清洁生产政策制定奠定基础的同时也对企业提升清洁生产水平起到了指导作用。2014年3月14日,工信部发布了《2014年工业绿色发展专项行动实施方案》,提出在水泥等重点工业行业推广采用先进、成熟、适用的清洁生产技术和装备,实施清洁生产技术改造,同时组织建材等重点领域实施电机能效提升示范工程,并通过中央财政技术改造专项资金和清洁生产专项资金予以支持。这些措施将加快清洁生产技术在建材工业中的推广应用,对建材工业清洁生产有明显促进作用。此外,工信部还印发了《京津冀及周边地区重点工业企业清洁生产水平提升计划》,其中水泥行业重点实施脱销技术和除尘系统改造,这些措施有助于减轻水泥行业粉尘和氮氧化物污染。

(三)通过产能置换化解建材工业过剩产能

产能过剩问题自进入21世纪以来成为建材工业一直挥之不去的顽疾,特别是水泥和平板玻璃行业2012年以来出现了严重的产能过剩,因而成为化解过剩产能工作的重中之重。2014年7月,工信部接连印发了两个通知,一是《关于做好部分产能严重过剩行业产能置换工作的通知》(工信部产业〔2014〕296号)。通过该通知,明确要求包括水泥和平板玻璃行业在内的产能严重过剩行业严禁新建产能,同时发布了《部分产能严重过剩行业产能置换实施办法》,要求水泥、平板玻璃等产能严重过剩行业依据产能置换实施办法对新(改、扩)建项目实施等量或减量置换。产能置换办法对适用行业、适用地区、置换产能的确定换算及置换要求等都进行了明确规范,并要求新(扩、改)建项目企业制定产能置换方案，因而使这项措施具有很强可操作性。同时，产能置换办法引入市场化的思路，支持和鼓励各地区探索企业自愿参加、市场化运作的产能置换指标交易，通过市场对资源配置的决定性作用，合理进行产能的区域分配，这对于受运输半径限制的水泥、平板玻璃等行业区域市场合理分配具有重要意义。此外，产能置换办法还规定企业的产能置换方案及有关政府部门的确认意见都要向社会公告并在全国产能置换指标供需信息平台上公开，这有助于全社会对该项工作的监督，确保该项政策的落实。事实证明，这种公告和信息公开方式对地方和企业落实产能等量或减量置换政策起到明显的督促和保障作用，如果地方或企业违规新上产能，立刻会有其他企业举报，工信部门可以快速掌握有关情况并进行处理，有效提高了工作效率。为解决水泥、平板玻璃等行业在《关于坚决遏制产能严重过剩行业盲目扩张的通知》（发改产业〔2013〕892号）印发前，未经国家核准的在建项目产能置换的问题，工信部印发了《关于部分产能严重过剩行业在建项目产能置换有关事项的通知》（工信部产业〔2014〕327号），对相关政策进行了补充和完善，确保产能置换政策可得到不折不扣的落实。

（四）鼓励建材工业节能降耗

建材工业作为高耗能工业，节能降耗一直是建材产业结构调整的一个重要目标。2014—2015年初，发展改革委、工信部制定出台了有关能效"领跑者"制度、能源管理中心建设等实施方案，推动建材工业节能降耗。2014年12月31日，发展改革委发布了《关于印发能效"领跑者"制度实施方案的通知》（发改环资〔2014〕3001号），通过实施能效"领跑者"制度促进建材等工业节能降耗。能效"领跑者"制度已被证明是可以有效刺激企业降低能耗、提高能源利用效率的成熟制度，在美国、日本、德国等发达国家早已使用。该实施方案专门制定了高耗能行业的能效"领跑者"制度，并提出把能效"领跑者"指标作为能评、化解过剩产能、实施差别电价等政策措施的重要参考，固定资产投资项目也要优先选用能效"领跑者"产品和设备。[1]这将有效提升能效"领跑者"制度的政策采信力度，激励建材工业企业按照能效"领跑者"制度提升设备、产品能效水平。2015年1月11日，工信部印发了《关于印发钢铁、石油和化工、建材、有色金属、轻工行业企业能源管理中心建设实施方案的通知》（工信部节〔2015〕13号），

---

[1] 关于印发能效"领跑者"制度实施方案的通知（发改环资〔2014〕3001号）。

通过完善建材工业企业能源管理中心建设，提升建材工业能源使用监控水平和调度能力。此外，发展改革委还印发了《重要资源循环利用工程（技术推广及装备产业化）实施方案》，通过改造建材等工业生产设备、技术，推进建材等工业资源循环利用。

（五）支持绿色建材、先进建材产品推广应用

推广应用绿色、先进建材产品不仅有助于节能环保，同时可以通过产品的转型升级带动建材工业技术设备的更新换代，推动建材工业向产业价值链高端迈进。因此，支持绿色和先进建材产品推广应用也是促进建材产业结构调整的一项重要手段。2014年5月21日，住建部、工信部发布了《绿色建材评价标识管理办法》，绿色建材评价标识制度推广应用绿色建材产品。高性能混凝土由于具有优异的拌合物性能、力学性能、耐久性能和长期性能[1]，且生产过程更为绿色环保，因而被视为发展循环经济、保护环境、促进技术进步的重要绿色建材产品，推广应用高性能混凝土对混凝土行业结构调整具有重大意义。2014年8月13日，住建部、工信部发布了《关于推广应用高性能混凝土的若干意见》（建标〔2014〕117号），通过加强基础研究、完善相关标准、加强产品质量监督管理、支持先进生产设备和技术应用等手段支持高性能混凝土产品的开发和推广应用。2014年10月23日，发展改革委制定发布了关键材料升级换代工程实施方案，建材方面重点支持高性能在线镀膜低辐射玻璃和相变储能石膏板等新型建材的研发和产业化。

（六）鼓励建材与信息化融合发展

信息化与工业化融合是工业企业转型升级的主要方向和途径，作为流程性工业，建材工业领域很多行业较早地引入了信息技术对生产流程进行改造，重点减少高危工作岗位，通过信息技术自动控制、监视设备进行生产，同时利用ERP系统改善企业的管理。但是，随着信息技术和其他行业生产设备、技术水平的不断提升，水泥、平板玻璃等行业的信息化程度就会相对落后，与国际先进水平相比更是存在很大差距。为推动包括建材工业在内的原材料工业两化深度融合，2015年1月15日，工信部制定发布了《原材料工业两化深度融合推进计划（2015—2018年）》，通过标准体系建设、两化融合解决方案推广、关键共性技术创新平台建设等手段，及数字化设计工具开发应用工程、关键工艺流程数控化工程、智

---

[1] 《关于推广应用高性能混凝土的若干意见》。

能工厂示范工程、数字矿山示范工程、供应链协同管理促进工程、关键岗位机器人替代工程[1]等六大工程项目提升建材工业信息化水平，特别强调要引入云计算技术、大数据等新一代信息技术，改造建材工业从生产到销售再到企业管理的各个环节，这些措施的落实将推动建材工业企业的生产经营的变革，降低交易、人力和管理成本，提高生产经营效率。

此外，2014年3月7日，国务院印发了《关于进一步优化企业兼并重组市场环境的意见》（国发〔2014〕14号），支持水泥、平板玻璃等建材行业企业通过兼并重组压缩过剩产能、淘汰落后产能、促进转型转产。特别强调要"推动优势企业强强联合、实施战略性重组，带动中小企业"专精特新"发展，形成优强企业主导、大中小企业协调发展的产业格局"。这有助于提高水泥、平板玻璃等行业的集中度，提升优势企业竞争力，对化解过剩产能、淘汰落后产能也有一定促进作用。

第二节　2014年建材产业结构调整的主要情况

2014年，建材工业虽然存在严重的产能过剩、市场需求下降等问题，还要面临经济下行压力下降等不利形势，但在全行业努力下，结构调整进展顺利，总体上保持了稳定增长态势，发展质量继续提升。

一、建材工业总体稳中向好

2014年，受产能严重过剩、需求下降等影响，水泥、平板玻璃等建材行业企业生存面临较大困难，但是在国家化解过剩、调整结构等政策扶持下，建材工业经济总体稳中有进，经济效益总体向好。全年规模以上建材企业实现利润总额4770.2亿元，同比增长4.8%。[2]下游深加工行业发展态势良好，成为支撑建材工业经济稳定增长的重要元素。2014年，水泥制品、轻质建材、玻璃纤维、隔热材料、卫生陶瓷等下游深加工行业利润同比增速均高于12%[3]，实现利润占建材工业总利润的比重有所扩大。水泥、平板玻璃等主要产品价格同比有所回落但基本保持稳定，避免了大起大落对建材工业经济平稳运行产生较大波动。2014年，建材

[1]　《原材料工业两化深度融合推进计划（2015—2018年）》。
[2]　2014年建材工业经济运行情况。
[3]　2014年建材工业经济运行情况。

及非矿产品平均价格比 2013 年上涨 0.15%，总体基本稳定。其中，水泥平均价格同比下降 0.43 元；平板玻璃平均价格同比降低 4.1 元。[1]

二、结构调整进展顺利

在国家淘汰落后产能、严控新增产能、化解过剩产能、推进企业兼并重组等政策的大力推动下，建材产业结构调整工作取得了可喜的成绩。一是水泥等产能严重过剩行业固定资产投资增速放缓。2014 年，建材行业完成固定资产投资1.46 万亿元，同比增长 14%，增幅比 2013 年略高 0.2 个百分点，其中产能严重过剩的水泥行业固定资产投资同比下降 18.7%，呈现负增长，新增水泥熟料产能较 2013 年减少 2400 多万吨，淘汰落户产能 8100 万吨，产能过快增长的势头得到有效遏制。[2] 二是产能严重过剩且高耗能的水泥、平板玻璃等产量增速明显放缓，低耗能产品保持快速增长。2014 年水泥和平板玻璃产量分别为 24.8 亿吨和 7.9亿重量箱，同比分别增长 1.8% 和 1.1%，增速分别同比下降了 7.8 和 10.1 个百分点。[3] 低耗能低排放的混凝土、钢化玻璃等产量分别为 15.5 亿立方米和 4.2 亿平方米，同比分别增长 11.4% 和 15.1%，[4] 增速明显快于水泥和平板玻璃行业。三是水泥等行业集中度进一步提高。前 10 家水泥集团熟料产能 9.16 亿吨，产业集中度 52%，其中，中国建材集团水泥熟料总产能达 3 亿吨，占全行业 17%。[5]

三、各地化解过剩产能工作步伐加快

2014 年，建材工业化解过剩产能工作更强调要发挥政府部门的作用，强化政府部门在化解过剩产能工作中的责任主体意识，要求各地相关政府部门按照产能置换等有关工作要求，明确工作目标、细化工作任务，并提出具体的工作方案。各地相关政府部门遵照中央部署，积极开展工作，化解过剩产能工作进程进一步加快。如河北省石家庄市分 2 次集中拆除 35 家水泥企业，减少水泥产能约占全市总产能的 40%。江苏、新疆等地明确提出不再审批单纯新增水泥产能的项目，并将化解过剩产能工作列入政府绩效考核体系。多地在提前完成"十二五"淘汰落后、化解过剩产能目标基础上，提出了更高的压缩过剩产能目标，如江西省提

---

[1] 2014年建材工业经济运行情况。
[2] 2014年建材工业经济运行情况。
[3] 2014年建材工业经济运行情况。
[4] 2014年建材工业经济运行情况。
[5] 2014年建材工业经济运行情况。

出到 2015 年底前再压缩水泥和平板玻璃产能 500 万吨和 60 万重量箱，山东省则要求 3 年内水泥和平板玻璃产能控制在 1.5 亿吨和 1 亿重量箱以内。河北、辽宁、黑龙江等地工信主管部门因地制宜制定了本地化解过剩产能的工作方案，确保政策的落实。

四、先进技术的推广应用加快建材工业技术升级

信息技术、环保节能技术等先进技术在建材工业的推广应用，提升了建材工业信息化和节能环保技术水平，带动了建材工业的技术升级。一方面，建材工业企业更重视利用信息化技术改善企业管理、优化生产流程，特别是建材工业企业意识到电子商务的快速发展给企业带来的商机，通过电子商务在网上销售水泥，拓展销售渠道。如华新水泥股份有限公司通过引进智能移动 IT 技术成果实现利用移动电子商务平台销售水泥，并通过标准化的信息化生产和业务管控平台加强了管理，提升了企业的核心竞争力。另一方面，建材工业企业重视节能环保，除尘、脱硝、脱硫等环保设备在建材工业中的使用效率逐步提升，一些企业利用信息技术加强对原料和产品的管理，尽可能做到资源循环利用，降低能源资源消耗及减少污染物排放。

第三节　面临的问题与挑战

一、与建材有关的固定资产投资增速放缓压缩了建材产品的市场空间，企业收入增速放缓

2014 年，我国经济发展进入新常态，固定资产投资增速放缓，特别是与建材有关的固定资产投资增速放缓，导致市场对建材产品的需求量有所下降，这对于本就产能过剩的水泥、平板玻璃等建材行业来讲，更是雪上加霜，企业生存面临较大困难。2014 年，我国固定资产投资增速总体呈月度递减趋势，全年固定资产投资 502005 亿元，比 2013 年增长 15.7%,增速同比回落近 4 个百分点。其中，对建材产品需求量较高的房地产开发投资 95036 亿元，比 2013 年增长 10.5%，增速同比大幅回落 9.3 个百分点，比全国水平还高 5 个百分点。这也导致建材工业主营业务收入增速放缓。2014 年，规模以上建材工业企业主营业务收入比 2013 年增长 10.1%，增速同比下降 6.9 个百分点。受房地产投资影响更大的水泥行业主营业务收入同比增长仅为 0.9%，增速同比下滑 7.7 个百分点，比建材工业

平均水平还要高 0.8 个百分点，平板玻璃行业的主营业务收入更是出现了负增长。

二、产能过剩影响水泥、平板玻璃等行业企业健康发展

2014 年，虽然国家坚决严控水泥、平板玻璃等产能严重过剩行业新增产能，并制定出台了控制新增产能、化解过剩产能的产能置换管理办法，通过产能置换限制水泥、平板玻璃等行业产能过快增长。但是，由于水泥、平板玻璃项目对当地经济的贡献较大，很多地方企业依然在新增产能，加之已经在建设、建成的产能，水泥、平板玻璃等行业产能过剩问题依然未能消除。据统计，2014 年建成投产水泥熟料生产线仍有 54 条，总产能 7000 多万吨。[1] 此外，一些地方企业反映，当地还有企业未按照产能置换要求违规新上项目，或未按照规定淘汰落后产能，这些产能的释放都对水泥市场产生冲击，影响企业效益。2014 年，受产能过剩等问题影响，建材工业，特别是产能严重过剩的水泥、平板玻璃等行业效益增幅明显收窄。如水泥制品业 2014 年实现利润虽然保持了增长态势，但增速有 1.4%，增幅比 2013 年收窄近 15 个百分点，行业效益的下降使得企业生存困难进一步加大。

三、建材工业环保和质量问题依然严峻

建材工业属于高耗能工业，水泥、平板玻璃等行业同时又是质量问题多发行业。虽然近年来国家对水泥、平板玻璃等高能耗高污染行业及其产品质量问题加大了治理力度，但建材工业行业污染重、能源消耗大、部分产品质量不过关等问题依然存在，且部分地区有加重态势。主要表现在：一方面，虽然国家要求建材企业使用清洁能源并增加脱硫、脱硝、除尘等环保设备，减少污染物排放。但是由于这样会大幅提高企业运营成本，加之一些地区环保执法力度不强，因而很多小企业未安装相应的设施，安装环保设施的部分大中型企业也未能按要求使用这些设施。同时，由于市场监管不到位，仍有无证生产和假冒伪劣的水泥产品流入市场。[2] 一些正规厂家生产的水泥产品也存在质量问题，如经常有消费者反映，一些水泥建筑出现因水泥质量不过关而产生裂痕、水泥脱落等问题。

---

[1] 2014年建材工业经济运行情况。
[2] 2014年建材工业经济运行情况。

第十一章 汽车产业结构调整

汽车产业是当今世界经济的重要组成部分，也是我国国民经济的支柱产业。近年来，我国汽车工业稳定快速增长，新能源汽车发展取得一定进展，汽车产业结构逐步优化。2013 年汽车销量世界占比超四成，为全球汽车工业发展做出了积极贡献。但是，我国汽车产业的可持续发展面临着核心技术和创新能力缺乏、能源资源和环境约束趋紧、交通拥堵压力加大等问题的严重制约，亟待通过调整和优化产业结构实现由大到强的蜕变和升级。

第一节 2014 年汽车产业结构调整的主要政策

在能源紧缺和环境污染不断加剧的背景下，绿色发展成为汽车工业发展的必然方向，大力发展节能与新能源汽车成为推动汽车产业转型升级的战略举措，也是 2014—2015 年汽车产业结构调整的重点。按照《节能与新能源汽车产业发展规划（2012—2020 年）》（国发〔2012〕22 号）要求，加快推广应用和试点示范是节能与新能源汽车产业发展的主要任务。2014 年主要出台了充电设施建设优惠、公共服务领域率先推广应用、支持某些城市或区域推广应用等政策措施。

一、政策基本情况

总体上看，2014—2015 年汽车产业结构调整的政策包括两个方面，即产业组织政策和产业绿色发展政策。产业组织政策主要是兼并重组相关政策，产业绿色发展政策重点是节能与新能源汽车推广应用政策。

（一）产业组织政策

2014—2015年汽车产业组织政策主要集中在兼并重组方面。虽然未出台行业针对性政策，但汽车行业作为推进企业兼并重组的重点行业[1]，企业兼并重组相关综合政策也将对汽车行业产生一定影响。2014年国务院发布了《关于进一步优化企业兼并重组市场环境的意见》（国发〔2014〕14号），对企业兼并重组工作进行部署，提出加快推进审批制度改革、改善金融服务、落实和完善财税政策、完善土地管理和职工安置政策、加强产业政策引导、进一步加强服务和管理、健全体制机制等重要举措。为贯彻落实国发〔2014〕14号文件要求，工业和信息化部发布了《关于做好优化企业兼并重组市场环境工作的通知》（工信部产业〔2014〕174号），对优化市场环境、完善组织协调机制和政策体系、跨地区企业兼并重组、创新工作思路和方法、加强沟通交流等事项进行了规定；财政部、国家税务总局发布了《关于促进企业重组有关企业所得税处理问题的通知》（财税〔2014〕109号），就企业重组中股权收购、资产收购、股权和资产划转所涉及的企业所得税处理问题予以明确。

（二）产业绿色发展政策

我国政府高度重视汽车工业绿色发展问题，节能减排政策是2014—2015年汽车产业结构调整政策的重点。产业绿色发展政策分为两类，节能减排综合类政策、节能与新能源汽车推广应用政策。

节能减排综合类政策有3项，一是《国务院办公厅关于印发2014—2015年节能减排低碳发展行动方案的通知》（国办发〔2014〕23号），提出大力推进产业结构调整、加快建设节能减排降碳工程、狠抓重点领域节能降碳、强化技术支撑、积极推行市场化节能减排机制等行动计划，其中，加大机动车减排力度和新能源汽车推广应用力度是重要内容。二是《国家发展改革委 工业和信息化部关于印发重大节能技术与装备产业化工程实施方案的通知》（发改环资〔2014〕2423号），明确了工程目标、主要任务、年度计划、组织实施等内容，其中主要任务涉及攻克汽车领域核心技术、推广应用节能与新能源汽车等内容。三是《工业和信息化部 发展改革委 商务部 海关总署 质检总局关于加强乘用车企业平均燃料消耗量管理的通知》（工信部联装〔2014〕432号），对乘用车企业平均燃料消耗

---

[1] 2013年工业和信息化部等12个部委联合发布的《关于加快推进重点行业企业兼并重组的指导意见》（工信部联产业〔2013〕16号）将汽车行业作为推进企业兼并重组的重点行业之一。

量达标要求、不达标企业管理规定、新修订汽车强制性产品认证实施规则的落实、企业平均燃料消耗量报告报送制度等事项作出规定。

节能与新能源汽车推广应用政策是 2014—2015 年汽车产业结构调整政策的重中之重，共 8 项，主要分为一般政策、具体政策和营造环境政策 3 类。一般类政策 1 项，即国务院办公厅发布的《关于加快新能源汽车推广应用的指导意见》（国办发〔2014〕35 号），它对推广应用新能源汽车进行全面部署，明确指导思想和基本原则，并提出一系列具体举措。具体类政策 3 项，涉及公共服务领域推广应用的 2 项，分别是《国管局 财政部 科技部 工业和信息化部 发展改革委关于印发政府机关及公共机构购买新能源汽车实施方案的通知》（国管节能〔2014〕293 号）、《京津冀公交等公共服务领域新能源汽车推广工作方案（2014—2015）》；涉及某些地区推广应用的 1 项，即《关于支持沈阳 长春等城市或区域开展新能源汽车推广应用工作的通知》（财建〔2014〕10 号）。营造环境类政策 4 项，涉及新能源汽车购置补贴、用电价格优惠、免征车辆购置税、充电设施建设奖励等政策，对应文件分别是《财政部 科技部 工业和信息化部 发展改革委关于进一步做好新能源汽车推广应用工作的通知》（财建〔2014〕11 号）、《国家发展改革委关于电动汽车用电价格政策有关问题的通知》（发改价格〔2014〕1668 号）、《财政部 国家税务总局 工业和信息化部关于免征新能源汽车车辆购置税的公告》（财政部 国家税务总局 工业和信息化部公告 2014 年第 53 号）、《关于新能源汽车充电设施建设奖励的通知》（财建〔2014〕692 号）。

表 11-1 2014—2015 年汽车产业结构调整相关政策文件

政策类型	发布部门	文件名称
产业组织政策	国务院	国务院关于进一步优化企业兼并重组市场环境的意见（国发〔2014〕14号）
	工业和信息化部	工业和信息化部关于做好优化企业兼并重组市场环境工作的通知（工信部产业〔2014〕174号）
	财政部、国家税务总局	财政部 国家税务总局关于促进企业重组有关企业所得税处理问题的通知（财税〔2014〕109号）

（续表）

政策类型	发布部门	文件名称
产业绿色发展政策	节能减排综合类政策	
	国务院办公厅	国务院办公厅关于印发2014—2015年节能减排低碳发展行动方案的通知（国办发〔2014〕23号）
	国家发展改革委、工业和信息化部	国家发展改革委、工业和信息化部关于印发重大节能技术与装备产业化工程实施方案的通知（发改环资〔2014〕2423号）
	工业和信息化部、等五部门	工业和信息化部、发展改革委 商务部 海关总署 质检总局关于加强乘用车企业平均燃料消耗量管理的通知（工信部联装〔2014〕432号）
	节能与新能源汽车推广应用政策	
	国务院办公厅	国务院办公厅关于加快新能源汽车推广应用的指导意见（国办发〔2014〕35号）
	国管局、财政部 科技部、工业和信息化部、国家发展改革委	国管局、财政部、科技部、工业和信息化部 发展改革委关于印发政府机关及公共机构购买新能源汽车实施方案的通知》国管节能〔2014〕293号）
	工业和信息化部等七部门	工业和信息化部、发展改革委、科技部、财政部、环境保护部、住房城乡建设部、国家能源局关于印发《京津冀公交等公共服务领域新能源汽车推广工作方案（2014—2015）》的通知
	财政部、科技部、工业和信息化部、国家发展改革委	关于支持沈阳、长春等城市或区域开展新能源汽车推广应用工作的通知（财建〔2014〕10号）
	财政部、科技部、工业和信息化部、国家发展改革委	关于进一步做好新能源汽车推广应用工作的通知（财建〔2014〕11号）
	国家发展改革委	关于电动汽车用电价格政策有关问题的通知（发改价格〔2014〕1668号）
	财政部、国家税务总局、工业和信息化部	关于免征新能源汽车车辆购置税的公告（财政部、国家税务总局、工业和信息化部公告2014年第53号）
	财政部、科技部、工业和信息化部、国家发展改革委	关于新能源汽车充电设施建设奖励的通知（财建〔2014〕692号）

资料来源：赛迪智库整理，2015年3月。

二、重点政策解析

（一）《国务院办公厅关于印发2014—2015年节能减排低碳发展行动方案的通知》

节能减排和低碳发展既是新常态下实现我国经济转型升级的必由之路，又是应对气候变化和履行大国责任的必然要求。为确保全面完成"十二五"节能减排降碳目标，2014年5月，国务院办公厅印发了《2014—2015年节能减排低碳发展行动方案》（国办发〔2014〕23号，本节下称《方案》)，对这两年的节能减排低碳发展工作作出部署。

《方案》确定了2014—2015年节能减排低碳发展的工作目标，即单位GDP能耗、化学需氧量、二氧化硫、氨氮、氮氧化物排放量分别逐年下降3.9%、2%、2%、2%、5%以上，单位GDP二氧化碳排放量两年分别下降4%、3.5%以上。在目标落实方面，《方案》明确了地方政府、重点地区、相关部门的目标落实责任，并提及强化企业主体责任、动员公众积极参与等内容。

《方案》提出了几项具体行动，包括大力推进产业结构调整、加快建设节能减排降碳工程、狠抓重点领域节能降碳、强化技术支撑、进一步加强政策扶持、积极推行市场化节能减排机制、加强监测预警和监督检查等七项行动，以及每项行动的具体实施举措。其中两项行动与汽车产业结构调整息息相关。一是加快建设节能减排降碳工程中明确提出要加大机动车减排力度，分别从全国和区域重点城市车用汽油和柴油供应标准、淘汰黄标车和老旧车、加强机动车环保管理、加快柴油车车用尿素供应体系建设等方面提出要求，并对各地区黄标车及老旧车淘汰任务作出规定。二是狠抓重点领域节能降碳中提出要强化交通运输节能降碳，加大新能源汽车推广应用力度是重要内容。

（二）《国务院办公厅关于加快新能源汽车推广应用的指导意见》

2012年国务院印发的《节能与新能源汽车产业发展规划（2012—2020年）》（国发〔2012〕22号，本节下称《规划》)指出，加快节能与新能源汽车推广应用和试点示范是产业发展的主要任务。近年来，随着政府的不断重视和系列政策文件的逐步落实，我国新能源汽车发展取得了一定成效，2014年产量同比增长近4倍（达8.39万辆），但与《规划》目标（50万辆）相比还有很大差距，在新能源汽车推广应用中还存在着有些地方发展信心不够坚定、充电设施建设不足、扶持政策不尽完善、全国统一市场尚未形成、产品性能不够稳定等问题。为了全面贯彻落实《规划》要求，切实解决新能源汽车推广应用中的突出问题，进一步加快新能源汽车的推广应用，2014年7月，国务院办公厅发布了《关于加快新能源汽车推广应用的指导意见》（国办发〔2014〕35号，本节下称《指导意见》），对新能源汽车推广应用工作进行全面部署，明确了总体要求，从做强产业、优化环境、示范应用三个方面提出具体举措，并从地方政府组织推动、部门间统筹协调、宣传引导和舆论监督等方面对加强组织领导提出要求。

总体要求包括指导思想和基本原则。指导思想明确指出，发展新能源汽车，必须以纯电驱动为新能源汽车发展的主要战略取向，重点发展纯电动汽车、插电式混合动力汽车和燃料电池汽车，以市场主导和政府扶持相结合，建立长期稳定的新能源汽车发展政策体系。推广应用新能源汽车应坚持的基本原则有创新驱动、产学研用结合，政府引导、市场竞争拉动，双管齐下、公共服务带动，因地制宜、明确责任主体。

做强产业是核心。创新是驱动产业持续发展的不竭动力，是提升产业核心竞争力的关键。《指导意见》提出三项举措：一是加强技术创新。依托国家科技计划，完善科技创新体系，加大支持力度，集中力量攻克新能源汽车领域共性关键技术，组织实施产业技术创新工程，加快研发适应市场需求、有竞争力的新能源技术和产品。二是积极引导企业创新商业模式。商业模式创新是企业竞争制胜的法宝。创造有利条件，鼓励特许经营、融资租赁、分时租赁、车辆共享、整车租赁、电池租赁等模式，发挥信息技术的积极作用，引导和支持企业创新商业模式，形成一批优质的新能源汽车服务企业。三是加强产品质量监管。通过建立行业性技术支撑平台以及产品抽检制度，完善新能源汽车产品质量保障体系。

优化环境是前提和保障。一是加快充电设施建设。当前，充电设施建设滞后是新能源汽车加快普及的重要制约因素，加快充电设施建设已成为一项十分紧迫的任务。具体举措包括加快制定充电设施发展规划，推进关键技术攻关，完善标准体系建设和用地、用电价格等政策，鼓励公共单位加快内部停车场充电设施建设，将充电设施及配套电网建设纳入城市规划并落实建设责任等。二是坚决破除地方保护。各地区要严格执行全国统一的新能源汽车和充电设施国家标准和行业标准、新能源汽车推广目录等，有关部门要加强对新能源汽车市场的监管，规范市场秩序，坚决清理取消各种违规政策措施，推进建设统一开放、有序竞争的新能源汽车市场。三是进一步完善政策体系。综合运用财税、金融、产业、交通管理等政策，对新能源汽车给予优惠和支持。财税政策方面，落实好新能源汽车免征车辆购置税、车船税、消费税等税收优惠政策和现阶段的推广补贴政策，抓紧研究确定 2016—2020 年新能源汽车推广应用的财政支持政策。金融政策方面，多渠道筹集支持新能源汽车发展的资金，完善金融服务体系。产业政策方面，制定新能源汽车企业准入政策，建立有利于新能源汽车发展的企业平均燃料消耗量管理制度。

示范应用是重要突破口。《指导意见》提出要推动新能源汽车在公共服务领域率先推广应用，从而通过示范效应引导消费者和社会力量购买。一是扩大公交车、出租车等城市客运以及环卫、物流、机场通勤、公安巡逻等公共服务领域新能源汽车应用规模。二是推进党政机关和公共机构、企事业单位使用新能源汽车。《指导意见》要求，2014—2016 年，中央国家机关以及新能源汽车推广应用城市的政府机关及公共机构购买的新能源汽车占当年配备更新车辆总量的比例不低于30%，以后要逐年提高。

（三）《关于印发政府机关及公共机构购买新能源汽车实施方案的通知》

为了贯彻落实《国务院关于加快发展节能环保产业的意见》（国发〔2013〕30 号）和《国务院关于印发大气污染防治行动计划的通知》（国发〔2013〕37 号），推进政府机关及公共机构购买新能源汽车工作，2014 年 6 月，国管局、财政部、科技部、工业和信息化部、发展改革委制定印发了《政府机关及公共机构购买新能源汽车实施方案》（国管节能〔2014〕293 号，本节下称《实施方案》）。

首先，《实施方案》明确了总体目标和实施范围。总体目标包括新能源汽车购买规模逐年扩大、配套基础设施逐步完备、运行保障制度逐步完善，并对国家机关和公共机构 2014—2016 年购买的新能源汽车占当年配备更新总量的比例、充电接口与新能源汽车数量比例等作出要求。实施范围包括机构范围、车型范围和应用范围。政府机关及公共机构包括全部或部分使用财政资金的国家机关、事业单位和团体组织，新能源汽车是指纯电动、插电式混合动力（含增程式）和燃料电池汽车。

其次，《实施方案》从规范新能源汽车采购管理、建立市场化充电设施服务体系、优化新能源汽车使用环境三个方面提出了 14 条主要措施。规范采购管理涉及公务用车编制管理、政府采购、财政补贴标准、购买方式、淘汰报废黄标车等事项。充电设施服务体系涉及完善城市规划、新增或改造的停车场专用停车位和充电桩建设要求、充电设施运营维护企业确定方式等。优化使用环境包括核定的充电、维护等新能源汽车运行费用可列入部门预算，限号行驶、牌照额度拍卖、购车配额指标、道路优先通行等交通管理制度中应对新能源汽车给予政策优惠，供电企业应积极做好新能源汽车充电设施的供电保障服务工作，充电设施运营维护企业应当建立新能源汽车和基础设施信息化管理服务平台等。

（四）优化新能源汽车应用环境的相关政策

一是继续对消费者购买新能源汽车给予补贴。2014 年 1 月，财政部、科技部、工业和信息化部、发展改革委发布《关于进一步做好新能源汽车推广应用工作的通知》（财建〔2014〕11 号），提高了纯电动乘用车、插电式混合动力（含增程式）乘用车、纯电动专用车、燃料电池汽车 2014 年和 2015 年补贴标准，决定延长新能源汽车补贴政策实施时间（现行补贴推广政策已明确执行到 2015 年 12 月 31 日），并对补助资金预拨、年度清算等管理事项作出具体规定。

二是对电动汽车用电价格给予优惠。2014 年 7 月，国家发展改革委发布《关于电动汽车用电价格政策有关问题的通知》（发改价格〔2014〕1668 号），规定了三方面价格优惠政策。一是对电动汽车充换电设施用电实行扶持性电价政策，如峰谷分时电价政策、经营性集中式设施执行大工业用电价格，并在 2020 年前暂免收基本电费，其他设施按其所在场所执行分类目录电价等。二是 2020 年前对电动汽车充换电服务费实行政府指导价管理，制定标准遵循"有倾斜、有优惠"的原则。三是将电动汽车充换电设施配套电网改造成本纳入电网企业输配电价。

二是对新能源汽车免征车辆购置税。2014 年 8 月，财政部、国家税务总局、工业和信息化部发布《关于免征新能源汽车车辆购置税的公告》（财政部 国家税务总局 工业和信息化部公告 2014 年第 53 号），明确规定了免税期限、条件、程序及相关管理制度。免税期限为 2014 年 9 月 1 日至 2017 年 12 月 31 日。工业和信息化部、国家税务总局通过发布《免征车辆购置税的新能源汽车车型目录》（本节下称《目录》）对免税车辆实施管理，适时开展《目录》车型专项检查，并修订调整列入《目录》车型条件。基本程序为：（1）企业（汽车生产企业或进口汽车经销商）向工业和信息化部提交《目录》申请报告；（2）工业和信息化部会同国家税务总局等部门对企业提交的申请材料进行审查，通过审查的车型列入《目录》，由工业和信息化部、国家税务总局发布；（3）工业和信息化部根据《目录》

确定免征车辆购置税的车辆，并在车辆合格证电子信息中标注免税标识；（4）税务机关根据免税标识办理免税手续。列入《目录》的新能源汽车需要在销售许可、动力电池类型、纯电动续航里程、综合燃料消耗量、标准等方面同时符合相应条件，提出申请的企业除生产或进口车型符合《目录》条件外，需要在关键零部件质保时间、售后服务保障能力等方面符合相应条件。

三是对新能源汽车推广城市或城市群给予充电设施建设奖励。2014 年 11 月，财政部、科技部、工业和信息化部、发展改革委（本节下称"四部委"）发布《关于新能源汽车充电设施建设奖励的通知》（财建〔2014〕692 号），对充电设施奖励对象、适用条件和奖励标准、奖励资金使用范围等事项作出规定。奖励对象主要是经四部委批复备案的、成效突出且不存在地方保护的新能源汽车推广城市或城市群，对于京津冀、长三角和珠三角地区等大气污染治理重点区域中的城市或城市群还需要满足新能源汽车推广数量要求。奖励资金由地方政府统筹用于充电设施建设运营、改造升级、充换电服务网络运营监控系统建设等领域，不得用于新能源汽车购置补贴等。

第二节　2014 年汽车产业结构调整的主要情况

2014 年，汽车工业呈现平稳较快增长态势，全年累计产销超过 2300 万辆，产值占 GDP 的 11% 以上，规模以上工业增加值增速达 11.8%，比全部工业增加值高出 3.5 个百分点。[1] 得益于国家的高度重视和扶持政策体系的不断完善，新能源汽车发展取得重大进展，大企业竞争实力进一步增强，自主创新能力稳步提升，行业结构调整取得明显成效。

一、产品结构向绿色低碳方向发展

随着产业绿色发展政策的逐步落实，汽车工业产品结构向绿色低碳方向发展。一是节能与新能源汽车快速发展。2014 年新能源汽车累计销量为 7.5 万辆，同比增长 324%。从汽车种类看，300 多款新车型上市，其中纯电动汽车销售 4.5 万辆，同比增长 208%，插电式电动车销售 3 万辆，同比增长 878%。[2] 从单月产量

---

[1]　工业和信息化部：《2014年1—12月汽车工业经济运行情况》。
[2]　中国汽车工业协会。

看，12月生产2.72万辆，创造了全球新能源汽车单月产量最高纪录。[1]从品牌看，自主品牌新能源汽车销量达5.55万辆，占比近3/4。二是小排量汽车市场占有率逐步回升。2014年1.6升及以下排量乘用车全年共销售1314.60万辆，同比增长10.25%；占乘用车销售市场的66.73%，同比增长0.22个百分点；占汽车销售市场的55.96%，同比增长1.75个百分点。[2]

二、大企业竞争实力进一步增强

从市场竞争看，2014年汽车行业大企业实力有所增强。从主要经济指标看，重点企业（集团）经济运行平稳，工业经济效益综合指数高于上年，总产值、营业收入、利润总额等指标同比增速虽低于上年，但仍然呈稳步较快增长态势。[3]2014年1—11月，17家重点企业（集团）累计完成工业总产值2.50万亿元，同比增长10.6%；累计实现主营业务收入2.81万亿元，同比增长10.0%；完成利税总额4905.15亿元，同比增长8.6%。[4]从行业集中度看，大企业市场占有率进一步提高，仅上汽一家企业汽车销量就占到全行业的近1/4，同比提高近1个百分点；前五家汽车生产企业全年累计销量占全行业比重接近3/4，同比提高2.15个百分点；前十家汽车生产企业全年累计销量占全行业比重达到89.72%，同比提高1.34个百分点。从企业看，长安汽车集团全年销售汽车254.78万辆，同比增长18.55%，高于行业11.69个百分点；特别是自主品牌乘用车，在行业连续16个月下滑的情况下实现逆市增长，全年销售82万辆，同比增长49%，高于细分市场40个百分点，销量和增速均稳居中国品牌首位。[5]

三、互联网与汽车行业跨界融合趋势显现

信息技术和互联网对汽车行业的渗透融合已经开启，我国各大汽车企业纷纷拥抱互联网，在互联网汽车、智能汽车等领域积极布局。2014年3月，北汽集团与京东集团签约合作，力图借助互联网平台开发新业务，未来还将与更多有实力的IT企业、互联网公司合作。北汽福田公司牵头成立了北京汽车物联网产业联盟，联合企业建立了全国最大的商用车物流平台，已经投入使用。[6]2014年7

[1] 工业和信息化部：《2014年1—12月汽车工业经济运行情况》。
[2] 工业和信息化部：《2014年1—12月汽车工业经济运行情况》。
[3] 中国汽车工业协会：《汽车工业重点企业（集团）主要经济指标快报》。
[4] 工业和信息化部：《2014年1—12月汽车工业经济运行情况》。
[5] 新华网，2015年3月12日。
[6] 《中国汽车报》网，2014年4月25日。

月上汽集团与阿里巴巴签署"互联网汽车"战略合作协议，双方表示将在"互联网汽车"和相关应用服务领域积极开展合作。同时，互联网企业主动涉足汽车行业，2014 年百度公司已经联合汽车厂商开始研发自动驾驶汽车[1]，4 月发布了一款智能互联车载产品"CarNet"；5 月，腾讯推出"腾讯路宝 2.0"以及首款车联网落地产品"路宝盒子"。

第三节　面临的问题与挑战

2014 年我国汽车行业结构调整虽然取得了一定成效，但受制于技术创新能力、基础设施、产业发展基础、市场环境等因素，汽车产业结构调整中还存在不少困难和问题。核心关键技术受制于人，自主品牌汽车市场竞争力较弱，整体水平与发达国家差距仍然明显，汽车工业持续健康发展还面临较大挑战。

一、核心关键技术受制于人与扩大开放之间矛盾凸显

通过多年的合资经营之路，国内汽车企业在资金、管理经验等方面获得了迅速发展，但技术创新能力严重不足，"市场换技术"的美好夙愿宣告破产，产业价值链的核心部分始终没有完全掌握在自己手中，发动机、变速箱、控制系统、汽车电子等关键技术和核心零部件受制于人，产业发展中存在严重的"卡脖子"问题。与此同时，扩大产业开放的号角已经吹响，十八届三中全会作出进一步放开一般制造业的战略部署，汽车整车生产领域外资股比限制的产业政策越来越受到质疑和诟病，如何在全面开放的同时加快突破核心关键技术成为行业发展的难题。

二、自主品牌汽车发展形势不容乐观

总体上看，我国自主品牌汽车虽然得到长足发展，但与国际知名品牌相比，国产汽车质量和可靠性仍有很大提升空间，全球市场知名度、美誉度和忠诚度不高，市场竞争力亟待提高。2014 年中国品牌乘用车销售 757 万辆，同比增长 4.1%，占有率为 38.4%，比上年下降 2.1 个百分点。其中，中国品牌轿车销售 277 万辆，同比下降 17.4%，占有率为 22.4%，比上年下降 5.6 个百分点。相比之下，德、日、美、韩、法各系乘用车市场占有率分别为 20%、16%、13%、9%、4%，除日系

---

[1] 凤凰汽车，2015年3月11日。

车略有下降外，其余系别均有不同程度上升。[1]

三、新能源汽车推广难度依然较大

2014 年我国新能源汽车发展迅速，但纯电动汽车发展明显滞后，基础设施不足正在成为制约电动汽车发展的主要瓶颈。数据显示，2014 年我国共生产了83900 辆新能源汽车，而充电桩、充电站的建设相对滞后，建成的充电站不足730 座，充电桩约 28000 个，平均 3 辆车才拥有一个充电桩。[2] 而且在充电站和充电桩建设方面各地存在盲目建设、无序布局等现象，亟待国家从全局角度进行总体规划和部署。另外，新能源汽车动力电池、电机等关键零部件的性能及安全性仍然不能满足整车配套需求，一些关键技术难题尚未攻克，还无法有效解决充电慢、安全风险高、续航里程短等应用难题，这些是导致消费者对纯电动汽车望而却步的症结。

[1] 中国汽车工业协会。
[2] 《21世纪经济报道》，2015年3月11日。

第十二章 船舶产业结构调整

船舶行业是国民经济的重要基础性行业，也是工业发展的主导行业之一，对钢铁工业、石油化工、装备制造、电子信息等重点产业发展具有较强的带动作用。[1] 长期以来，由于盲目投资、产业布局不合理、企业创新不足等原因，导致船舶行业产能过剩情况严重、行业集中度低、企业盈利困难等问题凸显。2014年以来，世界经济复苏步伐放缓，国内经济下行压力加大，船舶行业面临着更加严峻的发展局面。在政策引导和市场倒逼下，船舶行业坚持了结构调整的发展基调。

第一节 2014年船舶产业结构调整的主要政策

2014年，我国船舶工业运行情况有所好转，但仍然面临着新增订单量减少、产能利用率不高、科技含量偏低等问题。按照《船舶工业"十二五"发展规划》、《国务院关于印发船舶工业加快结构调整促进转型升级实施方案（2013—2015年）的通知》（国发〔2013〕29号）等重要文件的要求，2014年，我国船舶产业结构调整政策主要集中在加大自主创新力度、加快淘汰落后产能、大力扶持海洋工程装备产业发展等几个方面。

一、政策基本情况

目前，船舶工业产能过剩情况依然严峻，淘汰落后产能工作依然繁重。为

---

[1] http://baike.baidu.com/link?url=CsS7IUXSeMcC-HY6TM7UY2PIubCL0znIDtP5h_8Lyz71zShqNRWJJBXt8k NiY8eP9MpNLL1FSBCLTqabZLxEEK。

此，2014年以来，政府主管部门试图通过各种政策，引导船舶企业促进技术进步，淘汰落后产能，控制新增产能。现将2014年我国船舶工业领域重大政策情况进行简介。

2013年12月，交通运输部、财政部、国家发展改革委、工业和信息化部四部委联合下发《老旧运输船舶和单壳油轮报废更新实施方案》。《方案》指出，通过鼓励老旧运输船舶和单壳油轮报废更新，有利于加快船舶产业结构调整，促进转型升级；提高航运企业船舶技术水平，优化船队结构；促进节能减排，加强环境保护。[1]

2014年3月，为贯彻落实《国务院关于印发船舶工业加快结构调整促进转型升级的实施方案(2013—2015年)的通知》(国发〔2013〕29号)，加快船舶产业结构调整促进产业转型升级，山东省人民政府下发了《山东省人民政府关于贯彻国发〔2013〕29号文件加快船舶产业结构调整促进转型升级的意见》(鲁政发〔2014〕6号)。[2]《意见》提出，实现产业经济平稳发展、创新能力明显增强、产业结构调整优化三大目标和调整优化产业产能结构、实施重点产品集成创新、加快培育发展游艇邮轮产业、提高配套产业发展水平等七大任务。

2014年5月，为贯彻落实《"十二五"国家战略性新兴产业发展规划》，加快推进海洋工程装备发展，国家发展改革委、财政部等部门联合发布了《海洋工程装备工程实施方案》(发改高技〔2014〕784号)。《方案》分时段提出我国海洋工程装备发展的总目标：2016年，我国海洋工程装备要实现浅海装备自主化、系列化和品牌化；2020年，我国要全面掌握主力海洋工程装备的研发设计和制造技术，具备新型海洋工程装备的设计与建造能力。为确保上述目标如期实现，《方案》既提出了海洋工程装备工程的主要任务，又明确了工程组织方式。[3]

2014年6月，为促进船舶工业科技发展，提升自主创新能力，推动技术、产品结构升级，提高国际市场竞争力，工业和信息化部发布了《高技术船舶科研项目指南（2014）》。[4]《指南》将全面提升我国船舶节能环保整体技术水平列为总目标。《指南》审时度势，为更好应对船舶工业发展面临的挑战，提出了节能环保示范工程、船舶动力关键创新工程、极地船舶与设备开发专项、高技术特种船

[1] 交通运输部，http://www.moc.gov.cn/zfxxgk/bnssj/syj/201312/t20131209_1525204.html。
[2] 山东省经济和信息化委员会，http://www.sdetn.gov.cn/portal/zwgk/xxgk/zwgkml/zcwj/swsf/webinfo/2014/03/1389574399527028.htm。
[3] 国家发展和改革委员会，http://www.sdpc.gov.cn/gzdt/201405/t20140509_610986.html。
[4] 工业和信息化部，http://www.miit.gov.cn/n11293472/n11293832/n12843926/n13917042/16025878.html。

专项 4 个重大工程与专项。[1]

2014 年 6 月，为加快提升海洋工程装备制造业创新能力，工业和信息化部发布了《海洋工程装备科研项目指南（2014）》。《指南》提出了 2014 年海洋工程装备制造业的重点科研方向，包括工程与专项、特种作业装备、关键系统和设备三大部分。其中，工程与专项方面，《指南》提出了深海天然气浮式装备（一期工程）、自升式平台品牌工程、水下油气生产系统（一期工程）等三个方面共 22 个重点研究方向。特种作业装备方面，《指南》明确了 500 米水深油田生产装备 TLP 自主研发、10 万吨级半潜工程船自主研发两项任务。关键系统和设备方面，《指南》明确了浮式钻井补偿系统研制、海洋大功率往复式压缩机研制等四项关键研究目标。

2014 年 9 月，《国务院关于促进海运业健康发展的若干意见》正式下发，从国家层面部署海运业发展战略。《意见》提出要优化海运船队结构，打造规模适度、结构合理、技术先进的专业化船队，大力发展节能环保船舶和原油、液化天然气、滚装、集装箱、特种运输船队，有序发展干散货运输船队和邮轮经济。

2014 年 11 月，为贯彻落实《国务院关于印发船舶工业加快结构调整促进转型升级实施方案（2013—2015 年）的通知》（国发〔2013〕29 号），促进船舶工业转型升级，湖北省人民政府下发了《省人民政府办公厅关于促进船舶工业转型升级的若干意见》（鄂政办发〔2014〕63 号）。《意见》确立了产业结构优化升级、创新能力显著提高、产业联盟基本建立三大发展目标。针对目前船舶行业专业人才的缺失问题，《意见》特别提出，要加大船舶和海洋工程装备领域国内外人才的引进力度。

表 12-1　2014 年船舶工业主要政策一览

发布时间	政策名称	发布机构
2013年12月	老旧运输船舶和单壳油轮报废更新实施方案	交通部、财政部、发改委、工信部
2014年3月	山东省人民政府关于贯彻国发〔2013〕29号文件加快船舶工业结构调整促进转型升级的意见	山东省人民政府
2014年5月	海洋工程装备工程实施方案	发改委、财政部等

---

[1]　中国船舶新闻网，http://www.chinashipnews.com.cn/show.php?contentid=7131。

（续表）

发布时间	政策名称	发布机构
2014年6月	高技术船舶科研项目指南（2014）	工信部、国家标准委
2014年6月	海洋工程装备科研项目指南（2014）	工信部
2014年9月	国务院关于促进海运业健康发展的若干意见	国务院
2014年11月	湖北省人民政府办公厅关于促进船舶工业转型升级的若干意见	湖北省人民政府

数据来源：赛迪智库根据国务院、工信部、发改委等网站资料整理，2015年3月。

二、现阶段政策重点

（一）推进海工装备发展

《海洋工程装备工程实施方案》、《海洋工程装备科研项目指南（2014）》的陆续下发，充分体现了现阶段我国着力发展海洋工程装备业的工作重点。海工装备制造是高端装备制造业的重要组成部分，对提升船舶工业综合竞争力、带动产业转型升级具有重要的战略意义。为此，在《"十二五"国家战略性新兴产业发展规划》（国发〔2012〕28号）和《海洋工程装备制造业中长期发展规划》（工信部联规〔2011〕597号）等文件的基础上，形成了一系列加快推进海洋工程装备发展的指导性文件。这些政策文件为海工装备的快速发展、船舶工业向高端迈进创造了有利条件。

（二）加快落后产能退出

《老旧运输船舶和单壳油轮报废更新实施方案》的出台，进一步加快了船舶落后产能的退出速度。通过中央财政补贴的方式，鼓励老旧运输船舶、单壳油轮提前报废更新。这对节能减排、优化船队结构、促进转型升级具有重要的意义。相比2010年颁布的《促进老旧运输船舶和单壳油轮报废更新实施方案》，本次方案的补贴金额提高了50%，同时，补贴方式更为灵活，补贴条件略有放宽，本次方案准许补助金额按照50%的比例分两次发放。这将促进很多无力造船的航运企业坚定拆船决心。[1]

---

[1] 航运信息网，http://news.csi.com.cn/52bd9b89-fbee-41a7-99b7-46f4fdc708ee.html。

（三）加大自主创新力度

针对我国船舶工业创新不足的问题，《海洋工程装备工程实施方案》特别明确了"市场为牵引，创新为驱动、总装为龙头、配套为骨干"的发展思路，把加强创新能力建设，支撑产业持续快速发展作为主要任务之一。提出"建立一批国家级企业技术中心、工程研究中心、工程实验室；推动建立海洋工程装备鉴定、认证体系；建设一批科研试验设施。"山东、湖北两省的船舶工业转型升级意见中都特别提出推进创新平台建设的任务，夯实自主研发创新基础，以创新驱动船舶工业转型升级。

（四）进一步规范行业管理

为进一步加强船舶行业管理，引导船舶工业持续健康发展，2013年工业和信息化部组织起草了《船舶行业准入条件（征求意见稿）》，并正式印发《船舶行业规范条件》，在生产设施、设备和计量检测、建造技术能力、技术创新和产品、安全生产、节能环保等多方面进行了明确要求。在前述两项政策文件所发布的行业准入条件的基础之上，2014年船舶行业准入管理工作继续顺利开展。2014年9月和12月，工业和信息化部发布了第一批、第二批符合《船舶行业规范条件》企业公示名单，分别有51家、9家企业被公告。此外，2014年12月，工业和信息化部制定了《海洋工程装备（平台类）行业规范条件》，进一步加强海洋工程装备行业管理。

第二节　2014年船舶产业结构调整的主要情况

2014年以来，我国船舶工业一直持续推动化解产能严重过剩矛盾工作，加快淘汰落后产能进度，大力推动海洋工程装备等的发展，加大行业技术创新力度，使得船舶产业集中度得到提升，产能得到有效压减，产业迈向高端发展，船企实力得到进一步增强，船舶产业结构调整取得一定进展。

一、主要进展

（一）造船三大指标基本平稳

2014年，我国造船三大指标中的手持订单量指标呈现大幅增长，而造船完工量、新接订单量出现收窄。其中：全国造船完工 3629 万载重吨，与上年同期相比下降了 16.3%，占世界造船完工量比重 39.9%，分别比韩国、日本高 11.4 和 15 个百分点；全国承接新船订单量 5102 万载重吨，同比下降 25.9%，占世界新接订量的 46.5%，分别比韩国、日本高 18.5 和 26 个百分点；全国手持订单量 14972 万载重吨，同比增长 15.1%，占世界手持订单量的 47.2%，分别比韩国、日本高 21.1 和 28.4 个百分点。

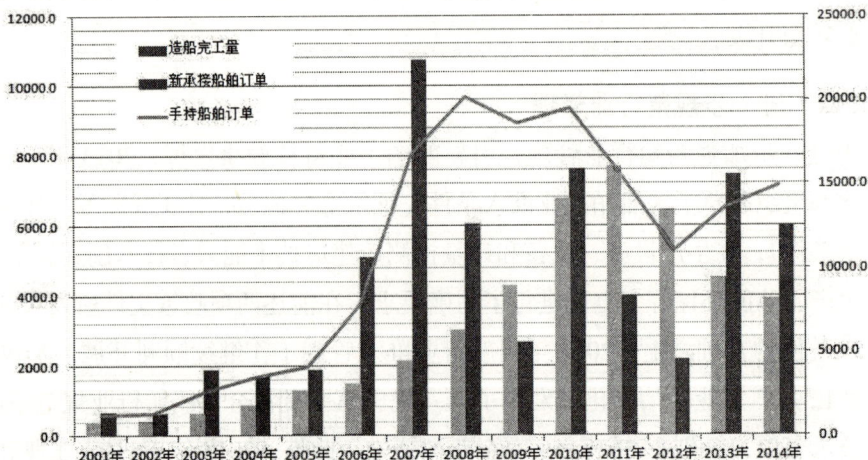

图12-1　2001—2014年中国造船三大指标

资料来源：中国船舶工业行业协会。

（二）企业经营状况有所改善

2014 年，我国船舶企业经营状况有所改善。一是从主营业务收入方面来看，根据国家统计局披露的数据，1—11 月份，全国规模以上船舶工业企业主营业务收入达到 5626.9 亿元，与上年同期提高了 10.5%。其中，船舶制造企业主营业务收入达 3506 亿元，比上年同期增长了 8.7%；船舶配套企业实现主营业务收入 942.7 亿元，同比增长了 11.8%；船舶修理企业实现主营业务收入 226.7 亿元，同比增长了 0.9%。二是从企业经营利润方面来看，2014 年 1—11 月，全国规模以上船舶工业企业实现利润总额 244 亿元，与上年同期相比增长了 21.3%。其中，船舶制造企业实现利润总额 146.8 亿元，同比增长 20.3 个百分点；船舶配套企业实现利润总额 46.9 亿元,同比增长 15.5 个百分点;船舶修理企业实现利润总额 5.1 亿元，同比增长 8 个百分点。

（三）融资租赁实现较快发展

2014 年，一系列企业融资微刺激政策陆续出台，短期贷款利率有所下降，主要金融机构加大对船企的融资支持，船舶工业发展获得较好的融资环境。一是企业积极在资本市场上融资，银行扩大对船企信贷支持。例如，根据《2014年船舶工业行业发展情况报告》披露的信息，2014 年 8 月，中国船舶工业集团公司完成金额 50 亿元的超短期融资券（SCP）发行，期限 270 天，票面利率仅为4.65%，不仅降低成员单位的融资成本，还能有效满足其置换银行借款的需要。另外，2014 年 10 月，中国船舶重工与中国进出口银行签订了融资框架协议，以发展长期、全面、互利的战略合作伙伴关系。2014 年，中国进出口银行向前者提供了高达 90 亿元的优惠利率流动资金贷款。二是，船舶融资租赁业务快速发展，已经成为船舶制造企业融资的主要渠道。上海自贸区的成立，给融资租赁公司带来巨大发展空间，促进船舶、海洋钻井设备等大型设备的汇集。另有资料显示，仅中国民生租赁、交银租赁和中船租赁这三家租赁公司的船舶量便累计超 400 万载重吨。

（四）企业兼并重组逐步推进

2014 年，世界经济仍然低迷，国内经济下行压力加大，船舶工业在近几年遭受重创的前提下难以逆转萧条趋势。受市场萎缩的影响，我国船企接单难的困境仍未好转。特别是小规模造船企业，对抗风险能力低，经营效益指标大幅下降，陆续破产或者是面临破产倒闭边缘。而大型造船企业抗风险能力较高，在国家多项政策的引导下，开始了对国内小型船舶企业的并购重组活动。2014 年 3 月，《关于进一步优化企业兼并重组市场环境的意见》正式下发，这对发挥船企主体作用、解决船企融资难问题、降低船企兼并重组税收负担等具有重要意义，在破除船企兼并跨区域、跨所有制障碍等多个方面能够推动船企并购。2014 年底，《金融业支持船舶工业转型升级的指导意见》的出台，将对"白名单"船企在国内兼并重组和海外并购产生重要影响。

二、取得的成效

（一）产业集中度有所提升

2014 年，我国船舶企业兼并重组有进一步进展，如，大连船舶重工集团有限公司收购大连大洋船舶工程有限公司的计划顺利实施[1]，中船集团（CSSC）对

---

[1] 中国船舶工业行业协会，http://www.cansi.org.cn/index.php/News/detail?id=112。

华南地区船厂实施了一系列重组[1]。受此影响，我国船舶产业集中度有进一步提升。根据中国船舶工业行业协会披露的统计数据，2014 年，我国环渤海湾、长江三角洲和珠江三角洲三大造船基地造船完工总量占比超过 90%，全国造船完工前 30 家企业集中度为 83.8%，前 20 家企业集中度为 71.6%，前 10 家企业集中度为 50.6%，分别比上年提高 7.4%、5.9%、3.2%。[2]

（二）产能得到有效压减

2014 年，我国船舶工业产能得到有效压减，淘汰落后产能、控制产能过快增长工作取得实质性进展。一批规划内的大型造船项目被停建。《关于化解产能严重过剩矛盾的指导意见》发布以来，各地认真贯彻执行，各大船舶集团也积极开展造船产能清理工作，《老旧运输船舶和单壳油轮报废更新实施方案》的发布，更进一步加大了对淘汰船舶落后产能的扶持力度，共计淘汰将近千万余吨产能。同时，有条件的船企积极向海洋工程装备转型，共有大约 500 万载重吨造船产能得到转移。

（三）产业迈向高端发展

2014 年，我国船舶产业向高端发展的趋势更加显著。突出表现在海洋工程装备产业获得较快发展，具体表现在以下两个方面：一是订单总额方面，我国以 139 亿美元的订单总额位居世界海洋工程装备产业榜首，市场份额达到 41%，比 2013 年提升了 17 个百分点，这也是我国首次超过韩国居世界首位；同时，我国的市场份额高出第二位的新加坡 28 个百分点。目前，我国与新加坡和韩国正逐渐形成三足鼎立之势。二是手持订单金额方面，截至 2014 年底，我国占据了世界海工装备手持订单总金额的 28.3%，仅次于韩国的 28.4%。

（四）企业实力进一步增强

近几年，一批实力强的船舶企业抓住了国际船市调整的时机，加大了科技创新投入力度，研发设计水平和建造能力有了显著提升。目前，中国船舶工业集团公司的新接订单量已经位居世界造船集团第一名，中国船舶重工集团公司的手持订单量列世界造船集团第三名。一批具备科技研发实力的海洋工程装备骨干企业正在做大做强，我国船舶工业的市场竞争能力和国际地位均得到提高，国际地位

---

[1] 中国船舶工业行业协会，http://www.cansi.org.cn/index.php/News/detail?id=116。
[2] 中国船舶工业行业协会：《2014年船舶工业行业发展情况报告》。

得到提升。此外，新接订单量位列世界前 10 强的企业我国拥有 4 家。在海工装备建造领域，我国船企获得订单额逐年上升，2014 年更是以 139 亿美元的订单量占据了世界份额的 41%，高出 2013 年 3 个百分点，高出 2012 年 21 个百分点。

第三节　面临的问题与挑战

外部宏观经济形势低迷、市场需求萎缩，加上内部产能过剩等问题，使得我国船舶企业正面临着严峻挑战。主要表现在产业徘徊在价值链低端，企业管理模式落后，企业盈利困难，国际市场竞争力偏低等方面。

一、产业向高端迈进的任务依然艰巨

2014 年，虽然我国船舶产业在海洋工程装备等领域取得重要进展，特别是在海工装备订单量等指标上位居世界前列，但是我国船舶工业价值链偏低端的现实不容忽视，产业迈向高端发展的任务依然艰巨。例如，海工装备主要以附加值较低的海工装备和海工船为主，单位价值量较低的状况仍然没有改变。中国船舶工业协会网站披露的消息显示，我国的手持自升式钻井平台平均单价只有 2 亿美元左右，远低于韩国的 6.10 亿美元，同时低于世界平均水平的 2.29 亿美元。再比如，我国船舶企业承接的订单几乎都是比较成熟、价值量低的自升式钻井平台，尚无法建造冰区作业的钻井平台，并且 LNG-FPSO、TLP 等高端装备的设计制造仍未有涉足。另外，国外巨头公司牢牢控制着国内海洋工程装备的高端配套产业，我国船舶企业很难获得较高利润。

二、企业管理模式亟须创新

当前，国际船舶技术加速更新，船舶行业管理规范条件不断变化，特别是通信技术的日新月异，港口国、租船人对船舶个性化需求的变化，国际公约的调整，都要求船舶技术和标准更加规范。船舶企业要想在国际竞争中获得一定席位，就必须对企业管理模式不断创新，以应对市场要求和产品标准的变化。现阶段，我国船舶企业尚没有能力承担总包项目，主要原因是相关技术和管理能力的缺乏。与欧美的大型企业差距较大，与韩国、新加坡的企业也有一定距离。如，美国的 McDermott、法国的 Technip 等大型船舶企业都具备超强的总包实力，而国内鲜有

具备此能力的企业。这种情况下，我国企业往往承接的是装备建造订单，甚至没有自主选择配套设备的话语权，在采购、服务等具有高附加值的部分更是没有竞争力。

三、行业盈利空间大幅压缩

当前，海运过剩的局面短时间内无法扭转，世界经济形势低迷的状态还将持续，波罗的海指数萎靡，预计航运企业经营困难的状况不会有效改善，整个船舶市场前景不容乐观。在船舶成交量一直呈现下跌的前提下，新造船价格难以得到提升。在这种情况下，船舶企业资金周转更加困难，再加上不少企业融资困难，船东接船的积极性往往不高。同时，船舶交付速度大大下降，造船完工量大幅下滑，企业盈利困难。根据船舶工业协会的统计数据，我国造船工人年均工资达到4.5万元，比2004年增长了2倍；2014年，我国船舶制造业财务费用为54.3亿元，比上年同期增长了29.1%；[1]受个别企业大幅亏损的影响，我国船舶工业87家重点监测企业利润总额仅为51亿元，同比下降3.5%。[2]因此，在当前经营压力不断增加的情况下，盈利难问题还将是船舶企业发展的一大障碍。

四、"走出去"面临形势更加严峻

2014年，国际海事组织（IMO）频繁出台了多项决议。如《国际散装运输液化气体船舶构造和设备规则》（IGC规则）修正案将在未来2—3年内强制推行，适用于SOLAS船舶的极地规则、客船提升分舱指数的相关研究等新规也将陆续实施，这对船舶海工建造和配套技术都提出了更高要求，促使设计和研发在船舶制造业的地位更加重要。未来几年，船舶、海工产品更新换代速度将明显加快，智能化、绿色环保、节能减排、安全可靠的船舶、海工产品将不断涌现，国际船舶市场竞争将更加激烈，我国船舶企业"走出去"所面临的挑战也将日益严峻。

---

[1] 中国船舶工业行业协会：《2014年船舶工业行业发展情况报告》。
[2] 中国船舶工业行业协会：《2014年重点监测企业经济运行情况》。

第十三章 电子信息产业结构调整

2014 年以来，我国电子信息行业发展面临着压力与挑战。国家通过加快"宽带中国"建设，继续加大对集成电路、新型平板显示和宽带网络设备研发的支持，加强电子信息行业创新驱动力度，积极加快推进结构调整。电子信息行业在国民经济中的支撑带动作用持续增强，进一步成为稳增长、促转型的重要力量。

第一节 2014 年电子信息产业结构调整的主要政策

我国政府继续推行"宽带中国"战略布局，开展城市示范和专项行动，进一步落实 2013 年的国家战略，加强对集成电路、新型平板显示等关键领域的支持力度，努力推动关键技术领域的突破，同时引导电子商务在各个领域的融合渗透，带动相关产业的发展。

一、政策基本情况

（一）加快推进"宽带中国"建设

自 2013 年国务院颁布《"宽带中国"战略及实施方案》（国发〔2013〕31 号）以来，宽带建设提升为国家战略，并加强我国宽带建设的战略性引导和系统布局。为落实《国务院关于印发"宽带中国"战略及实施方案的通知》，加快提升城市宽带发展水平，推动我国城镇化和信息化同步发展，促进经济转型和信息消费，2014 年 1 月，工业和信息化部、发展改革委联合发布《创建"宽带中国"示范城市（城市群）工作管理办法》，开展创建"宽带中国"示范城市（城市群）工作。

提出"宽带中国"示范城市（城市群）创建期为 3 年，并对创建"宽带中国"示范的城市（城市群）所应具有的宽带发展基础作出规定。2014 年 5 月，工业和信息化部联合国家发展和改革委员会、教育部、科学技术部、财政部等 13 个部门共同发布《关于实施"宽带中国"2014 专项行动的意见》，提出 2014 年的目标包括宽带网络能力持续增强、惠民普及规模不断扩大、宽带接入水平进一步提升，同时创建示范效果初步显现，推动创建 20 个以上"宽带中国"示范城市（城市群）。明确了 10 项主要的工作任务，从而加快对《"宽带中国"战略及实施方案》的落实，进一步加强信息基础设施建设、促进信息消费。

（二）加大重点领域的政策指导

2014 年 5 月，国家发展改革委办公厅与工业和信息化部办公厅联合发布《关于组织实施新型平板显示和宽带网络设备研发及产业化专项有关事项的通知》，对符合新型平板显示领域、宽带网络设备领域相关要求的研发和产业化专项进行重点支持。2014 年 6 月，国务院发布《国家集成电路产业发展推进纲要》，明确了 2015 年、2020 年和 2030 年的发展目标，着力发展集成电路设计业、加速发展集成电路制造业、提升先进封装测试业发展水平、突破集成电路关键装备和材料四大主要任务和发展重点，并从国家产业投资基金、金融、税收、人才、对外开放等方面给予政策支持。为引导我国新型显示产业健康有序发展，根据《国务院关于加快培育和发展战略性新兴产业的决定》、《国务院关于促进信息消费扩大内需的若干意见》，2014 年 10 月，国家发展改革委、工业和信息化部联合制定《2014—2016 年新型显示产业创新发展行动计划》，提出到 2016 年，按面积计算出货量达到世界第二，全球市场占有率超过 20%，产业总体规模超过 3000 亿元的发展目标；加强规划布局，重点支持有条件、有基础的企业在北京、长三角、珠三角等产业聚集地发展，形成具备较强竞争力的区域产业集群。积极开展关键核心技术联合研发、专利运营、标准制定等工作，以专项资金为引导，吸引社会资金共同投入，组建国家级新型显示技术创新平台。

（三）促进电子商务的应用示范

为贯彻落实《国务院关于促进信息消费扩大内需的若干意见》（国发〔2013〕32 号）中关于加快推进电子商务示范城市建设的工作部署，2014 年 3 月，国家发展改革委、财政部、商务部等八大部门联合下发《关于同意东莞市等 30 个城市创建国家电子商务示范城市的通知》，把创建国家电子商务示范城市作为全面深化改革的新抓手，成为增强城市竞争优势的新途径，充分发挥电子商务在优化资源配置、提升产业结构和带动就业等方面的作用。通过创建国家电子商务示范城市来促进经济转型升级，大力发展在农业、制造业、传统服务业、民生领域和跨境贸易的电子商务应用。

（四）继续加强信息安全和行业规范

当前，网络安全形势十分严峻复杂，境内外网络攻击活动日趋频繁，网络攻击的手法更加复杂隐蔽，新技术新业务带来的网络安全问题逐渐凸显，为此2014年8月，工业和信息化部发布了《关于加强电信和互联网行业网络安全工作的指导意见》，提出深化网络基础设施和业务系统安全防护、提升突发网络安全事件应急响应能力、维护公共互联网网络安全环境、推进安全可控关键软硬件应用、强化网络数据和用户个人信息保护、加强移动应用商店和应用程序安全管理、加强新技术新业务网络安全管理、强化网络安全技术能力和手段建设等八大工作重点。而随着电子商务快速发展，伪造或冒用合法市场主体名义设立网站、侵犯知识产权和销售假冒伪劣商品、恶意欺诈、不正当竞争、虚假宣传等问题日益突出。为此在2014年10月，国家工商总局、工业和信息化部联合发布《关于加强境内网络交易网站监管工作协作 积极促进电子商务发展的意见》，进一步形成监管合力，加强境内网络交易网站管理，有力打击境内网络交易网站违法经营行为，着力营造公平竞争的网络交易市场环境，切实维护消费者、经营者的合法权益。

二、重点政策解析

（一）国家集成电路产业发展推进纲要

为支持经济社会发展和保障国家安全，2014年6月，国务院公布了《国家集成电路产业发展推进纲要》（以下简称《纲要》）。这是继国务院2000年18号文（《国务院关于印发鼓励软件产业和集成电路产业发展若干政策的通知》）出台之后的又一重要文件。《纲要》要求充分发挥国内市场优势，营造良好发展环境，激发企业活力和创造力，带动产业链协同可持续发展，加快追赶和超越的步伐，努力实现集成电路产业跨越式发展。

1. 明确了发展思路和目标

党的十八届三中全会提出"加快完善现代市场体系"的目标，"发挥市场在资源配置中的基础性作用"。从过去30年的发展来看，我国经济发展的历程其实就是市场化水平不断提升和企业主体作用不断提升的过程。《纲要》认真贯彻了十八大和十八届三中全会精神，进一步明确了集成电路产业发展要坚持需求导向，不断推进市场化改革，突出企业的主体地位，更好地发挥市场在资源配置中的决定性作用。《纲要》提出，加大集成电路产业的技术研发投入，增强企业在技术创新中的主体地位，强化市场需求与技术开发相结合。到2015年，我国集成电路产业的销售收入达到3500亿元，一批企业进入国际第一梯队。

2. 明确了发展任务和重点

集成电路产业是信息技术产业的核心，是支撑经济社会发展和保障国家安全的战略性、基础性和先导性产业，具有涉及面宽、产业环节多、技术含量高等特征。但一直以来，由于缺乏比较明确的发展任务和重点，使得我国集成电路产业的国际竞争力不强，缺乏集成电路产业的关键核心技术，产业发展水平与先进国家（地区）相比依然存在较大差距。《纲要》针对集成电路产业的特征以及集成电路产业发展的目标，提出了着力发展集成电路设计业、加速发展集成电路制造业、提升先进封装测试业发展水平和突破集成电路关键装备和材料等四大任务，进一步明确了未来我国集成电路产业发展的任务和重点。

3. 明确了保障政策和措施

一直以来，我国许多产业由于没有统一的发展规划，缺乏资金、金融、税收、创新、人才等方面的一揽子政策措施，使得我国在许多领域没有形成产业竞争优势。其中，集成电路产业是其中比较典型的产业之一，由于缺乏对集成电路产业的跟踪研究和统筹规划，使得我国集成电路产品大量依赖进口。近年来，我国迅速成长为世界工业大国，在组织结构、研发能力、金融支持、人才储备等方面也不断调整优化，为我国推进集成电路产业发展创造了条件。《纲要》从构建集成电路产业发展保障体系出发，提出了加强组织领导、设计国家产业投资基金、加大金融支持力度、落实税收支持政策、加强安全可靠软硬件的推广应用、强化企业创新能力建设、加大人才培养和引进力度，以及继续扩大对外开放等促进集成电路产业发展的保障措施。

（二）2014—2016年新型显示产业创新发展行动计划

2014年10月13日，国家发展改革委、工业和信息化部联合印发了《2014—2016年新型显示产业创新发展行动计划》（发改高技〔2014〕2299号，以下简称《计划》），针对我国新型显示产业发展进入攻坚阶段需着力解决投资主体相对分散与产业资源集聚、依靠成熟技术满足当前需求与前瞻性技术布局、产业规模迅速扩张与质量效益提升之间的不协调、不平衡等问题，重点提出了未来两年5个方面的重点任务和保障措施。实施这些重点任务，将整合产业、财税、金融等多种手段，营造更加良好的产业发展环境，促进新型显示产业健康有序发展。

1. 强调发展新型显示产业要突出市场在资源配置中起决定性作用

《计划》思路明确，紧紧围绕使市场在资源配置中起决定性作用，更好地发挥政府宏观调控作用，把握新型显示产业发展机遇，强化产业有序布局，加快关键性和前瞻性技术突破，完善产业配套体系，促进优势资源集聚，提升发展质量和效益，推动新型显示产业成为新一代信息技术产业创新发展的重要支撑。

2. 从五个方面明确了下一步的重点任务

一是加强规划布局，引导集聚发展。主要是引导产业区域集中发展和投资主体集聚，形成具备较强竞争力的区域产业集群。同时，警示各地根据市场容量，合理确定产能发展目标，防范盲目建设和低水平重复建设。二是实施技术创新，加快前瞻布局。支持骨干企业创新能力建设，建立重点企业专利成果共享机制，组建国家级新型显示技术创新平台，并提出AMOLED制备技术等技术跃升行动。三是完善产业配套，提升供给水平。进一步完善新型显示产业链，提高关键材料及设备的配套水平，加快形成自主发展能力。《计划》还提出了玻璃基板、OLED设备等关键材料及设备的产业链提升行动。四是创新监管方式，完善产业环境。提出完善监督机制，创新监管方式，进一步简政放权，由地方投资主管部门按照规划布局对新型显示项目进行属地化备案管理，未经备案的项目，土地、规划、环保、财政、海关等部门不予办理相关手续。提出加强知识产权、反垄断等方面的执法。五是加强国际合作，实现融合发展。鼓励国内新型显示企业、科研机构与国外相关部门积极开展国际合作，支持国内企业并购、参股国外先进企业，加强研发合作、合作建厂、人才交流等。

3. 提出明确的发展目标和有针对性的保障措施

《计划》提出到 2016 年，新型显示产业产能利用率保持合理水平，产品结构不断优化，行业资源环境效率显著提高，按面积计算出货量达到世界第二，全球市场占有率超过 20%，产业总体规模超过 3000 亿元。从创新能力、发展质量、产业配套三个方面提出具体发展目标。为了更好地完成目标和任务，《计划》从中央地方统筹、发挥政府资金效用、落实企业研发费用加计扣除等税收政策支持、完善金融服务支撑、建立运行监测体系五个方面提出了保障措施。总之，《计划》的亮点是结合新型显示产业自身特点和当前简政放权、全面深化改革的要求，提出的目标和任务切合实际，措施也具有针对性。

第二节　2014 年电子信息产业结构调整的主要情况

2014 年，我国电子信息产业的结构调整取得了显著成就，产品结构、区域布局进一步优化，行业龙头企业的带动能力不断增强，科技创新能力的加强进一步提升了产业层次。

一、电子信息产业结构调整总体情况

（一）软件和硬件制造业持续增长，产品结构优化

2014 年，我国电子信息产业完成销售收入总规模达到 14 万亿元，同比增长 13%。其中，电子信息制造业实现主营业务收入 10.3 万亿元，同比增长 9.8%；软件和信息技术服务业实现软件业务收入 3.7 万亿元，同比增长 20.2%。规模以上电子信息制造业增加值增长 12.2%，高于同期工业平均水平 3.9 个百分点，软件和信息技术服务业收入增速高于电子信息制造业 10 多个百分点，软件业比重达到 26.6%，比上年提高 1.6 个百分点，[1] 对传统制造业的渗透带动作用进一步增强。在软件和信息技术服务业中，信息技术咨询服务、数据处理和运营类服务收入分别增长 22.5% 和 22.1%，增速高出全行业平均水平 2.3 和 1.9 个百分点；占软件业比重分别达 10.3% 和 18.4%，同比提高 0.2 和 0.3 个百分点。[2] 软件产业在电子信息行业中的占比持续提高，软硬件产品结构趋于优化。

---

[1] 工业和信息化部：《2014年电子信息产业统计公报》。
[2] 工业和信息化部：《2014年电子信息产业统计公报》。

（二）中西部地区保持较快增长，区域布局优化

在制造业方面，2014 年中西部地区分别实现销售产值 12574 亿元和 9376 亿元，同比增长 25.9% 和 26.2%，增速高于平均水平 15.6 和 15.9 个百分点，在全国所占总比重达到 21.1%，比上年提高 2.1 个百分点；东部和东北地区电子信息制造业分别完成销售产值 80524 亿元和 1428 亿元，增长 6.8% 和 0.2%，增速低于全国平均水平 3.5 和 10.1 个百分点。

在软件业方面，2014 年中、西部地区软件业务收入增长 26.7% 和 23.5%，增速高出全国平均水平 6.5 和 3.3 个百分点，在全国所占比重达 15.2%，比上年提高 0.5 个百分点；东部和东北地区软件业平稳增长，增速分别为 20.5% 和 11.6%。

2014 年中、西部地区投资加速明显，完成投资 3959 亿元和 2013 亿元，同比增长 16.9% 和 22.1%，高于平均水平 6.5 和 10.7 个百分点，比重均提高 1.5 个百分点。[1] 由此，中、西部地区仍然是全国电子信息产业的快速增长点，产业转移的步伐持续加快。

（三）电子信息行业兼并重组活跃，产业结构优化

当前，国家加大了对包括电子信息行业在内的重点行业兼并重组的支持力度，甘肃、河北、四川等地方政府也纷纷出台政策优化企业兼并重组的市场环境，电子信息行业表现出加快整合的态势。如在光伏领域，2014 年上半年，我国前 10 家组件企业产量全行业占比近 60%，前 5 家多晶硅企业占比超过 80%，企业兼并重组推动产业集中度持续提高，无序发展态势有所减缓。2014 年电子信息百强企业以不足 0.5% 的数量，占到全行业收入总额的 23.6%、全行业利润的 28.8%，分别比上届提高了 0.5 和 5.6 个百分点。本届百强计算机、彩电、手机和集成电路产量占全行业比重分别为 8.7%、73.5%、22.0% 和 38.8%，比上届提高 0.7、4.0、2.8 和 6.8 个百分点。[2] 此外，众多互联网企业纷纷通过上市加快资本整合。2014 年 9 月 19 日，我国最大的电子商务企业阿里巴巴在纽约交易所挂牌上市，当日市值 2314.39 亿美元，紧随苹果、谷歌、微软之后成为全球第四大科技企业。2014 年，微博、聚美优品、智联招聘、京东、迅雷、阿里巴巴等九家互联网企业登陆美国市场，海外上市成为众多互联网企业资本扩张的重要途径。

---

[1] 工业和信息化部：《2014年电子信息产业统计公报》。

[2] 工业和信息化部：《2014年（第二十八届）中国电子信息百强企业发布》。

（四）科技创新能力提升，产业层次优化

一是电子信息产业坚持创新驱动，研发投入持续增加，科技创新能力稳步提升。2014年电子信息百强企业研发投入合计1051亿元，比上届增长5.7%，研发投入强度4.8%，高出行业平均水平2个百分点。百强企业累计专利总量15.7万件，比上届增加2.4万件；其中发明专利8.9万件，比上届增长2.1万件，占比超过50%。二是数项技术取得进展并加速普及。在新能源电池领域，陶瓷涂层隔膜在锂离子电池制造中得到广泛应用，提高了产品的安全性与质量可靠性，正极材料电压从原来的4.2V提高到4.35V乃至更高。电池生产企业也开始陆续使用高电压正极材料，电池能量密度有望普遍提高约10%左右。[1] 三是积极参与国际标准的制定。我国主导提出的涉及液晶显示、传感网络、射频连接器、数字家庭、云计算、物联网、信息安全等领域的12项标准获得ISO/IEC国际组织的批准与发布。

二、重点领域结构调整情况

（一）集成电路产业结构调整情况

一是集成电路设计业增长迅速。2014年，我国集成电路设计业收入增长19%，增速与上年基本持平，占全行业比重持续提升，重点企业快速成长，如展讯营业收入达12亿美元，增长20%，在2014年完成对迪锐科的整合后，总营业收入达到15亿美元；晶圆制造业增长速度低于设计业，封装测试业也取得了二位数的增长。二是产业集聚度提高。我国集成电路产业主要集中在四个区域：一为北京、天津环渤海地区，2014年销售产值增长6.2%，占比为8.4%；二为上海、江苏、浙江长三角地区，增长11.4%，占比达37.7%；三为广州、深圳珠三角地区，增长5.4%，占比为29.4%；四为部分西部省区，陕西省增长476%，甘肃省增长14%，增势十分突出。三是技术不断取得突破。中芯国际与高通合作的28纳米骁龙处理器成功制造，标志着其在28纳米工艺制程成熟的路径上又迈出重要一步，同时20和14纳米工艺的先期研发也在积极推进；展讯发表了A7架构的四核芯片8735S，标志着我国在移动芯片设计领域进入中高端市场；国内首款智能电视SoC芯片研发成功并实现量产，改变了我国智能电视缺芯局面。

---

[1] 李文：《上半年锂离子电池行业总产值近400亿元》，《中国电子报》2014年8月26日。

（二）软件业结构调整情况

一是新兴信息技术服务比重继续提高。2014 年，信息技术咨询服务、数据处理和存储类服务分别实现收入 3841 亿元和 6834 亿元，同比增长 22.5% 和 22.1%，增速高出全行业平均水平 2.3 和 1.9 个百分点；占全行业比重分别达 10.3% 和 18.4%，同比提高 0.2 和 0.3 个百分点。嵌入式系统软件实现收入 6457 亿元，同比增长 24.3 %，增速高出全行业平均水平 4.1 个百分点。二是中心城市软件业保持较快增长。2014 年，全国 15 个中心城市实现软件业务收入超过 2 万亿元，同比增长 21.1%，增速高出全国平均增速 0.9 个百分点，中心城市的软件业务收入中，数据处理和存储服务增长 25.7%，增速高于全国平均水平 3.6 个百分点。[1] 三是软件国产化加速推进。进入 2014 年以来，我国采购决策已经发生方向性的变化，政府明确要求在网络设备、服务器、操作系统、存储系统等领域尽量使用国产品牌。国产基础软件的市场份额已从 2010 年的 5.7% 提高到 2013 年的 7% 左右，自主可控国产软件系统已基本具备国产化替代能力，上下游企业"抱团"竞争，应用推广取得新进展。

第三节　面临的问题与挑战

一、存在的问题

（一）电子信息行业经济效益偏低

2014 年，我国电子信息产业平均销售利润率 4.9%，低于工业平均水平 1 个百分点；每百元主营业务收入中平均成本为 88.4 元，仍高于工业平均成本 2.8 元，但比上年下降 0.2 元，企业生产经营的成本压力较大，盈利水平偏低。美国苹果公司在 2014 年 1 季度之前的五年里，其平均利润率高达 45%。从全球的产业发展来看，欧、美、日等巨头依旧处于价值链的高端，普遍掌握核心产品和技术，品牌的竞争力较强。我国由于关键零部件依赖进口，低端制造业比重偏大，在国际上的话语权不强，行业的经济效益普遍偏低。

（二）核心关键技术仍然是提质增效的关键制约

长期以来，由于我国采取"以市场换技术"的战略，导致我国原始创新能力

---

[1] 工业和信息化部统计数据。

不足，形成了产业发展的路径依赖，核心技术和关键设备受制于人的局面没有根本突破。尤其是发达国家采用技术封锁，电子信息产业的整体结构处于较为低级的水平。在电子信息百强企业中，有 80% 以加工制造整机为主，核心芯片、关键零部件和材料等主要依靠进口，导致我国全行业营业利润率低。

（三）龙头企业产业链整合能力不强

当前电子信息行业企业的核心竞争力不再只是单项优势技术或产品，而是进行优势互补和产业链整合的能力。苹果、谷歌、英特尔等 IT 巨头纷纷打造产业生态圈，在系统、芯片、终端及内容服务等方面纷纷开展布局，推进产业链的垂直一体化整合，打造优势竞争力，抢占技术的制高点。而我国电子信息企业普遍采用了"单兵作战"的发展模式，在芯片和操作系统被跨国公司垄断的形势下，业务领域较为单一，缺乏上下游协同互动，企业资源整合能力较弱，没有形成龙头企业带动突破关键技术、合力打造产业生态圈的发展态势。

二、面临的挑战

（一）发达国家纷纷抢占产业制高点，产业竞争加剧

以苹果、三星、谷歌为首的国际 IT 巨头依托其不同的发展模式，加快科技研发和产品更新，在我国 IT 市场具有强大的竞争力。苹果公司不断发力移动智能终端，建立起以 IOS 系统为基础的封闭生态圈；谷歌拥有在智能终端操作系统市场占有率达到 78.6% 的安卓系统，并且正在由软件向硬件方向延伸；三星在智能手机出货量方面仍稳居全球前列，在显示面板的业务上依然保持着较高的利润优势，不断推出可弯曲屏幕技术和 OLED 屏幕的创新技术。随着全球化进程和国际分工的加快发展，我国将面临技术、品牌、资本和市场份额的激烈竞争。

（二）信息安全问题突显，基础系统领域需要加快国产化

当前，国家信息安全形势严峻，国家信息安全战略地位不断凸显。"棱镜门"事件的发生非常值得我国警惕。而且国外高通、英特尔等芯片厂商的产品已经渗透到我国政府、学校、医院、民航、交通等众多领域，国外的操作系统在我国国内也占有绝对的优势。我国移动互联网产业发展，也必须以操作系统为核心，整合产业链上下游企业，走协同服务化的发展道路。无论从产业还是国家信息安全角度看，发展自主操作系统和集成电路产业都具有深远意义。但由于全球市场已

形成了垄断格局，操作系统并非单一技术问题，还涉及市场推广、用户体验、良性的投入产出机制等问题，基础系统领域的国产化面临巨大挑战。

（三）关键核心技术实现突破仍难度较大

我国拥有巨大的集成电路需求市场，但国内技术与国外的巨大差距仍然是阻碍我国电子信息产业发展整体提升的关键制约，与国际龙头企业相比，我国芯片制造业在先进工艺方面的距离至少差 1—2 代。一是我国 IC 设计业刚刚起步，且产品单一，建一条高质量的集成电路生产线，几乎 80% 的投资是用于购买进口设备；二是由于产业链各个环节相互割裂，不能形成上下游协调配合的产业结构，与国内整机产业也没能形成良性互动。集成电路领域电子设计工具软件（EDATOOL）和系统芯片开发所需要的功能模块两项技术是我国需要跨越的重要障碍；三是研发投入与外国存在显著差距。国际巨头近年来为确保技术领先优势，研发投入不断攀升，据统计，2013 年英特尔、高通、台积电、德仪及海力士五大半导体企业的研发成本达到 15.9%，接近过去 5 年的最高值，而我国本土企业如中芯国际，虽然近几年研发投入增长很快，但占销售收入比例仍不到 10%，投入额与台积电比相差一个量级。我国集成电路产业若想实现对发达国家的赶超难度十分巨大。

第十四章 战略性新兴产业发展

2014年我国战略性新兴产业发展驶入快车道，在国家政策和专项资金扶持的推动下，尤其是在贯彻2012年12月31日财政部、国家发展改革委联合印发的《战略性新兴产业发展专项资金管理暂行办法》等文件以来，国家新兴产业创业投资引导基金的设立，引导和推动新兴产业发展、扶持创新型中小企业成长的长效机制的逐步建立完善，七大战略性新兴产业在2014年呈现扩张态势。

第一节 2014年战略性新兴产业的主要政策

2014年有关战略性新兴产业领域的相关政策，在前几年相关扶持政策的基础上，更加注重促进产业创新能力培育和提升，推动技术关键环节和创新平台建设。扶持新兴产业发展的政策更具有针对性和有效性。七大战略性新兴产业具体领域的政策文件陆续出台，有效促进了战略性新兴产业向纵深发展。

一、推进战略性新兴产业发展的政策

2014年国务院各部委纷纷制定出台了各自相关领域的战略性新兴产业支持政策，完善支持渠道，综合运用多种手段，更好地发挥政府的引导作用。各地政府也结合当地产业发展的实际，加强系统科学规划，做好"顶层"设计。

（一）节能环保产业相关政策文件

2014年12月19日，工业和信息化部联合科技部、环境保护部发布《国家鼓励发展的重大环保技术装备目录（2014年版）》，旨在加强环保技术装备研发

与产业化对接，加快新技术、新产品、新装备的推广应用，提高我国环保技术装备水平，引导环保产业发展。《目录》中涵盖大气污染防治、水污染防治、固体废物处理、噪声与振动控制、资源综合利用、环境监测专用仪器仪表、环境污染防治专用材料和药剂、环境污染应急处理八个领域；包括 107 项技术装备，其中开发类 22 项，应用类 31 项，推广类 54 项。

2014 年 4 月 21 日，深圳市人民政府印发了《深圳节能环保产业振兴发展规划（2014—2020 年）》。该规划坚持创新为本、应用拉升，着力增强深圳市节能环保产业核心竞争力，大力提高技术装备、产品、服务水平，加快推动节能环保产业集聚发展。规划明确提出，深圳市节能环保产业产值年均增长 20% 以上，到 2015 年，节能环保产业总产值超过 1200 亿元，到 2020 年，总产值超过 3000 亿元，把深圳市打造成为我国重要的节能环保产业基地和创新中心。

2014 年 8 月 6 日，广东省人民政府办公厅印发《关于促进节能环保产业发展的意见》（粤府办〔2014〕41 号）。意见旨在全面落实《国务院关于加快发展节能环保产业的意见》（国发〔2013〕30 号），大力推进节能减排和生态文明建设，重点加快研发燃气热泵、高效环保节能空调及冰箱压缩机、高效电机、直流变频压缩机、二氧化碳制冷技术、直流变频控制器和软件算法以及压缩机驱动控制器。依托行业协会、龙头企业编制重点领域节能环保产品通用技术标准，指导相关领域节能环保装备逐步实现标准化，加快市场推广应用。

（二）新一代信息技术产业相关政策文件

2013 年 10 月 31 日，国家发展改革委办公厅制定《关于组织开展 2014—2016 年国家物联网重大应用示范工程区域试点工作的通知》（发改办高技〔2013〕2664 号）。该通知明确指出，2014—2016 年，国家发改委要在工业、农业、节能环保、商贸流通、交通能源、公共安全、社会事业、城市管理、安全生产等领域，组织实施一批示范效果突出、产业带动性强、区域特色明显、推广潜力大的物联网重大应用示范工程区域试点项目，支持各地结合经济社会发展实际需求，推动物联网产业有序健康发展。

2013 年 12 月 16 日，工业和信息化部科技司完成了《基于 TD-LTE 技术的专网宽带集群系统总体技术要求（第一阶段）》，通信行业标准报批稿的编制工作。本标准规定了基于 TD-LTE 技术的专网宽带集群系统总体技术要求（第一阶段），包括指导原则、业务和应用场景、详细功能和性能需求、系统架构、接口要求、编号、寻址和编解码器要求等。

2014 年 1 月 22 日，江西省出台《"宽带中国"江西工程实施方案》。根据方案，预计到 2015 年，固定宽带家庭普及率达到 50%，第三代移动通信及其长期演进技术（3G/ LTE）用户普及率达到 33%，有线电视网络互联互通平台覆盖有线电视网络用户比例达到 80%。行政村 100% 实现通宽带，3G 网络 100% 覆盖乡镇，无线局域网 100% 实现城市公共区域热点覆盖，移动通信长期演进技术（LTE）实现规模商用。

2014 年 2 月 20 日，北京市印发《关于进一步促进软件产业和集成电路产业发展若干政策的通知》（京政发〔2014〕6 号）。此通知通过制定软件产业政策和集成电路产业政策，进一步发挥软件产业在首都经济和社会发展中的支撑作用和支柱作用，提升集成电路产业的战略性基础作用。

2014 年 4 月 16 日，福建省人民政府发布《关于数字福建智慧城市建设的指导意见》。该意见指出，到 2016 年，建成全省电子政务公共平台，政务活动普遍实现全流程网络化办理；基本建成智慧城市感知、支撑、服务三大基础平台；交通、环保、安全、旅游、市政等重点领域核心业务实现智慧化应用。到 2018 年，主要管理对象和服务事项智慧化应用覆盖率达到 50%。

2014 年 4 月 25 日，国家发展改革委办公厅与工业和信息化部办公厅制定了《关于组织实施新型平板显示和宽带网络设备研发及产业化专项有关事项的通知》（发改办高技〔2014〕893 号）。此通知主要是通过新型平板显示和宽带网络设备领域的专项重点支持，加快推动我国新型平板显示产业快速发展，落实"宽带中国"战略。

2014 年 4 月 30 日，工业和信息化部、国家发展和改革委员会、教育部、科学技术部、财政部、国土资源部、环境保护部、住房和城乡建设部、交通运输部、农业部、国家卫生和计划生育委员会、国务院国有资产监督管理委员会、国家税务总局、国家新闻出版广电总局等 14 家部委联合制定《关于实施"宽带中国"2014 专项行动的意见》（工信部联通〔2014〕190 号）。此意见以打造新时期我国经济社会发展的战略性公共基础设施为总体目标，重点加强信息基础设施建设，进一步优化宽带发展环境，完善宽带网络覆盖，深化宽带应用普及，提升用户上网体验，持续增强宽带支撑国家经济社会发展、服务百姓民生的基础性作用。

2014 年 5 月 30 日，财政部和工业和信息化部联合印发《国家物联网发展及稀土产业补助资金管理办法》（财企〔2014〕87号）。该办法指出，要规范专项资金的使用管理，资金重点支持物联网技术研发与产业化、应用示范、标准研究与制定、公共服务平台建设、国家级物联网创新示范区建设等领域，充分发挥财政资金的引导和带动作用，促进我国物联网和稀土产业健康、有序发展。

2014年6月24日，国务院印发《国家集成电路产业发展推进纲要》。纲要提出，要积极营造良好发展环境，激发企业活力和创造力，带动基础电路产业链协同可持续发展。明确了推进集成电路产业发展的四大任务。一是着力发展集成电路设计业；二是加速发展集成电路制造业；三是提升先进封装测试业发展水平；四是突破集成电路关键装备和材料。同时，还设立了国家集成电路产业投资基金。

2014年9月21日，宁夏自治区人民政府制定《关于加快推进全区物联网发展的若干意见》。该意见指出，要以构筑"智慧宁夏"为目标，力争用5年左右时间，将我区建设成为物联网技术研发、产品试制、示范应用的重要省区，初步形成优势互补、协同发展、相对完善的产业体系。

2014年10月13日，国家发展改革委与工业和信息化部联合印发《关于印发2014—2016年新型显示产业创新发展行动计划的通知》。通知指出，到2016年，产能利用率保持合理水平，产品结构不断优化，行业资源环境效率显著提高，按面积计算出货量达到世界第二，全球市场占有率超过20%，产业总体规模超过3000亿元。为此，要全面部署加强规划布局，引导集聚发展；实施技术创新，加快前瞻布局；完善产业配套，提升供给水平；创新监管方式，完善产业环境等重点任务。

2014年11月6日，工业和信息化部、国家发展改革委联合印发《关于全面推进IPV6在LTE网络中部署应用的实施意见》。意见指出，要坚持市场主导与政府推动相结合的原则，启动"中国LTEV6工程"，推动产业链打通LTE网络中IPV6端到端应用各环节，形成可推广复制的经验，进一步提升宽带网络基础设施的水平。

2014年11月7日，广东省人民政府办公厅印发《关于印发推进珠江三角洲地区智慧城市群建设和信息化一体化行动计划（2014—2020年）的通知》。针对珠三角地区经济社会发展实际需求，着力推进信息基础设施、公共服务平台、信息网络应用的一体化发展目标。该通知指出，要将珠三角地区建设成为世界级的智慧城市群、国际宽带网络枢纽、全国智慧应用先行示范区、全国信息服务区域中心。

（三）生物产业相关政策文件

2013年11月11日，福建省经贸委、福建省卫生厅、福建省食品药品监管局联合印发《福建省促进生物医药产业发展八项措施》（闽经贸消费〔2013〕800号）。通过制定支持医药企业开拓市场、促进海峡西岸经济区现代生物医药产业链延伸、引进和培育一批大型生物医药集团企业、支持一批新药开发生产、加强生物医药研发能力和公共平台建设、加快现代医药流通体系建设、落实生物医药产业税收优惠政策、培养与引进生物医药领军人才等八项措施；重点扶持涵盖生物技术药物、现代中药、医疗器械、化学药和医药流通领域的生物医药产业，加快构建海峡西岸经济区现代生物医药产业体系。

2014年1月26日，吉林省人民政府印发《吉林省发展生物质经济实施方案》（吉政发〔2014〕2号）。方案提出，吉林省将在生物质能源、生物基化工产品及相关产业发展方面计划实施200个重点项目，到2015年要初步建立原料收储运生物质资源保障供给机制，生物质能源与生物基化工产品研发、中试和产业化快速推进的产业发展机制，政府引导、政策扶持、市场驱动的绿色生产与市场消费机制，聚乳酸、秸秆制糖、生物质液体燃料、固体成型燃料、生物天然气等重大项目实现产业化。

2014年3月7日，国务院办公厅印发《医疗器械监督管理条例》。该条例已经在2014年2月12日国务院第39次常务会议修订通过，修订后的《医疗器械监督管理条例》自2014年6月1日起施行。

2014年8月1日，贵州省人民政府印发《贵州省关于加快推进新医药产业发展的指导意见》（黔府发〔2014〕24号）。指导意见提出，要聚焦龙头企业、知名品牌、高新品种和制造环节，推动生物技术、信息技术、纳米技术等在新医药产业的应用，做强做优中药、民族药，培育发展生物制药、化学药，积极拓展医疗器械产业，大力突破新医药衍生产业，加快构建特色鲜明、布局合理、结构优化、竞争力强的贵州省新医药产业体系，推进产业转型升级，促进新医药产业跨越发展。

2014年11月28日，国家能源局出台《生物柴油产业发展政策》。围绕构建适合我国资源特点，以废弃油脂为主，木（草）本非食用油料为辅的可持续原料供应体系。该政策提出，要建成比较完善的废弃油脂回收利用体系，积极搭建能源作（植）物油料供应模式，进一步优化微藻养殖及油脂提取工艺，加快微藻生物柴油技术突破。

（四）高端装备产业相关政策文件

2013 年 10 月 9 日，国务院办公厅印发《国家卫星导航产业中长期发展规划》（国办发〔2013〕97 号）。该规划针对目前我国卫星导航产业发展现状和基础，合理制定卫星导航产业发展目标，全面推动重点产业发展方向和主要任务，着力关键技术研发和市场培育，提升产业发展整体水平和国际竞争力。

2013 年 10 月 26 日，重庆市人民政府制定《关于推进机器人产业发展的指导意见》（渝府发〔2013〕74 号）。意见提出，要积极推进机器人产业发展园区建设，以焊接、涂装机器人等整机为重点，带动减速器、伺服电机等关键零部件的集聚发展，同时要加强机器人产业相关专业人才培养，搭建公共服务平台。

2014 年 1 月 7 日，湖南省人民政府办公厅印发《关于支持航空装备产业发展的若干政策措施》（湘政办发〔2014〕4 号）。该措施提出，要大力支持航空装备产业基地建设、全面推进航空装备产业集群发展、促进航空装备产业科技创新，加快推动湖南省航空装备产业健康快速发展。

2014 年 3 月 6 日，国家测绘地理信息局印发《关于北斗卫星导航系统推广应用的若干意见》（国测办发〔2014〕8 号）。意见提出，要着力加强"北斗"推广应用的统筹协调，加快"北斗"地面基础设施建设，加强"北斗"应用科技创新，支持"北斗"相关企业发展，着力推动"北斗"行业应用，着力优化"北斗"应用市场环境等工作，以此加快北斗卫星导航系统（以下简称"北斗"）在民用领域的推广应用和产业化发展，维护国家安全和利益。

2014 年 3 月 26 日，湖北省经信委印发《加快全省智能制造装备产业发展行动方案》（鄂经信机械〔2014〕82 号）。此方案是在贯彻执行《省人民政府关于推进装备制造等六个重点产业加快发展的意见》（鄂政发〔2013〕15 号）基础上，进一步通过行动方案，以提升重大智能制造装备集成创新能力为重点，加大智能装置与部件的研发和产业化，突破智能制造关键基础共性技术，推进智能装备产业示范应用，培育龙头企业，壮大自主品牌，全面提升湖北省智能制造装备产业综合竞争力。

2014 年 4 月 24 日，国家发展改革委、财政部、工业和信息化部联合印发《海洋工程装备工程实施方案》（发改高技〔2014〕784 号）。此方案是由国家发展改革委、财政部、工业和信息化部会同科技部、国家海洋局、国家能源局、国资委、教育部、国家知识产权局等部门联合编制的，重点突破深远海油气勘探装备、钻井装备、生产装备、海洋工程船舶、其他辅助装备以及相关配套设备和系统的设计制造技术，加强创新能力建设和工程示范应用，加快推进海洋工程装备发展。

2014年5月21日，重庆市人民政府印发《关于发展通用航空产业的意见》（渝府发〔2014〕22号）。意见提出，以构建通用航空全产业链为出发点，以企业为主体，发挥政府引导和促进作用，积极有序推进通用航空基础设施建设，大力发展通用航空器制造、通航飞行、教育培训、应急救援等各项产业，实现通用航空产业一体化、建设运营市场化，努力把通用航空培育发展成为重庆的新兴产业。

2014年9月18日，长沙市人民政府办公厅印发《工业机器人产业发展三年行动计划（2015—2017年）》（长政办函〔2014〕150号）。此计划提出要通过技术引进和自主开发，加快突破机器人本体及核心零部件设计加工技术，推进工业机器人产业化，提升工业机器人产业综合竞争力。

（五）新能源产业相关政策文件

2013年12月27日，国家海洋局印发《海洋可再生能源发展纲要（2013—2016年）》（国海科字〔2013〕781号）。针对目前我国海洋可再生能源技术积累明显不足，开发利用海洋能的技术经济性相比风电、太阳能等其他新能源还有较大差距，技术创新体系尚不健全等问题，纲要提出了到2016年，我国海洋可再生能源产业发展的目标、重点任务以及保障措施。

2013年12月28日，内蒙古自治区经济和信息化委员会出台了《内蒙古自治区2013~2020年太阳能发电发展规划》（内发改能源字〔2013〕2730号）。规划制定了全区太阳能发电发展的指导思想和基本原则，明确了太阳能发电的发展目标、开发利用布局和建设重点。

2014年2月26日，工业和信息化部办公厅和国家开发银行办公厅联合印发《关于组织推荐2014年光伏产业重点项目的通知》（工信厅联电子函〔2014〕116号）。通过建立支持光伏产业重点项目发展的合作机制，重点支持光伏关键技术研发及产业化项目、光伏企业技术改造项目、光伏企业兼并重组项目、分布式光伏系统应用项目、对外投资及技术引进项目。

2014年4月21日，上海市发改委、财政局印发《上海市可再生能源和新能源发展专项资金扶持办法》。着力进一步支持上海市可再生能源和新能源发展，推进节能减排和能源结构优化调整，带动和促进战略性新兴产业发展。

2014 年 6 月 19 日，国家发展改革委制定《关于海上风电上网电价政策的通知》（改价格〔2014〕1216 号）。通知提出，要通过价格政策促进海上风电产业健康发展，鼓励和引导优先开发优质资源。

2014 年 7 月 7 日，大庆市人民政府出台《关于促进光伏产业发展的若干意见（试行）》（庆政发〔2014〕8 号）。意见旨在进一步促进大庆市产业升级和城市升级，推动传统能源向新能源转型，巩固大庆能源城市品牌，加快光伏产业发展。

2014 年 10 月 28 日，国家能源局出台《关于规范光伏电站投资开发秩序的通知》。通知指出，要优先安排结合扶贫开发、生态保护、污染治理、设施农业、渔业养殖等建设的具有综合经济效益和社会效益的光伏电站项目。

2014 年 12 月 19 日，陕西省政府发布《关于示范推进分布式光伏发电的实施意见》（陕政发〔2014〕37 号）。意见指出，从 2014 年起陕西省每年规划建设 100MW 分布式项目，以创建国家新能源示范城市为契机，建设 6 个分布式光伏发电示范区，50 个光伏发电应用示范镇、文化旅游名镇（街、区）及示范村。

（六）新材料产业相关政策文件

2013 年 11 月 7 日，工业和信息化部印发《加快推进碳纤维行业发展行动计划》（工信部原〔2013〕426 号）。本计划提出，要着力突破关键共性技术和装备，发展高性能碳纤维产品；加强现有生产工艺装置的技术改造，实现高质量和低成本稳定生产；积极培育碳纤维及其复合材料下游市场，促进上下游协调发展，以此加快构建技术先进、结构合理、上下游协调、军民融合发展的碳纤维产业体系。

2014 年 5 月 29 日，宁波市制定《石墨烯技术创新和产业发展中长期规划（2014—2023）》。本规划提出，用 10 年的时间将宁波打造成为全国乃至全球领先的石墨烯技术创新引领区、产业发展先导区、应用示范先行区，基本形成相对完备的产业体系，实现石墨烯原料制备与产品开发、终端应用的联动发展。同时，全面部署产业集群培育工程、产业技术创新工程、重大项目与示范工程、产业主体培育工程、空间载体优化工程等五大重点任务。

2014 年 10 月 23 日，国家发展改革委、财政部、工业和信息化部三部门联合印发《关键材料升级换代工程实施方案》（发改高技〔2014〕2360 号）。该方案提出，要选择一批产业发展急需、市场潜力巨大且前期基础较好的关键新材料，支持产业链上下游优势互补与协同合作，加快新材料技术创新成果产业化和规模应用，提升我国新材料产业化和规模应用能力与效率，推动我国新材料产业做大做强。

（七）新能源汽车产业相关政策文件

2014年1月28日，财政部、科技部、工业和信息化部、发展改革委联合印发《关于进一步做好新能源汽车推广应用工作的通知》（财建〔2014〕11号）。通知规定，从2014年1月1日起开始执行纯电动乘用车、插电式混合动力（含增程式）乘用车、纯电动专用车、燃料电池汽车年度补助标准：2014年在2013年标准基础上下降5%，2015年在2013年标准基础上下降10%，以此加快新能源汽车产业发展，推进节能减排。

2014年4月2日，四川省发展和改革委员会印发关于《四川省"十二五"清洁汽车产业发展规划》（川发改产业〔2012〕271号）。规划提出，要充分发挥四川省资源及产业优势，重点发展天然气汽车，积极扩大应用范围，推进代用燃料及新能源汽车研发应用，着力建设网络完善、安全经济的清洁汽车应用体系，把四川省建成国内领先的清洁汽车产业基地。

2014年4月25日，江苏省政府出台《关于加快新能源汽车推广应用的意见》（苏政发〔2014〕51号），把该省南京、常州、苏州、南通、盐城、扬州等6个市列入国家2013年至2015年新能源汽车推广应用城市范围，其中2014年计划推广新能源汽车5321辆。意见提出包括对新能源出租汽车推行公司化经营，省质监局开展新能源汽车标准化示范、技术质量检验检测以及充换电设施计量检定工作等多项内容。

2014年6月18日，广东省发改委制定《关于加快推进珠江三角洲地区新能源汽车推广应用的实施意见》（粤发改高技术〔2014〕345号）。该意见指出，广东省新能源汽车要实现规模化应用，推动珠三角地区公交电动化，初步建成冲换电基础设施网络等多项目标。

2014年7月14日，国务院办公厅印发《关于加快新能源汽车推广应用的指导意见》（国办发〔2014〕35号）。意见强调，要以纯电驱动为新能源汽车发展的主要战略取向，重点发展纯电动汽车、插电式（含增程式）混合动力汽车和燃料电池汽车，以市场主导和政府扶持相结合，建立长期稳定的新能源汽车发展政策体系。

2014年7月30日，国家发展改革委制定了《关于电动汽车用电价格政策有

关问题的通知》，通知明确，对经营性集中式充换电设施用电实行价格优惠，执行大工业电价，确定对电动汽车充换电设施用电实行扶持性电价政策。

2014年9月24日，工业和信息化部、国家发展和改革委员会、科技部、财政部、环境保护部、住房和城乡建设部、国家能源局联合印发《京津冀公交等公共服务领域新能源汽车推广工作方案》。本方案提出，初步试点京津冀城际间新能源汽车客运、货运新模式；在车辆招标采购、充电网络规划与充电设施建设等方面加强京津冀区域协作。加强区域间经验交流，探索建立区域间联合工作机制。适度超前规划建设京津冀公共服务充电网络，大力推动新能源汽车在京津冀地区公交等公共服务领域的推广应用。

2014年12月30日，财政部、科技部、工业化和信息化部、国家发展改革委出台《关于2016—2020年新能源汽车推广应用财政支持政策的通知》（财建〔2014〕842）号。根据方案，补助标准主要依据节能减排效果，并综合考虑生产成本、规模效应、技术进步等因素确定。其中：纯电动乘用车按照续驶里程，纯电动公交客车按照能量消耗量，纯电动专用车按照电池容量大小分档予以补助，超级电容公交客车、燃料电池汽车等车型采取定额补助的方式。鼓励优势企业规模化生产，降低成本，加快推动产业化进程。

二、重点政策分析

（一）《国家集成电路产业发展推进纲要》，全力推动集成电路产业跨越式发展

《国家集成电路产业发展推进纲要》是由工业和信息化部、发展改革委、科技部、财政部等部门共同编制的，2014年6月24日由国务院正式批准发布实施。纲要是在全球集成电路产业竞争格局进入重大调整期的背景下出台的，当前，新一轮科技和产业变革，推动全球移动智能终端及芯片快速发展，将强有力地推动全球集成电路产业发生重大调整变革。世界各国纷纷加快调整基础电路产业格局，资源要素加速向优势企业集中，急欲抢占未来全球集成电路科技竞争的制高点。像三星、英特尔等行业龙头企业加速资源整合、兼并重组，加强上下游资源整合和产业链核心环节控制，试图拉大与竞争对手的差距。从国内来看，国内集成电路产业集中度低。目前，我国芯片设计企业已超过500家，但呈现出数量多、规模小的特点；行业集中偏低，真正具备一定国际竞争力的骨干企业不多，难以保

障我国信息安全形成有力支撑。与先进国家（地区）的集成电路发展水平相比，与国际上大型芯片设计公司相比，无论从创新能力上，还是从产值上，仍然存在较大差距。据 IC Insights 市场研究公司统计，目前在全球 25 家最大的芯片设计公司中，美国企业占到 68%（美国公司共 17 家），没有一家中国（中国台湾地区除外）集成电路设计公司进入排行榜。国内集成电路产品长期以来大量依赖进口，远远不能满足国民经济和社会发展以及国家信息安全建设的需要，仅 2013 年国内集成电路进口量就高达 2310 多亿美元，成为我国最大的进口商品之一。在这样复杂严峻的大背景下，国务院印发了《国家集成电路产业发展推进纲要》，提出积极营造良好发展环境，激发企业活力和创造力，加快国内集成电路企业发展和提高产业核心竞争能力，全面促进基础电路产业链协同可持续发展，已成当务之急。

纲要指出，发展集成电路产业主要还是靠市场的理论，走市场化道路。突出市场在资源配置中起决定性作用，充分发挥企业的主体地位，建立健全以需求为导向，以技术创新、模式创新为体制的机制。到 2015 年，建立与集成电路产业规律相适应的管理决策体系、融资平台和政策环境，全行业销售收入超过 3500 亿元。到 2020 年，国内集成电路产业与国际先进水平的差距逐步缩小，全行业销售收入年均增速超过 20%，企业可持续发展能力大幅增强。到 2030 年，集成电路产业链主要环节达到国际先进水平，一批企业进入国际第一梯队，实现跨越发展。

纲要全面部署推进集成电路产业发展的主要任务和发展重点，着力从集成电路设计业、集成电路制造业、先进封装测试业、集成电路关键装备和材料等方面来推动集成电路产业重点突破和整体提升，全力推动集成电路产业跨越式发展，为加快经济新常态下转变发展方式、保障国家安全、提升国家综合竞争力提供强有力的支撑。为保障纲要的顺利推进，在工作层面，设立了国家集成电路产业投资基金，基金总规模逾千亿元，是目前政府设立的产业投资基金中最大的一支，先后注册成立运营基金管理公司和基金公司。国家集成电路产业投资基金的设立，是一条改进财政资金支持方式的新路径，实现了国家意志与市场机制的有机结合。

（二）《国家卫星导航产业中长期发展规划》，有力推动北斗卫星导航系统规模化应用

2013 年 10 月 9 日，国务院办公厅印发《国家卫星导航产业中长期发展规划》（国办发〔2013〕97 号）。该规划的出台，将对加快我国全球卫星导航系统建设，推动民用应用系统向北斗卫星导航系统的转移，促进我国卫星导航产业健康可持续发展有重要的意义。目前，国际上卫星导航产业发展迅猛，全球竞相建设卫星导航系统，产业融合发展加速演进。美国进一步强化完善全球定位系统（GPS），俄罗斯、欧盟、日本和印度等自主研发的卫星导航系统也竞相发展。国际卫星导航产业呈现出从以导航应用为主向导航与移动通信、互联网等融合应用转变，从终端应用为主向产品与服务并重转变等重要趋势。近几年来，虽然我国卫星导航产业取得全球瞩目的发展，但是自主创新能力薄弱、国内卫星导航系统建设明显滞后、地面应用基础设施整体能力不足与重复建设并存、产业发展环境有待于进一步完善等问题依然突出。在这样的背景下，紧紧抓住和用好卫星导航产业发展的战略机遇，制定《国家卫星导航产业中长期发展规划》，推动我国卫星导航产业快速发展，为经济社会可持续发展提供支撑。

规划坚持"市场主导，政策推动；夯实基础，强化创新"的原则。借鉴全球主要国家卫星导航产业发展的成功经验，推进卫星导航产业发展，根本上还是要走市场化道路，依靠市场的力量，要以市场需求为牵引，充分发挥市场配置资源的基础性作用。政府的作用主要体现在为产业创造良好的环境，提供优质公共服务、维护市场秩序、加强市场监管、保障社会公平等职责，通过市场主导和政府引导、调整存量和做优增量、创新供给和激活需求，加快产业结构调整和转型升级。同时，规划强调，国内卫星导航产业的发展要加强重大基础设施建设、计量标准体系建设、知识产权保护利用和人才培养，夯实产业发展基础。加强技术与应用、商业模式与产业组织创新，推动形成卫星导航产业融合发展的新模式。

通过多种手段来加强规划的实施。一是绕产业发展的重点领域和薄弱环节，规划明确了卫星导航产业发展的重要任务，如完善导航基础设施、突破核心关键技术、推行应用时频保障、促进行业创新应用、扩大大众应用规模、推进海外市场开拓，等等。二是组织实施五大重点工程：增强卫星导航性能的基础工程、提升核心技术能力的创新工程、推进重要领域应用的安全工程、推动产业规模发展的大众工程、开拓全球应用市场的国际化工程，以加快培育和发展卫星导航产业。三是采取强有力的保障措施。规划通过加强组织协调，发布国家政策，完善政策法规，加强标准建设，加大公共投入等手段，切实落实各项重点任务，营造良好的卫星导航产业发展环境。

第二节 2014年战略性新兴产业发展的主要情况

一、战略性新兴产业整体保持快速增长

2014年，在习近平总书记"逐步增强战略性新兴产业的支撑作用"战略要求指导下，各级政府部门先后出台实施一系列政策措施促进节能环保、新一代信息技术、生物产业、新能源、新能源汽车、高端装备制造业和新材料等七大战略性新兴产业快速增长。从新一代信息技术产业看，2014年，软件和信息技术服务业的软件业务收入共计3.7万亿元，同比增长20.2%，其中新兴信息技术服务比重继续提高，信息技术咨询服务、数据处理和存储类服务分别实现收入3841亿元和6834亿元，同比增长22.5%和22.1%，增速较全行业平均水平分别高出2.3和1.9个百分点；[1]2014年，以新一代信息技术为重要支撑的信息消费规模达到2.8万亿元，带动了相关产业1.2万亿元的发展，对GDP贡献达到0.8个百分点。从新能源产业看，2014年太阳能、风能以及核能发电主营收入增速分别为53.5%、7.5%、17.5%，而同年的传统火力发电增速仅为2.3%。从生物医药产业看，2014年医药制造业、医疗器械设备制造业主营收入增速分别为13.5%和15.2%。从节能环保产业看，环保装备制造业发展迅猛，2014年全国环保装备制造业实现产值5111亿元，同比增长14%左右，提前一年完成了《环保装备"十二五"发展规划》提出的"2015年达到5000亿元"的目标；全国规模以上高技术制造业增加值同比增长12.3%，比规模以上工业高4个百分点，高技术制造业利润增长15.5%，比同期规模以上工业高12.1个百分点。

二、技术水平提升推动新的增长点不断涌现

新兴技术在新一代信息技术、生物技术、新材料、新能源等众多新兴产业不断涌现，为全球财富的创造提供广阔的平台。新一代信息技术领域，信息技术继续朝着更快、更智能、更广泛的方向发展。高速光纤网络和高速无线网络建设为信息应用业务发展开辟了更加广阔的空间。第四代移动通信技术走向规模化应用，第五代移动通信技术开发取得突破；超级计算机运算速度不断刷新纪录，量子

---

[1] 工业和信息化部：《2014年软件和信息技术服务业运行报告》。

通信和量子计算机开发热情不减；新的信息储存技术不断提高信息储存量和储存时间；多项 3D 显示技术的突破加快了人类进入裸视 3D 时代的步伐；人工智能技术层出不穷，使人类利用信息更加便捷和智能。高端装备制造领域，未来高附加值与资源节约成为先进制造业的发展方向；网络化、数字化、智能化、无人化是机器人技术发展的重要趋势；3D 打印对混合材料技术提出新要求；数控技术向智能化、开放式、网络化方向发展。新能源领域，可再生能源技术的创新发展推动全球能源结构不断优化，核能能源加快向可持续性、安全性、可靠性和经济性发展；智能电网技术为可再生能源规模化接入和智能化输配提供重要基础。新材料领域，特种金属功能材料中的稀土功能材料向精细化、高端化发展，稀有金属材料向多元化发展，半导体材料向高纯度、大尺寸、低缺陷、高性能发展；高端金属结构材料中的高品质特殊钢向高性能、专用性方向发展；新型轻合金材料向轻质、高强、大规格发展。生物产业领域，工业生物技术趋向过程集成优化，未来生物技术将为制造业提供更多新材料。2014 年，战略性新兴产业的新技术、新产品、新业态和新需求不断涌现，快速发展的新兴技术和产品创新使国内需求在经济增长中发挥更大作用，不断形成新的经济增长动力。

三、企业国际竞争力持续提升

在新兴产业的细分领域，关键技术的突破带动企业国际竞争力得到提升。6500 伏高压 IGBT 芯片及其模块集成电路产品的研制成功，促使中国南车的规模化生产能力、功率半导体产品成套技术及产品市场应用水平在国际上居于前列，为企业国际市场的开拓奠定了基础。五轴联动加工中心的研制成功使其智能装备精度水平达到国际先进水平，提升了珠海旺磐公司的国际竞争力。青岛云路新能源科技有限公司自主研制非晶带材延伸产品球形晶墨等新材料，该技术对改变我国 3D 打印行业新型材料进口依赖程度高的局面发挥重要作用。在互联网领域，基础研究能力不断加强。超级计算机方面，2014 年天河二号以峰值计算速度每秒 5.49 亿亿次、持续计算速度每秒 3.39 亿亿次双精度浮点运算的优异性连续第三次获得冠军。服务器方面，浪潮自主研发了我国首个大型关键应用主机操纵系统。光纤传输方面，武汉邮科院完成了距离为 2240 公里的 $168 \times 103GB/s$ 光纤传输，可实现 2.2 亿对人在一根光纤上同时通话。移动互联网方面，我国有自主知识产权的 TD-LTE 标准被 ITU 确立为 IMT-Advanced（4G）国际标准，并成为越来越多国家和地区运营商采用的 4G 标准。腾讯基于开源的 Hadoop 和 Hive 构建的分布式数据仓库，单集群规模达到 4400 台，CPU 总核数达到 10 万左右，存储容量达到 100PB；阿里巴巴基于 Hadoop 搭建的"云梯"系统集群实现了跨数据中心的数据分布和共享，成为集团及各子公司进行业务数据分析的基础平台；百度在 GPU 计算效率提升、海量数据处理、语音识别等深度学习方面的研究能力大幅提升，提交国家专利 22 项。在技术创新的带动和支撑下，阿里巴巴市值已经达到 2314.4 亿美元，成为全球第 2 大互联网公司，并超过摩根大通、Facebook 和 IBM 成为全美第 15 大上市公司；腾讯市值也在 2014 年 3 月突破 1500 亿美元，并在全球百大最有价值品牌帮中排名第 14，品牌价值较上年增长 97%，达到 536 亿美元。

四、国内外市场开拓步伐不断加快

扩大内需的政策鼓励和引导新兴产业加快创新，企业创新产品和项目可以享受相关财政补贴和信贷融资优惠政策支持，国内市场更加广阔。"走出去"相关政策的实施，鼓励新兴产业的企业积极开拓海外市场。"鼓励通信、铁路、电站等大型成套设备出口、让中国装备享誉世界"的战略在 2014 年度《政府工作报告》中提出。烽火通信在 2014 年组织专家到海外巡讲，在亚非拉美和中东国家，宣传烽火通信的研究成果，推动通信领域的产品和服务进入国际市场。中国铁路总公司加快走出去步伐，在铁路通道和高速铁路领域，不断拓宽国际市场。国核公司、中广核和中核集团等企业通过设立联盟，共建平台等手段，"抱团"推进核电装备走出去。

五、不断营造更加宽松的产业发展环境

2014 年，国家政策对战略性新兴产业的扶持力度加大，产业发展环境更为有利。2014 年 2 月，国务院发布《关于取消和下放一批行政审批项目的决定》，其中提出要放宽新一代信息技术等新兴产业的行政审批，为新兴产业发展创造更加宽松的市场环境。国务院常务会议上，提出扩大资本市场开放，促进互联网金融健康发展；决定成倍扩大中央财政对新兴产业创投引导资金规模，实现引导资金有效回收和滚动使用,破解创新型中小企业融资难题。各部委也相继出台政策，如工业和信息化部等 14 部门联合下发《关于实施"宽带中国"2014 专项行动的

意见》，国家发展改革委、财政部、工业和信息化部联合印发《海洋工程装备工程实施方案》，工业和信息化部印发《2014 年物联网工作要点》等，促进新兴产业的发展。从具体领域来看，为促进新一代信息技术产业发展，工业和信息化部发布了《关于向民营资本开放宽带接入市场、开展三网融合有关工作的通知》，研究起草了促进大数据和跨境电子商务发展的措施。在通用航空领域，进一步下放通用航空机场和通用飞机制造项目核准权限，扩大低空空域管理改革试点范围。在新能源领域，发布了《新建电源接入电网监管暂行办法》，以及落实分布式光伏发电政策、加强光伏电站运行和管理、优化光伏企业兼并重组等政策，通过改革解决产业发展中面临的入网难等瓶颈问题。在新能源汽车领域，国务院发布了《关于加快新能源汽车推广应用的指导意见》，建立了促进产业发展的长效机制。各地也结合产业发展的现实需要，出台激励措施。如北京印发了《北京技术创新行动计划（2014—2017 年）》《进一步促进软件产业和集成电路产业发展若干政策的通知》；贵州省人民政府印发了《关于加快大数据产业发展应用若干政策的意见》《贵州省大数据产业发展应用规划纲要(2014—2020 年)》；上海印发了《关于加强上海市战略性新兴产业知识产权工作的实施意见》；江西在南昌召开战略性新兴产业推进工作会。在政策利好下，各地新兴产业保持良好发展势头。

第三节　面临的问题与挑战

一、部分新兴产业出现成长性产能过剩

目前，传统产业产能过剩尚在加快去产能化进程中，部分新兴产业产能过剩现象也已初露端倪。从具体行业来看，多晶硅、光伏电池、风电设备和煤化工行业是产能过剩现象比较严重的新兴行业，其中部分行业过剩程度较高，多晶硅行业、光伏行业和风电设备行业的产能利用率分别是 35%、57% 和 67%，产能过剩程度可见一斑。从新兴产业的发展过程看，成长性过剩是产业发展的必经阶段，在市场需求拓展过程中，过剩情况会逐渐得到缓解。在低技术水平上重复发展是目前我国新兴产业的成长性过剩需要重点关注的一个问题，这是由部分重点行业中的核心技术缺失造成的，这一现象在光伏和多晶硅行业尤为突出。

二、部分领域仍然缺乏核心技术

掌握关键技术是发展战略性新兴产业的重要基础。经过多年发展，我国战略性新兴产业的技术水平已实现快速发展和提升，在新一代信息技术、生物医药等领域，我国技术水平已达到世界先进水平，但是在很多领域，我们仍没有掌握关键和核心技术，与国际领先水平相距甚远。以新能源技术为例，我国的新能源产业起步并不算晚，又有国家的大力支持，部分产业的发展已经形成规模，但是整体上看，我国对新能源产业的核心技术掌握还远远不够，在关键部件领域进口依赖度依然很高，比如风电电机组的控制系统和关键轴承仍然需要进口，兆瓦级风电机组的国产化率不足三成，风电发展中技术上仍然受制于人。另外，新能源领域发展状况也水平不一，生物质能产业刚刚起步，产业体系尚不健全。

三、龙头企业引领功能尚未发挥

战略性新兴产业的培育和发展对于经济社会全局和长远发展要具有战略引导和引领带动作用。近年来，政府的积极引导和市场的推动促使新兴产业涌现出一批具有潜力和活力的企业，规模也不断发展壮大，但总体而言，目前国内大部分战略性新兴产业还缺少具有国际竞争力的龙头企业。究其原因，一是因为企业对研发的资金投入不充足，从《2013年全球药企研发开支排行榜》中中国生物医药企业交出白卷可以看出，国内生物医药企业研发投入与国外企业差距巨大。对国内药企来说，几十亿美元的研发投入让起步较晚、资金积累并不充裕、需要在短周期内取得收益的国内企业无力承受。另外，还有缺失核心技术能力的原因。在新材料领域，我国尚不具备高端原材料粉体制备的关键技术，国内企业对进口依赖程度高，生产新型陶瓷复合材料必须从国外进口原材料，使我国企业在国际市场上的竞争力受到影响。另外，部分新兴产业的国际市场占有率较低。以机器人市场为例，2013年，我国工业机器人销售量为36860台，增速达到41%，成为全球第一大机器人市场。但从企业市场占有率来看，瑞士、日本、德国的四家企业占据了70%左右的市场份额，而我国企业占市场比尚不足一成。

四、资本市场难以支撑新兴产业快速发展

战略性新兴产业的发展需要全方位的政策支持，形成一个政策支撑体系。从"十二五"规划到促进战略性新兴产业发展的各种政策文件中，几乎都提及要积

极培育和完善资本市场对新兴产业的支撑作用。但从政策效果来看，目前我国的资本市场还难以支撑新兴产业的快速发展。2014年，我国阿里巴巴、新浪微博、乐居、途牛、聚美优品、京东商城等互联网企业相继到境外上市，这一现象也侧面反映出我国资本市场的健全程度与新兴产业发展需要之间的矛盾。以阿里巴巴为例，由于阿里巴巴采用了"协议控制"（VIE）架构，在国内上市就需要将境外权益转到境内，过程中涉及系列协议的终止、废除等诸多法律问题，需要付出巨大代价。另外，雅虎与阿里巴巴之前曾达成协议，只有阿里巴巴在2015年底之前上市，才能回购雅虎剩余股份的50%。国内IPO虽然开闸，但是由于审核进程缓慢，阿里巴巴如果通过IPO上市或将逾期。新兴产业和新产品、新业态的创新投入、运作方式、盈利模式等都与传统产业有较大区别，我国资本市场现有体制机制以及金融系统创新能力不足，针对新兴产业的专业化金融服务不足，无法满足新兴产业众多企业快速发展的融资需求。

第十五章　工业设计服务业发展

工业设计是生产性服务业的重要组成部分，是衡量一个国家工业竞争力的重要指标之一。党的十八大明确提出要加快转变经济发展方式，推动经济结构战略性调整，推动服务业特别是现代服务业发展壮大。在国民经济步入三期叠加的"新常态"背景下，大力发展以创新为核心价值的工业设计，是加快转变经济发展方式，实施创新驱动发展战略，坚持走中国特色新型工业化道路，助力我国经济提质增效升级的重要举措。

第一节　2014年工业设计产业的主要政策

在当今经济全球化的时代背景下，随着高新技术产业和现代服务业的发展，为顺应国际竞争环境及国际市场需求的变化，我国经济也必将从低成本时代进入高成本时代，企业原有的成本优势正逐渐消失，以往劳动密集型的产业结构将向技术密集型、智力密集型转变。我国的工业设计产业近年来在这一转变过程中得以迈向高速发展时期，并且初步具备了适合自身发展的专业技术、政策环境以及社会环境。

一、国家促进工业设计加快发展的政策情况

2014年，在前期各项政策持续实施的基础上，结合我国经济出现的新特点，从中央到地方各级政府接连出台政策措施，促进工业设计加快发展，助推创新驱动发展战略的实施。

（一）《国务院关于推进文化创意和设计服务与相关产业融合发展的若干意见》

随着我国工业化、信息化、城镇化及农业现代化进程的不断加快，设计服务已渗入经济生活的各个领域，且呈现出与装备制造、消费品、电子信息等多个领域融合发展的态势。为进一步推动文化创意和设计服务与相关产业融合发展，2014年2月26日，国务院发布了《关于推进文化创意和设计服务与相关产业融合发展的若干意见》（国发〔2014〕10号）。文件在加快转变经济发展方式和全面建成小康社会的总体要求下，提出了到2020年的具体发展目标，明确了塑造制造业新优势、加快数字内容产业发展、提升人居环境质量、提升旅游发展文化内涵、挖掘特色农业发展潜力、拓展体育产业发展空间、提升文化产业整体实力等七项重点任务。通过增强创新动力、强化人才培养、壮大市场主体、培育市场需求、引导集约发展、加大财税支持、加强金融服务、优化发展环境等八项政策措施，切实提高文化创新和设计服务的核心竞争力。[1]

工业设计作为设计服务的重要内容，关于工业设计与相关产业融合发展推动情况，10号文件在重点任务与政策措施中多次予以明确。重点任务方面，为塑造制造业竞争新优势，推动工业设计面向综合性设计服务发展，文件提出"支持基于新技术、新工艺、新装备、新材料、新需求的设计应用研究，促进工业设计向高端综合设计服务转变，推动工业设计服务领域延伸和服务模式升级"。对于工业设计与装备制造业和消费品工业的融合发展，文件中提出，"汽车、飞机、船舶、轨道交通等装备制造业要加强产品的外观、结构、功能等设计能力建设。以打造品牌、提高质量为重点，推动生活日用品、礼仪休闲用品、家用电器、服装服饰、家居用品、数字产品、食品、文化体育用品等消费品工业向创新创造转变，增加多样化供给，引导消费升级"。[2]

政策措施方面，文件强调"深入实施知识产权战略，加强知识产权运用和保护，健全创新、创意和设计激励机制"，强化知识产权的运用和保护。通过"规范和鼓励举办国际化、专业化的创意和设计竞赛活动，促进创意和设计人才的创新成果展示交易"，"推进职业技能鉴定和职称评定工作"，培养工业设计人才。文件"鼓励有条件的大型企业设立工业设计中心，建设一批国家级工业设计中心"，[3]加强

[1] 中国政府网,http://www.gov.cn/zhengce/content/2014-03/14/content_8713.htm。
[2] 中国政府网,http://www.gov.cn/zhengce/content/2014-03/14/content_8713.htm。
[3] 中国政府网,http://www.gov.cn/zhengce/content/2014-03/14/content_8713.htm。

工业设计中心服务企业的能力。此外，文件还辅以财税、金融等相关政策，优化工业设计发展的外部环境，推动工业设计服务加快发展。

（二）《国务院关于加快发展生产性服务业促进产业结构调整升级的指导意见》

2014年7月28日，国务院发布了《关于加快发展生产性服务业 促进产业结构调整升级的指导意见》（国发〔2014〕26号），对加快生产性服务业发展做出全面部署。在现阶段，我国生产性服务业重点发展研发设计、第三方物流、融资租赁、信息技术服务、节能环保服务、检验检测认证、电子商务、商务咨询、服务外包、售后服务、人力资源服务和品牌建设等十一项任务。其中研发设计作为首项重点任务予以明确。针对工业设计发展，文件具体提出，"积极开展研发设计服务，加强新材料、新产品、新工艺的研发和推广应用。大力发展工业设计，培育企业品牌、丰富产品品种、提高附加值。促进工业设计向高端综合设计服务转变。支持研发体现中国文化要素的设计产品。整合现有资源，发挥企业创新主体作用，推进产学研用合作，加快创新成果产业化步伐。鼓励建立专业化、开放型的工业设计企业和工业设计服务中心，促进工业企业与工业设计企业合作。完善知识产权交易和中介服务体系，发展研发设计交易市场。开展面向生产性服务业企业的知识产权培训、专利运营、分析评议、专利代理和专利预警等服务。建立主要由市场评价创新成果的机制，加快研发设计创新转化为现实生产力。"[1]文件从培育品牌、整合资源、产学研用结合、设计成果产业化、知识产权保护等方面，重点支持工业设计健康快速发展。

（三）《国务院关于加快科技服务业发展的若干意见》

2014年10月9日，国务院发布了《关于加快科技服务业发展的若干意见》，首次对科技服务业发展作出全面部署。重点发展的研究开发、技术转移、检验检测认证、创业孵化、知识产权、科技咨询、科技金融、科学技术普及等专业科技服务和综合科技服务，促进设计发展作为研究开发的重要组成部分。文件明确了"支持发展产品研发设计服务，促进研发设计服务企业积极应用新技术提高设计服务能力"[2]，以研发设计服务促进科技服务业快速发展。

---

[1] 中国政府网，http://www.gov.cn/zhengce/content/2014-08/06/content_8955.htm。
[2] http://www.scio.gov.cn/xwfbh/xwbfbh/wqfbh/2015/20150203/xgbd32546/Document/1393970/1393970.htm。

二、各地方有关政策措施

全国各地高度重视工业设计在推动工业转型升级中的作用，认真贯彻落实2014年关于促进工业设计发展的决策部署，创造出大量特色鲜明、卓有成效的形式。2014年，北京、上海、天津、浙江、江苏、福建、安徽等省市结合本地区实际，陆续出台相关政策措施，促进设计服务特别是工业设计与本地产业融合发展。本年度各地制定政策的特点是更多围绕《关于推进文化创意和设计服务与相关产业融合发展》文件在各地区的具体化和目标化。

北京市于2014年9月5日发布了《北京市文化创意产业提升规划(2014—2020年)》，提出搭建创新产业平台，建设一批国家级工业设计中心，建立设计资源共享平台，建立行业协会联合机制，推动企业与设计公司对接，推动相关产业发展。文件的出台，为北京打造"设计之都"提供了有力支撑。

上海市于2015年1月28日印发了《上海市政府关于贯彻〈国务院关于推进文化创意和设计服务与相关产业融合发展的若干意见〉的实施意见》(沪府发〔2015〕1号)，注重提升制造业能级和比较优势，围绕高端化、集约化、服务化、融合化发展要求，结合新材料、新技术、新工艺的应用，加快工业设计等生产性服务业的发展。

天津市于2014年8月29日印发了《天津市关于贯彻落实〈国务院关于推进文化创意和设计服务与相关产业融合发展的若干意见〉工作方案》(津发改服务〔2014〕686号)，明确了工作目标、工作任务分工、时间节点，编制行动计划，建立工作机制，着力打造北方创意之都。

浙江省为顺应工业设计升级发展的新趋势、新特点，适应产业转型升级的新形势、新要求，推动工业设计加快发展，2014年12月23日，浙江省人民政府发布了《浙江省人民政府办公厅关于加快推进工业设计发展的指导意见》(浙政办发〔2014〕154号)。通过四项发展重点，促进产品、行业应用、制造方式和商业模式、系统及成套装备的升级换代。鼓励工业设计发展扶持政策创新，着力营造有利于工业设计发展的市场环境、社会环境及产业生态等。依托区域发展特色，强化工业设计发展优势。

江苏省为贯彻国务院《关于推进文化创意和设计服务与相关产业融合发展的意见》文件精神，加强工业设计中心的发展建设，于2014年8月22日发布了《关于开展2014年江苏省工业设计中心和工业设计示范园、示范企业认定工作的通知》(苏经信运行〔2014〕561号),开展2014年全省工业设计中心和工业设计示范园、示范企业认定工作,引导和推动本省工业设计和制造业融合发展,促进产业转型升级。

福建省于2014年10月28日印发了《福建省人民政府关于推进文化创意和设计服务与相关产业融合发展八条措施的通知》(闽政〔2014〕54号),以具体措施大力推进包括工业设计在内的设计服务加快发展,特别是在资金支持方面提出了较为细化的激励方式。

安徽省于2014年11月26日印发了《安徽省推进文化创意和设计服务与相关产业融合发展行动计划》,明确了到2020年的发展目标,提出了制造业提升工程,在建立设计研发中心,打造公共服务平台,支持重大科技攻关任务等方面均提出明确要求。

表 15-1　部分省市促进工业设计发展的政策措施

省市	发布时间	政策措施
北京	2014年9月5日	北京市文化创意产业提升规划(2014—2020年)
上海	2015年1月28日	上海市政府关于贯彻《国务院关于推进文化创意和设计服务与相关产业融合发展的若干意见》的实施意见
天津	2014年8月29日	天津市关于贯彻落实《国务院关于推进文化创意和设计服务与相关产业融合发展的若干意见》工作方案
江苏	2014年8月22日	关于开展2014年江苏省工业设计中心和工业设计示范园、示范企业认定工作的通知
浙江	2014年12月23日	浙江省人民政府办公厅关于加快推进工业设计发展的指导意见
福建	2014年10月28日	福建省人民政府关于推进文化创意和设计服务与相关产业融合发展八条措施的通知
安徽	2014年11月26日	安徽省推进文化创意和设计服务与相关产业融合发展行动计划

资料来源:赛迪智库整理,2015年3月。

第二节　2014 年工业设计产业发展的主要情况

近年来，国内多个省市围绕工业设计产业化，以市场主体培育为方向，以发展氛围营造为依托，以政策引导服务为基础，创造性地开展工作，不断提升工业设计发展质量和水平，取得了积极成效。

一、产业规模不断壮大

工业设计作为一个产业发展以来，在规模上不断扩张，这与我国经济发展趋势以及产业转型升级的力度相对应。据不完全统计，截至 2013 年年底，浙江省 12 个省级特色工业设计基地实现设计服务收入 12.3 亿元，比上年增长 1.5 倍。上海市工业设计产业实现增加值约 228 亿元，同比增长 16%，且发展趋势仍在进一步加快。深圳市是工业设计发展的又一高地，全行业设计产值达 42 亿元（仅含专业设计企业设计产值），比上年增长 35.4%，创造经济价值超亿元。江苏省工业设计增加值为 419 亿元，比上年增长 14.1%。[1]

二、发展水平不断提高

一是工业设计机构规模不断发展壮大。现有一批具备一定产值和资产的国家级企业。2013 年，工业和信息化部认定了首批 32 家国家级工业设计中心。其中，26 家国家级工业设计中心中，有 4 家资产总额在 1 亿元以上，5 家在 5000 万元至 1 亿元，15 家资产总额在 1000 万元—5000 万元。6 家国家级工业设计企业中，有 1 家资产总额在 8000 万元以上，1 家在 4000 万元—8000 万元，2 家资产总额在 2000 万元—4000 万元。二是科研实力与创新能力不断增强。26 家国家级工业设计中心拥有的自主知识产权成果数呈逐年增长态势。2012 年，3 家工业设计中心拥有的自主知识产权成果超过 1000 项，2 家工业设计中心拥有的自主知识产权成果超过 500 项（低于 1000 项）。6 家国家级工业设计企业的专利数稳步增长[2]。三是应用领域和范围不断扩大。工业设计已从消费品领域产品的外观设计，

---

[1]　资料来源：工业设计协会。
[2]　资料来源：工业设计协会。

逐渐发展到工程机械、船舶、汽车等领域的产品研发设计、企业形象设计、造型结构设计、功能整合设计等全方位的设计策划服务。

三、产业集聚进程加快

一是工业设计园区成为产业聚集的重要载体，园区数量快速增长。全国设计创意类园区已突破 1000 个。以工业设计为主体的园区有近 40 多个。其中，较有代表性的园区有北京的 DRC 工业设计创意产业基地、无锡的工业设计园、深圳的设计之都、深圳的工业设计产业园、上海的 8 号桥设计创意园、顺德北滘的广东工业设计城、宁波的和丰创意广场，等等。这些园区在当地政府的大力支持下，吸收国有资本、民营资本和外资共同投资兴建，采取市场化运营方式，形成了明显的聚集效应。二是园区规模不断扩大。近年来，园区的平均产值在 2 亿元左右。50% 以上的园区设计产值占比超过园区总产值 30%。[1] 三是民营资本成为园区投资的主要力量，这和十八届三中全会倡导的支持民营企业、民营经济进一步发展的要求相协调。从资本结构来看，民营所有制园区占比已达到所有园区的一半，国有资本占三分之一。从北京的 DRC 工业设计创业产业基地到广东的工业设计城，都已经初具规模。

四、人才队伍不断壮大

据行业不完全统计，目前我国规模以上的工业设计机构约 6000 家，企业内设计中心（部门）约 5000 家，工业设计存量从业人数 30 万人，并且以每年新增毕业生 10 万人的速度持续上涨。在存量人员中，40% 属于制造业企业，50% 属于专业设计机构，10% 属于科研院所，主要从业人员年龄集中在 25—40 岁之间，男女比例为 57:43，其中本科以上学历约占 70%。设计相关专业从业人员存量约 400 万人，由于创意设计行业具有很强的跨界融合性，每年有 30% 左右的设计创意从业人员在不同类别设计领域之间进行着职业转换。

在教育方面，我国目前开设有设计创意相关专业的高等院校 1900 余所，其中有工业设计专业的高等院校 960 多所，高职高专职业教育院校 1700 多所，其中开设设计相关专业的 700 多所，合计每年工业设计专业毕业生人数约 10 万人，设计相关专业毕业生人数约 70 万人。工业设计行业的人才队伍已达规模以上。[2]

---

[1] 资料来源：工业设计协会。
[2] 资料来源：工业设计协会。

五、对外开放水平不断提高

一是跨国工业设计机构进入我国速度明显加快。三星、通用汽车、大众汽车、现代汽车等大型跨国公司相继在我国建立设计研发中心。二是国际交流日趋活跃。越来越多的知名设计师来华访问，参与设计展会、设计赛事、联合办学、学术研讨、大师论坛、行业合作、创意产业园区开发等形式的交流活动。国内设计界与全球设计界逐步形成一种更加紧密的整体性联系。三是承接国际设计外包业务发展迅速。承接业务已经覆盖电子信息、汽车、通讯设备、医疗器械、家电、玩具以及铁路、城市轨道交通等领域。

第三节 面临的问题与挑战

我国工业设计产业已经步入了新的历史发展时期，进入了发展的快车道，但应认识到，与先进国家相比，仍然存在一定差距。工业设计领域仍面临一些需要应对的挑战以及需要克服的障碍。

一是创新体系建设滞后，标准缺失、统计缺乏，对工业强国战略的支撑能力有待加强。目前，我国还未真正建立起全国范围内权威有效的工业设计统计指标体系，各地统计口径不一致，并将工业设计统计纳入不同领域的统计范畴，对工业设计产业发展的统筹规划带来一定影响。

二是产业整体上，从外观设计到提供产品设计的过程阶段缺乏提供品类战略规划、品牌运营的能力，总体设计水平有待进一步提高，产业价值链有待进一步延伸。

三是区域发展不平衡。东部地区依托制造业发展程度较高，在工业设计发展方面先人一步，而中、西部地区仍处于初级发展阶段，与产业发展要求还有很大差距。但同时差距也体现在发展的机遇和空间上，相对于东部已形成工业设计高地而言，中、西部对工业设计的需求更强烈，有更大的发展潜力。

四是高端人才不足，制约了行业的发展。目前我国正在大力实施创新驱动发展战略，在创新领域，人才是最重要的因素。工业设计师队伍虽在不断壮大，但高端创意设计人才甚至大师级人才的数量仍无法满足行业发展的需要。而且由于设计行业具有很强的跨界融合性，也导致了从事工业设计人员工作流动性较大。

　　五是具有国际影响力和竞争力的大型企业工业设计中心和工业设计企业的培育有待进一步加强。工业设计服务对象的差异性导致了工业设计企业在规模上大小不一。如以汽车、飞机、船舶等装备制造业为服务对象的设计企业，需要集聚更多现代化的工具和手段加以支撑，而以日用消费品为主要服务对象的设计企业则不需太大规模，设计企业自身的大小是市场化自主抉择的过程。企业发展各有特点，各有所长，应在新时期的产业坐标中找到明确的定位，而不能一味求大。

展　望　篇

第十六章 2015年产业结构调整展望

2014年，随着化解产能过剩、推动企业兼并重组、促进自主创新和技术改造升级、推进产业转移等政策效力的逐步发挥，工业结构不断优化，增长质量与效率逐步提高。本章将从企业兼并重组、化解产能过剩、淘汰落后产能、产业转移、产业技术升级、战略性新兴产业发展、工业设计产业等方面，对我国工业2015年的发展趋势进行分析，提出我国产业结构调整的对策建议。

第一节 2015年企业兼并重组展望及政策建议

一、企业兼并重组的主要趋势

（一）企业兼并重组政策环境不断优化

2014年，《国务院关于进一步优化企业兼并重组市场环境的意见》（国发〔2014〕14号）发布之后，各个部门积极落实有关职工安置、行政审批等方面的政策措施，如工业和信息化部等四部门联合发布了《上市公司并购重组行政许可并联审批工作方案》，人力资源和社会保障部发布了《关于失业保险支持企业稳定岗位有关问题的通知》（人社部发〔2014〕76号）等。此外，2014年11月，在北京召开了企业兼并重组工作部际协调小组第三次会议，工业和信息化部、发展改革委、财政部、人力资源和社会保障部、国土资源部、商务部、人民银行、国资委、税务总局、工商总局、银监会、证监会以及住房和城乡建设部、质检总局、统计局、外汇局等16个部门参加了会议，跨部门协调配合的工作机制不断完善，促进了企业兼并重组环境的优化。就地方政府而言，不断出台相关政策，中央和地方联动不断增强。

2015 年，部门之间的协调机制更加完善，中央、地方和企业之间的沟通将更加通畅。有利于企业兼并重组的金融、财税、土地、职工安置等政策进一步完善和落实，企业兼并重组的体制机制障碍进一步被清除，政府将为企业兼并重组提供更加健全的服务体系。审批制度改革、产业政策引导、资本市场、职工安置、国有企业改革和中央企业重组等配套措施的陆续出台，使得企业兼并重组的政策环境更加优化。

（二）重点行业兼并重组将取得积极进展

自 2013 年，工信部、国家发改委等 12 个部门联合发布《关于加快推进重点行业企业兼并重组的指导意见》（工信部联产业〔2013〕16 号）以来，钢铁、水泥、船舶、稀土等行业的企业兼并重组有序推进。随着"一带一路"、京津冀协同发展、长江经济带三大战略的推进，一批重大项目将布局，钢铁、电解铝、水泥等优强企业的兼并重组不断展开。

从稀土行业来看，为有效保护和合理利用稀土资源，国家一直关注稀土行业的持续健康发展。目前，我国共有 67 本稀土采矿证和 99 家冶炼分离企业，6 大稀土集团已整合了其中的 66 本采矿证和 77 家冶炼分离企业，剩余的 1 本采矿证和 22 家冶炼分离企业已明确整合意向或列入淘汰落后计划。2015 年，随着整合的完成，大集团加强相互协作和创新能力建设，不断开发新产品，引进先进技术和高端人才，加快发展高端应用产业，培育核心竞争力；稀土行业长期存在的"多、小、散"的局面将改变，稀土产业的发展将呈现规范化、集约化和高质化态势。[1] 从光伏产业来看，近年来，我国光伏产业产能过剩严重，而光伏产业遭遇的"双反"更是雪上加霜。2014 年年底，工信部发布了《关于进一步优化光伏企业兼并重组市场环境的意见》（工信部电子〔2014〕591 号）。2015 年，光伏产业的并购将呈现以下特点：企业兼并重组促进光伏行业的产业结构调整；并购相关的环境不断改善，而且越来越宽松；兼并重组的多种形式将并存，如强强联合，股权置换、承担债务、剥离不良资产等形式所占比重将不断增加；兼并重组的案例数量和金额将不断增加。

但是，由于各个行业进入以及退出壁垒的不同、国家推进力度大小的差异以

---

[1] http://www.miit.gov.cn/n11293472/n11293832/n11293907/n11368223/16426915.html。

及行业自身发展程度不同，导致各行业兼并重组的活跃程度将呈现不同态势。

（三）并购投融资渠道将呈多元化发展趋势

国发 14 号文提出："发挥资本市场作用。符合条件的企业可以通过发行股票、企业债券、非金融企业债务融资工具、可转换债券等方式融资。允许符合条件的企业发行优先股、定向发行可转换债券作为兼并重组支付方式，研究推进定向权证等作为支付方式。鼓励证券公司开展兼并重组融资业务，各类财务投资主体可以通过设立股权投资基金、创业投资基金、产业投资基金、并购基金等形式参与兼并重组。对上市公司发行股份实施兼并事项，不设发行数量下限，兼并非关联企业不再强制要求作出业绩承诺。非上市公众公司兼并重组，不实施全面要约收购制度。改革上市公司兼并重组的股份定价机制，增加定价弹性。非上市公众公司兼并重组，允许实行股份协商定价。"2015 年，随着政策进一步落实，融资制度不断完善和融资工具不断创新，资本市场的作用不断增强，政策对企业进行并购融资将有实质性的支持，企业在兼并重组中金融支持的力度不断加大。此外，商业银行将不断改善企业兼并重组的信贷服务，企业将得到更多的并购贷款的支持。因此，企业兼并重组的融资难、融资贵等问题将得到进一步的化解。

（四）"一带一路"战略为海外并购带来新机遇

《中共中央关于全面深化改革若干重大问题的决定》指出，要"推进丝绸之路经济带、海上丝绸之路建设，形成全方位开放新格局"。"一带一路"战略为我国企业"走出去"创造了难得的历史机遇。"一带一路"沿线国家和地区近 60 个，大多数为新兴经济体和发展中国家，总人口约 44 亿，经济总量约 21 万亿美元，在全球所占比重分别为 63% 和 29%。我国与这些国家合作的前景广阔。"一带一路"战略不仅有利于我国经济的发展，也为沿线国家创造了新的机遇。通过"一带一路"建设，未来将构建一条横贯东西、连接南北的欧亚海陆立体交通大通道。沿线许多国家经济发展水平较低，处于工业化初期，经济发展空间巨大。如，据亚洲开发银行估算，这些新兴经济体和发展中国家未来 10 年间的基础设施投资需求将达 7300 亿美元。而我国已成为制造业大国，企业具备一定的优势，具备向这些国家输出资金和技术的实力。

二、政策措施建议

（一）积极推动各项政策的落实

应积极落实已经出台的促进企业兼并重组的各项政策措施。一方面，要加强兼并重组相关职能部门工作的协调配合，加大对地方落实政策的督查力度，保证各项政策措施落实到位。充分发挥企业兼并重组部际协调小组作用，有关部门加强工作沟通，建立财税、金融、职工安置、审批、统计、土地等重点工作协同工作机制，各项工作牵头部门组织参与部门共同推进工作。各地工信部门抓紧牵头制定落实国发 14 号文的实施细则，国家兼并重组工作牵头部门组织相关单位定期检查各地落实政策的情况，并进行相应的指导。另一方面，充分发挥行业协会、中介、专业化咨询机构及网络平台的作用，加强对企业的宣传。培育一批兼并重组专业化中介、咨询机构，鼓励、支持行业协会、中介机构、咨询机构向企业解读并指导企业运用兼并重组政策并做好相应的培训工作。依托各级政府部门的企业兼并重组公共信息服务平台，向企业宣传兼并重组相关政策，收集整理兼并重组典型案例和先进经验，向企业推广。

（二）拓宽企业兼并重组融资渠道

一是引导和支持并购基金的发展。拓展并购基金的资金来源，进一步引入保险公司、信托公司等机构参与并购业务，畅通并购基金买卖渠道，改善并购市场环境。二是提高并购贷款的支持力度。鼓励商业银行积极稳妥开展并购贷款业务。如完善商业银行并购贷款的监管，适当放宽贷款期限。三是拓宽融资渠道。发挥证券市场、产权市场等在企业兼并重组中的作用，鼓励各类所有制企业通过资产置换、股权转让、债务重组、引入战略投资者等方式提高运营效率，推动企业集团整体或核心业务资产上市。支持证券公司、资产管理公司、股权投资基金等参与企业兼并重组，为企业提供融资支持。充分发挥多层次资本市场作用，充分发挥证券市场、产权市场等的作用，完善各交易中心的融资和价值发现功能；支持证券公司、股权投资基金等向企业提供直接投资、过桥贷款、委托贷款等融资支持；支持符合条件的企业通过发行股票、债券、可转换债等方式，为兼并重组融资。

（三）进一步消除跨区域、跨所有制企业兼并重组体制机制障碍

消除跨地区兼并重组障碍。继续清理地方政府限制企业跨区域重组的相关规定；加大一般性转移支付力度，完善并落实跨区域企业所得税的分配政策，解决

跨地区被兼并企业的统计归属问题，协调解决和平衡企业兼并重组跨地区利益平衡问题。放宽民营资本市场准入，进一步放开民营资本的准入，对民营资本放开没有明确禁止进入的行业和领域。深化国有企业改革，鼓励发展混合所有制经济，鼓励国有企业通过出让股份、增资扩股、合资合作等方式引进民营资本。加快垄断行业改革，向民营资本开放垄断行业的竞争性业务领域。

（四）大力支持企业"走出去"

一是加强对企业的宏观指导。研究制定高铁、核电等高技术产业，以及钢铁、水泥、平板玻璃等产能过剩行业"走出去"规划，有针对性的投资计划，提高企业并购的针对性和有序性。完善风险防控体系，对不同国家的经济社会发展现状、政治状况、资源禀赋等进行综合评价，为企业提供信息，防范潜在风险。二是增加企业竞争力。引导企业之间进行协调分工，避免无序竞争。鼓励和引导企业并购国外的研发机构、品牌和营销渠道，提高企业研发能力、品牌知名度和市场占有率，提高企业的比较优势。三是提高中介机构在法律、知识产权鉴定、认证、项目评估等专业服务能力。充分发挥行业协会在行业自律、维护市场公平环境等方面的作用，引导、组织协调企业有序进行并购。四是简化审批手续。将之前的境外投资外汇管理由事前到有关部门登记，改变为可以在银行直接办理。可以考虑对于境内企业等在境外发行人民币债券的限制进行修改或取消。简化境外上市、并购等核准手续。

（五）健全服务体系

一是大力培育兼并重组专业服务机构。鼓励资产评估、会计师事务所、律师事务所等中介机构，发挥法律、技术、信息等专业优势，为企业兼并重组提供咨询服务。严格执行兼并重组的法律法规和政策，规范企业兼并重组操作程序，确保兼并重组操作规范、公开、透明。二是探索重大企业兼并重组政府购买专业服务的方式，加强对企业兼并重组的服务支持，帮助减轻企业负担。可以对重大兼并重组项目产生的中介服务费用进行补助。三是进一步健全和完善企业兼并重组公共服务平台，加强各类专业服务机构与企业的联系和交流，不断拓宽信息交流渠道，丰富服务内容，完善服务体系。积极为企业牵线搭桥，帮助寻求符合企业重组意向的战略合作伙伴。四是建立兼并重组统计监测制度。加强对企业兼并重组的统计，建立健全统计调查体系，完善企业兼并重组统计指标体系。

第二节　2015 年产业技术升级展望及政策建议

2015 年是我国全面实施改革的关键一年，也是"十二五"收官、"十三五"规划制定之年。对于产业技术升级来讲，一方面，科技体制改革的全面推进将为产业技术升级创造良好的体制环境；另一方面，智能制造的发展将带动制造业的创新和技术升级。同时，化解过剩产能、防治大气污染等方面政策的深度实施也将推动技术的更新换代。

一、产业技术升级的主要趋势

（一）科技体制改革全面推进将成为推动产业技术加快升级的重要助力

2014 年是我国全面推进体制改革元年，科技体制改革更是多项改革的重中之重。国家制定出台了一系列有关科技计划和管理改革、科技评价和价值导向改革、科技经费使用和管理改革、促进科技和经济结合改革等方面的改革措施。据悉，2015 年我国还将出台更为具体的科技体制改革方案及相关配套措施，明确各相关部门、科研机构、企业及院校的改革任务，重点是处理好政府与市场、政府与科研机构的关系，继续解决科技、经济两张皮问题。根据 2014 年一系列改革文件及媒体透露出的信息，2015 年的科技体制改革将调整科研人员的奖励和职称评定方式，进一步完善促进科技成果转化的体制机制，转变政府科技管理方面的职能，加快推动科技服务业的发展，继续完善企业为主体的技术创新机制环境等。这有助于激发企业和科研人员的创新活力和竞争力，促进技术、产品创新，同时也有助于科技成果转化为生产力和消费者喜爱的商品，为企业带来更多的效益，进而带动企业的技术升级。

（二）智能制造将成为产业技术升级最强大的动力支撑

智能制造逐步成为我国制造业重要的发展方向，全球制造业智能化的加速发展更将对我国制造业形成倒逼机制，推动我国制造业加快向智能化迈进。智能制造意味着从生产到销售配送，到企业管理全面的智能化，这是对传统人工流水线生产方式、销售和管理模式的根本性变革，届时将涌现出更为先进、高效、节能的智能化生产装备、工艺、技术和产品，这些智能生产装备、工艺和技术将大幅度减少人力、用能、管理等方面成本，进而降低产品价格，提高产品质量，获得更高的市场竞争力。传统生产方式的产品将逐步被市场淘汰，迫使企业或者进行智能化技术升级或者退出，进而推动全行业技术升级。虽然，智能制造在我国还处于发展初期阶段，我国制造业大部分领域还处于"2.0、3.0"阶段，但是，为跟上世界制造业的发展步伐，摆脱被低端锁定的命运，我国会以跨越式的方式发展智能制造。2015年，我国将继续出台相关政策推进智能制造，并对制约智能制造发展的关键设备、技术组织力量集中攻关，届时将有一批国产智能化设备和技术取得突破，为我国产业智能化升级提供设备和技术支撑。

（三）化解过剩产能、防治大气污染等政策的进一步落实将倒逼企业加快技术更新

产能过剩、大气污染等使我国产业结构调整的成效大打折扣，"十二五"时期，我国在化解过剩产能、防治大气污染等方面采取了大量严厉的措施，如强制淘汰落后产能、修订环境保护有关法律，对破坏环境的污染企业重罚甚至关停，这些措施不仅有效缓解了产能严重过剩、大气污染等问题，同时对企业技术改造升级也起到了倒逼作用。然而，我国产能过剩问题依然存在，甚至有加剧趋势，大气污染等环境问题也未得到根本解决。2015年，我国将以更大的政策力度淘汰落后产能、化解过剩产能、治理大气污染等问题。并且，化解过剩产能、防治大气污染等将成为常态化的工作，而非一次性的行动，这将对企业形成长期性压力，迫使企业更新技术设备。同时，化解过剩产能、防治大气污染等相关政策不仅是对企业施压，更重要的是对地方政府施压，化解过剩产能、防治大气污染不力的地方政府部门将受到问责，责任人甚至可能丢官罢职，从而也迫使地方政府重视企业的技术升级，并为之提供相应的政策支持。

二、政策措施建议

（一）继续通过深化科技体制改革为企业自主创新和技术改造升级创造良好的体制机制环境

第一，切实落实好已经出台的有关科技体制改革的各项政策措施，明确相关改革任务分工和责任人，严格按照时间进度督促检查有关改革措施的执行情况并进行评估，及时调整不合理的措施。第二，根据科技体制改革的基本思路和要求，继续制定配套的改革措施，重点围绕改革的关键领域抓紧出台任务清晰、分工明确、责任到人的细化改革方案，明确各项改革任务的时间进度和完成时限，并建立相应的监督检查机制，确保方案顺利实施。第三，针对当前影响企业创新和技术改造升级最为关键的动力不足问题，加快研究出台改革措施，增强企业创新和技术改造升级动力。如加快制定更能激发科技人员创新的科研奖励办法和职称评定机制，支持科研人员利用创新成果创业，对企业技术改造、科研创新给予税收上的减免和融资上的便利，降低企业技术改造和科研创新的成本，特别在科研贷款方面对有创新精神的企业进行大力支持，保持企业的创新动力。

（二）围绕智能制造的发展要求为关键装备和技术的研发创造条件

从产业准备条件和基础看，智能制造在我国尚处在起步阶段，制造业的很多领域尚未实现全面的自动化，更缺乏支撑制造业智能化发展的关键装备和技术。因此，我国智能制造仍需夯实基础，重点是围绕智能制造的发展要求，加快关键、共性技术的研发，并为之创造条件。一是支持发展加工精度更高的加工装备。智能制造涉及很多对加工精度要求极高的部件以满足智能化的控制要求，我国加工装备的加工精度与国外相比存在明显差距，导致国产零配件无法满足智能装备开发组装的要求，影响了智能装备的质量，因此必须重视高精度加工装备的研发。二是加快发展适合智能制造发展的新材料。智能制造一个关键环节是智能控制，智能控制对控制器、执行器的控制和执行精度及对环境的适应性、对各种信号的敏感度要求很高，因而对制作相关设备材料的性能就提出了更高的要求，很多先进智能控制策略只能停留在理论层面，一个主要原因是材料无法满足需求，因而需要支持适合智能制造的先进材料的研发。三是加大高端传感器、伺服电机、控制器、执行器等智能制造发展的关键设备、技术研发力度，不仅要以税收、金融等政策支持从事相应领域企业的研发创新，同时国家也应制定专门的发展规划，科学合理地引导传感器、伺服电机等产业的发展。

（三）继续加大化解过剩产能、防治大气污染等政策力度，倒逼企业加快技术更新

化解过剩产能、防治大气污染等方面的政策措施近年来已被证明是倒逼企业加快生产技术和设备更新的有效措施。由于钢铁、水泥、平板玻璃等产能严重过剩的传统行业仍然存在着大量污染环境的落后设备，因此2015年仍然要继续用好化解过剩产能、防治大气污染等政策措施，迫使企业淘汰落后产能，更新技术设备。重点是将有效的化解过剩产能、防治大气污染的政策措施制度化、规范化。如依据节能、环保等有关法律法规建立更为科学规范的化解过剩产能制度，建立常态化的化解过剩产能工作机制，制定规范的淘汰落后产能管理办法，规范差别电价、水价等倒逼企业淘汰落后产能定价机制，严控重点排污企业，加大对违反环境法企业的执法和惩治力度，对不作为的地方政府加大问责力度。

第三节　2015年化解产能过剩矛盾展望及政策建议

一、化解产能过剩矛盾的主要趋势

（一）产能过剩信息预警和发布制度有望逐步得到建立

2014年7月，发展改革委、工业和信息化部发布《关于建立化解产能严重过剩矛盾信息报送机制的通知》（发改办产业〔2014〕1684号），分别对中央政府相关责任部门和地方政府提出化解产能严重过剩信息报送内容及格式的要求，并要求各单位明确一名负责相关信息报送的专职人员。《通知》要求财政部、人力资源和社会保障部、国土资源部、环境保护部等化解产能严重过剩矛盾工作机制组成单位按照《国务院关于化解产能过剩严重矛盾的指导意见》（国发〔2013〕41号）的任务分工，按牵头任务和参加任务分类提供任务完成情况、下一步工作计划等。同时，要求地方及时报送相关信息，主要涉及化解产能严重过剩矛盾有关工作进展情况，包括出台相关政策、采取重大举措等；淘汰压减产能情况，包括淘汰和压减产能计划及时间进度安排、相关任务的分解和完成等；钢铁、水泥、电解铝、平板玻璃等严重过剩行业运行情况、在建项目、落实产能置换等情况。尽管该项信息报送制度仅局限于钢铁、水泥、电解铝、平板玻璃、造船五个严重过剩行业，是临时性的信息报送制度，与《国务院关于化解产能严重过剩矛盾的指导意见》（国发〔2014〕41号）要求的加强对产能严重过剩行业动态监测分析，建立产能过剩信息预警机制仍然存在很大距离，但是它走出了过剩信息预警和发布的第一步，为今后逐步建立常态化的生产能力统计调查制度，以及信息预警和发布制度奠定了基础。

（二）产能置换成为产能严重过剩行业消减产能，推动行业转型升级的新途径

2014 年 7 月，工业和信息化部发布《关于做好部分产能严重过剩行业产能置换工作的通知》（工信部产业〔2014〕296 号）、《关于部分产能严重过剩行业在建项目产能置换有关事项的通知》（工信部产业〔2014〕327 号），在钢铁、电解铝、水泥、平板玻璃行业新（改、扩）建项目，实施产能等量或减量置换，将淘汰落后产能、化解产能过剩和促进结构优化升级有机结合起来。2015 年 2 月，工业和信息化部发布了《关于规范部分产能严重过剩行业产能置换指标交易信息报送的函》（工信厅产业〔2015〕10 号），建立全国产能置换指标供需平台，统一规范产能指标出让和需求信息报送样式。产能严重过剩行业产能置换制度基本建立，并将逐步得到完善，将有力地推动钢铁、水泥等产能严重过剩行业消减产能，促进行业转型升级。

产能置换制度得到了地方政府的积极响应和支持，各地根据本地区产能过剩情况及产业发展特点制定产能置换方案，积极探索产能严重过剩行业通过置换消减产能，实现产业转型发展。2015 年 1 月，工业和信息化部发布公告《四川省 6 个在建水泥项目产能置换方案》（工业和信息化部公告 2015 年第 11 号），向全社会公告了第一例产能置换方案，即四川省巴中海螺水泥有限责任公司 4500td 熟料水泥生产线、巴塘卓帆水泥有限责任公司 2500td 熟料水泥生产线、康定跑马山水泥有限责任公司 2500td 熟料水泥生产线、南充红狮水泥有限公司年产 100 万吨高标号水泥粉磨站等 6 个在建项目产能置换方案。置换方案明确要求用于置换的全部水泥淘汰项目列入年度淘汰落后产能企业名单，并组织拆除主体设备（生产线），使其不能恢复生产。广西、陕西等省的水泥置换方案正在积极协调中，预计 2015 年将有一批水泥等产能严重过剩行业的置换方案公告实施。

（三）化解产能过剩矛盾的政策和制度环境将逐步建立健全

为落实《国务院关于化解产能严重过剩矛盾的指导意见》（国发〔2014〕41 号），2014 年，工业和信息化部、发展改革委、环保部、财政部等部门在能耗、环保、土地、安全、信贷、质量监管等领域研究制定并颁布了化解产能过剩矛盾的一系列具体政策措施，如《关于严格工业产品生产许可管理切实做好化解产能严重过剩有关工作的通知》（国质检监〔2014〕64 号）、《关于电石、铁合金行业能耗限额标准贯彻实施方案的通知》、《关于在化解产能严重过剩矛盾过程中加强环保管理的通知》（环发〔2014〕55号）、《关于促进生产过程协同资源化处理城市及产业废弃物工作的意见》（发改环资〔2014〕884号）等，化解产能过剩矛盾的长效机制将逐步建立。

二、政策措施及建议

（一）进一步完善过剩产能监测预警制度

美国等发达国家治理产能过剩的经验表明，建立一套较为完善的工业产能利用率监测体系，对把握产能利用率动向，有效掌握行业发展情况，及时调整产业政策导向，促进行业发展具有非常重要的意义，也是化解产能严重过剩矛盾的根本。我国至今缺少一套有效的工业产能利用率监测体系，工业主管部门无法准确测算产能利用率，难以依据产能利用率进行决策。为此，建议在现有化解产能严重过剩矛盾信息报送机制的基础上，针对工业行业周期性出现的产能过剩问题，参考美国生产能力利用率调查和发布机制，多部门协力，进一步建立较为完善的产能调查、数据采集、动态跟踪机制，构建科学的产能利用率测算方法，建立以产能利用为核心的行业运行情况定期发布和预警机制，逐步构建一套适合我国国情的工业行业产能及利用率监测预警体系。

（二）进一步深化财税等经济体制改革

积极利用发展方式转变的有利时机，深化行政管理体制和投资体制改革，进一步明确政府与市场的界限，减少行政对市场的干预，将政府职能由直接干预和参与经济发展向创造公平市场竞争环境转变。规范地方政府的投资行为，禁止采用低地价、牺牲生态等方式招商引资或直接参与项目投资决策。理顺中央和地方政府间财权和事权划分，重新构建和完善中央和地方税制体系。实施有利于结构调整的税收政策，将目前尚未纳入消费税征收范围、不符合节能技术标准的高能耗产品、资源消耗品纳入消费税征税范围，适当调整现行应税消费品的税率水平。

第四节　2015年淘汰落后产能展望及政策建议

一、淘汰落后产能的主要趋势

（一）淘汰落后产能任务进一步加重

《国务院关于印发大气污染防治行动计划》（国发〔2013〕37号）和《国务院关于化解产能严重过剩矛盾的指导意见》（国发〔2013〕41号）明确提出采取经济、技术、法律和必要的行政手段，提前一年完成钢铁、水泥、电解铝、平板玻璃等重点行业"十二五"落后产能淘汰任务，并争取多淘汰一批落后产能。要求通过提高财政奖励标准，落实等量或减量置换方案等措施，鼓励地方提高淘汰落后产能标准，2015年底前再多淘汰炼铁1500万吨、炼钢1500万吨、水泥（熟料及粉磨能力）1亿吨、平板玻璃2000万重量箱。"十三五"期间，结合产业发展实际和环境承载力，通过提高能源消耗、污染物排放标准，严格执行特别排放限值要求，加大违法处罚力度，加快淘汰一批落后产能。

（二）淘汰落后与转型发展良性互动机制将逐步建立

2014年7月，工业和信息化部发布《关于做好部分产能严重过剩行业产能置换工作的通知》（工信部产业〔2014〕296号），明确对钢铁、电解铝、水泥、平板玻璃行业新（改、扩）建项目，实施产能等量或减量置换，并颁布《部分产能严重过剩行业产能置换实施办法》。《通知》鼓励各地探索实施政府引导、企业自愿、市场化运作的产能指标交易，发挥市场作用，支持跨地区产能置换，提高资源配置效率。要求各地严格执行产能置换办法，建立工作制度，做好置换方案。在制定产能置换方案时，要统筹考虑地区资源优势、环境容量等因素，实行区别对待。对京津冀、长三角、珠三角等环境敏感区域，实施减量置换，其他地区可实施等量置换。

四川省6个水泥项目的置换方案开启了我国产能严重过剩行业产能置换的先河，产能置换机制将有望逐步建立和完善，中西部地区，尤其是欠发达地区淘汰与发展的关系将进一步得到理顺，淘汰落后产能工作将进入一个崭新的阶段。

（三）利用标准体系淘汰落后产能的工作机制将逐步建立

2014年1月和4月，工业和信息化部分别发布《关于加强工业节能监察工作的意见》（工信部节〔2014〕30号）和《2014年工业节能监察重点工作计划》（工信部节〔2014〕54号），并着手研究完善标准体系，增强标准可操作性，建立环保标准促进落后产能退出机制。

截至2013年，国家发布了68个项目强制性单位能耗限额国家标准，覆盖钢铁、有色金属、建材、化工、电力5大高耗能行业，涉及现有企业单位产品能耗限定值、新建企业准入值和先进值等3级指标，这些标准已于2014年12月1日前实施。同时，制（修）订并颁布了钢铁、电解铝、水泥、平板玻璃、焦化等重点行业大气、水污染排放和综合排放指标，污染物特别排放限值、产品质量、安全生产等标准，以及钢铁、水泥、铝、焦化等行业规范及准入条件。利用能耗、环保标准进一步淘汰落后产能的标准体系已经基本建立和完善，为"十三五"时期淘汰落后产能工作顺利开展打下坚实的基础。

二、政策措施及建议

（一）进一步落实和完善产能置换制度

指导地方加快建立产能置换工作制度，加强部门沟通衔接，做好产能置换方案，切实落实产能置换制度；结合地方需求，积极协调实施几个产能置换方案示范，通过置换案例，推动产能置换有序实施，并在实施过程中，及时调整和完善产能置换制度，切实形成淘汰落后和发展先进的良性互动机制。

（二）探索建立严格标准实施淘汰落后产能

严格标准，实施淘汰落后产能是贯彻落实国家节能、环保法律法规、政策标准，利用市场和法律手段淘汰落后产能的有效途径。建议梳理现有环保、能耗、水耗等标准体系，进一步研究完善标准体系，切实加强标准的可操作性。依照标准，依法要求对存在不达标的生产设备和装备的企业进行整改，并采用差别电价、水价等措施加快落后产能淘汰。

（三）强化节能环保等法律法规的约束作用

加快修订现行大气、水、固体废物、节能、质量、安全等法律法规，提高一般性破坏环境、过度消耗能源资源等行为的罚款金额，可参照2014年新修订的《环境保护法》，按照原处罚数额按日连续处罚原则，提高处罚金额，加大企业违法成本，相应的责任人承担相应的法律责任，使企业一旦违法就必须退出市场，提高企业淘汰落后产能的动力和积极性。另一方面，严格能耗、环境、质量、安全等执法，加大执法力度。加大日常巡查力度，重点加强对能耗高、污染重、安全条件差、技术水平低、生产工艺和设备落后企业的监督检查，而不是仅仅监管已经按照要求开展节能环保改造的企业。通过加强宣传，提高全社会对环境、能耗、质量、安全等违法现象的认识，增强公众举报的积极性。同时，进一步加大处罚的力度，对违反相关规定的企业，依法追究相关人员的责任，并依照有关法律法规，通过对落后产能停止换发生产许可证、吊销排污许可证和安全生产许可证等方式，推动落后产能退出市场。

第五节　2015年产业转移趋势展望及政策建议

进入2014年以来，我国劳动力价格、资源承载能力、市场结构都发生了重大变化，产业发展的比较优势开始发生质的变化，使得我国产业转移面临着新的挑战。一方面是来自美国、欧盟、日本等发达经济体。随着西方发达经济体的复苏以及"再工业化"政策的实施，电子信息、智能制造等许多高端制造业加速回流。另一方面是来自越南、泰国、印度等欠发达经济体。东南亚以及南美等国家经济逐渐好转，具备制造业发展的条件，而且在劳动力价格方面具有绝对的竞争优势，加速了部分劳动密集型制造业的外流。在这样的背景下，我国开始实施"一带一路"战略，进一步促进了我国产业的国际转移和产业结构的升级。

一、产业转移的主要趋势

2015年，随着"一带一路"战略的深入实施，我国"以东部沿海地区向中西部地区转移为重点"的产业转移特征将发生重大变化，"国内产业向国际转移"的比重将逐渐上升，国内劳动密集型、资本密集型产业比重过高的情况将得到改善，国内产业结构将进入战略性调整的关键时期。

（一）东南亚和中亚将成为我国产业跨国转移的主要区域

2013年，习近平总书记在访问中亚时提出了打造"丝绸之路经济带"的战略设想，随后又提出了建设"21世纪海上丝绸之路"的战略构想，由此逐步形成了"一带一路"的战略框架。2014 年，先后有 60 多个国家表态支持"一路一带"战略，愿意与我国开展产业合作，承接我国部分产业转移。2014 年以来，我国也开始针对"一带一路"战略，开展了大量深入的研究，为制定"一带一路"战略规划奠定了基础。2015 年 2 月 1 日，中共中央政治局常委、国务院副总理张高丽主持召开了《推进"一带一路"建设工作会议》，安排部署了 2015 年及今后一段时期推进"一带一路"建设的重大事项和重点工作。由此可以判断，2015 年与"一带一路"相关的能源、交通、产业等规划和政策将先后出台，这将在很大程度上促进我国产业的国际转移，尤其是向涉及"一带一路"的东南亚地区和中亚地区的转移。

（二）跨区域就近转移将成为产业转移和结构优化的重要内容

十八大以来，新一届中央领导集体提出了"长江经济带"和"京津冀协同发展"的区域协调发展战略，并出台了《国务院关于依托黄金水道推动长江经济带发展的指导意见》，京津两市签署了《贯彻落实京津冀协同发展重大国家战略推进实施重点工作协议》，北京和河北签署了《共同打造曹妃甸协同发展示范区框架协议》、《共建北京新机场临空经济合作区协议》、《共同推进中关村与河北科技园区合作协议》、《共同加快张承地区生态环境建设协议》、《交通一体化合作备忘录》、《共同加快推进市场一体化进程协议》、《共同推进物流业协同发展合作协议》等七个协议，沟通推进区域经济一体化。2015 年，京津冀和长江经济带的区域协同发展将进入实际操作阶段，区域交通、产业、环保、物流、人才等要素将逐步实现一体化。随着区域合作机制的建立和基础设施建设的一体化，产业转移会选择就近区域，如在京津冀合作框架下，河北以其邻近的区位优势、广阔的市场优势、丰富的资源优势以及合作的体制优势成为承接北京和天津产业转移的主要区域。

（三）合作共建园区成为地区之间产业转移的重要方式

一直以来，产业转移都属于市场行为，由于缺乏政府的合理引导而导致企业在转移过程中并没有形成资源整合的优势，进而导致资源的浪费和低效利用。近年来，从中央到地方政府都已经意识到产业转移过程中存在的问题，建立了产业转移示范园区，并开展了一系列产业转移对接活动。2015 年，工业和信息化部联合有关部委将继续深入开展"产业转移系列对接活动"，产业转移与区域合作将进入新阶段。东部地区产业将更加结合中西部地区产业环境配套发展，呈现链条式、整体式和集群式转移，产业转移也实现了从生产要素约束型向产业布局的优化型过渡和升级。与此同时，产业合作和转移模式逐步创新，京津冀产业合作、苏州与宿迁共建苏宿工业园区等合作共建园区的模式将成为各地之间开展产业转移和区域合作的重要方式。

三、政策措施及建议

2015年，是落实十八届四中全会精神的第一年，也是我国"十二五"规划的收官之年，我国的结构调整和产业转移将发生重大的变化。为此，2015年我国的产业转移，不仅要求广大中西部地区从资源禀赋、发展水平和市场结构方面综合考虑构建承接产业转移的竞争优势，而且要充分考虑当前产业转移面临的国际国内新形势，为"十三五"的良好开局奠定坚实的发展基础。

（一）建立适应新型制造方式的产业发展环境

当前，新一轮科技革命和产业变革风起云涌，3D打印、智能制造、众包服务、远程运维等新的制造方式以互联网和信息技术为平台，对工业制造方式带来颠覆性影响。这些新型制造方式在很大程度上突破了地域和资源的限制，正在成为引领制造业发展的主要力量和改变传统制造方式的重要手段。为此，各地必须要营造有利于新型制造方式发展的基础条件，紧紧抓住新型制造方式带来的契机，努力形成新的经济增长点和产业竞争新优势。一方面，各级政府要积极应对信息时代对政府治理带来的挑战，树立互联网思维，使得思维方式、管理模式能够与信息时代接轨；另一方面，各个园区要加强先进基础设施建设，加大信息网络、智能电网、现代物流等基础设施的投入，使其具备承接未来产业的基础和能力。

（二）建立适应现代生活的城市生活服务功能

产业转移是生产要素的系统性转移，由此产业转移往往伴随着高端人才的转移。要实现高端人才的转移就应当打造具有现代生活气息的环境氛围。首先是要加强高品质的硬件基础，如博物馆、剧场、电影院等文化场所，医院、康复、疗养等医疗机构以及高质量的教育场所，为高端人才的生产生活创造高品质的硬件环境。其次是创造高品位的生活环境，要向东部沿海地区和发达国家看齐，加强休闲、餐饮、住宿等高品味生活设施建设，营造能够提升城市品味的生活环境，为外来投资者和创业者等高端人才创造宜居宜业的高品味生活环境。第三是营造高端人才聚集的服务机制。加大欠发达地区人才引进的力度，为高端人才创造施展才华的空间，形成尊重人才、重视科技、鼓励创业创新的社会舆论氛围，吸引高端人才和产业向中西部欠发达地区转移。

（三）建立适应现代制造业发展的人才培训体系

随着我国人口红利的消失，劳动力短缺、劳动力成本上升将成为我国经济新常态的重要特征，许多企业开始大规模采用智能机器人、无人工厂、数控机床等现代生产模式来替代劳动力。当前人力资源结构的变化以及智能生产模式的广泛应用也对我国现代产业工人提出了更高的技术要求，这就要求我国加大职业技术人才培养力度，为现代制造业发展培育合格的人才。首先，改变我国高等教育比重过高、职业技术教育比重过低的状况，不断优化人才培养结构，为中西部欠发达地区高端制造业发展培养合格的产业工人。其次，充分发挥互联网在职业教育、远程教育中的作用，通过开办网络课堂、远程教育等方式弥补中西部地区职业技能教育资源的不足，满足产业承接地落户企业的用工需求。第三，鼓励企业与职业技术学校、培训机构开展合作，通过"人才订单"为企业有计划、有针对性地培养人才，彻底解决毕业生"就业难"与制造企业"招工难"的矛盾。

第十七章　重点产业结构调整展望

2015 年，钢铁、有色金属、建材等行业仍然成为产业结构调整的重点领域。本章对钢铁、有色金属、建材、汽车、船舶、电子信息等重点行业在 2015 年的发展趋势进行分析，并提出推进产业结构调整的对策建议。

第一节　2015 年钢铁产业结构调整展望及政策建议

2014 年，钢铁产业通过严控新增、淘汰落后、扩大需求等措施，产能利用率有所提高。但从产能总体水平来看，仍处于高位，钢铁行业 2014 年底粗钢产能达到 11.6 亿吨。未来钢铁产业结构调整政策的主要目标仍将是控制增量、盘活存量、淘汰落后和积极扩大市场需求。

一、趋势展望

（一）"一带一路"战略助力化解过剩产能

2015 年，"一带一路"战略将在更大范围内稳步推进，"一带一路"涵盖中亚、南亚、西亚、东南亚和中东欧等国家和地区，沿线 53 个国家，主要是新兴经济体和欠发达国家，基础设施较为落后，城镇化程度较低，基建需求最为明显。"一带一路"沿线区域对铁路、港口、机场等基础设施产生巨量要求，据亚洲开发银行测算，亚洲国家每年需要 7300 亿美元基础设施投资。其中，每 1 亿元铁路基本建设投资，大约需要 0.333 万吨钢材，基础设施建设对钢铁需求的巨大拉动能力将在"一带一路"沿线得到释放。"一带一路"战略的推进将对我国钢铁工业发展带来积极影响。

（二）高端钢材产品配比不断提升

从行业盈利情况看，我国钢铁行业近年来持续处于微利状态，这与我国钢铁行业以低端钢材产品为主的产品结构不无关系。为加快推进钢铁产业结构转型升级，我国将高端装备制造提升为战略性新兴产业，并将大力发展智能制造上升为国家战略。2015年，随着《中国制造2025》等重要国家战略的发布实施，钢铁行业下游行业主体需求层级将从低端逐渐向中高端转变，钢铁产业市场需求结构升级，高端钢材产品在市场结构中的配比将随之得到提升。

（三）行业集中度将进一步提升

总体来看，我国钢铁工业兼并重组经历了从政府主导重组到政府引导与市场相结合的国有资本、民营资本和海外资本共同参与的发展历程。在重组方式上，有区域内、跨区域、跨行业、跨国界、跨所有制的联合、兼并、收购和重组，从无偿划拨逐步向股份转让和通过资本市场进行股权收购的方式发展。从重组的时间过程上看，2000年以前处于兼并重组探索期，多为原冶金部或地方政府主导，开展国有企业之间兼并重组；2000—2008年处于缓慢推进期，主要以国资委和地方政府主导，顺应国有企业的布局调整和市场的需求，港资和民企开始参与，企业之间自觉开展兼并重组；2008年至今进入加速推进期，为提高企业整体实力和市场竞争力，钢铁企业兼并重组步伐明显加快，产业集中度不断提升。

（四）"绿色"钢材引导行业绿色发展

高投入、高消耗和高排放是我国钢铁产业发展的主要特点，同时也是钢铁产业实现可持续发展面对的主要问题。要实现产业可持续发展目标，要最大限度地减少资源投入，最大限度地实现生产过程资源循环利用，提高资源利用率；最大限度地减少废弃物排放和实现废弃物回收利用，形成低投入、高产出和低排放。当前，能源和资源约束问题日趋尖锐，环保问题受到全社会普遍高度关注，《环保产业促进法》呼之欲出，这些都要求我国钢铁产业必须改变发展方式，不断改良生产工艺，采用绿色化技术工艺，实现钢铁工业绿色化生产制造。

二、政策措施及建议

（一）借力国家战略，拓展钢铁产品市场需求

借力"一带一路"发展战略，围绕新型城镇化、交通水利基础设施和先进装

备制造等领域，强化上下游合作，积极推进高品质、高附加值产品生产和应用。依托高强钢筋、高性能电工钢、船舶和海洋工程用钢等协调机制，推动高端钢材应用。搭建公共服务平台，组织做好产品评价和标识管理，大力推广绿色建材。

（二）加大产品研发力度，提高高端产品竞争力

我国钢铁产业自主创新能力薄弱，钢铁工业产品结构优化升级缺乏有效的技术支撑，在一定程度上，钢铁产业长期可持续发展缺乏后劲，这都与钢铁企业研发投入不足有关。协助企业重点解决发展面临的先进制造工艺技术、钢铁材料技术、生产装备技术、前沿工艺技术及行业技术标准等共性技术方面的问题，相关部门直接进行研发投入或组织研发活动，提供财政税收或信贷优惠政策。

（三）提高钢铁行业集中度，优化产业组织结构

当前我国钢铁产业结构调整的关键是解决产业布局不合理和企业组织结构规模小、技术资源和人力资源利用效率低、物流成本高、产品销售调控能力弱等问题，这直接关系到由粗放式经营发展向集约式经营发展这一发展方式的根本转变。钢铁产业结构调整的关键是加快现有钢铁企业的整合，进一步提高产业集中度。2005年至今，各级政府出台多项政策，鼓励钢铁企业做大做强，尽快提升产业集中度，包括《钢铁产业发展政策》、《关于钢铁工业控制总量淘汰落后加快结构调整的通知》、《关于防止高耗能行业重新盲目扩张的通知》、《国务院关于进一步优化企业兼并重组市场环境的意见》等。但从现实情况看，近年来我国钢铁行业产业集中度提高效果并不好，究其原因，除了国家宏观层面管理体制没有完全理顺，更重要的原因是目前的政策措施尚不完善，使得政策制定者与政策实施对象在利益上不能有效耦合。在制定政策时，要考虑对利益受到影响企业给予经济上的补偿，这样钢铁产业组织结构调整会捋顺很多。

（四）支持钢铁企业海外开矿，扩大钢铁原料来源

从世界上其他资源相对缺乏的国家和地区的经验来看，日本、韩国等国通过投资境外矿山开发不但获取了稳定的矿石供应，而且还控制了生产成本。从我国2004年煤矿企业第一次走出去投资煤炭资源以来，已取得多项合作项目的成功，包括首钢在秘鲁投资开采的马尔科纳矿，鞍钢与澳大利亚波特曼公司合资成立的库利亚诺斌铁矿公司，宝钢与巴西多西河谷公司合资建立的宝华瑞，武钢、唐钢、马钢、沙钢与澳大利亚必和必拓合资建立威拉拉合营企业等。这些投资与合作，

发挥了稳定矿产资源供应、降低原料风险的积极作用。但是，在海外开矿过程中，由于汇率波动等问题使国内钢企遭遇过利益损失和面临巨大风险。2013年，受澳元兑换人民币汇率震荡影响，兖州煤业澳洲业务遭受了巨大损失。支持钢铁企业走出去，相关部门可协助企业规避风险，包括汇率风险、劳工关系风险、政治风险等。协助企业全面知悉投资所在国家和区域的相关法律法规、全面系统了解所在地的资源状况、运输设施等基础信息，加强对市场的分析和预测，掌握国内外铁矿石市场走势和变化趋势，帮助企业合理规避可能出现的各种风险。

第二节　2015年有色金属产业结构调整展望及政策建议

当前，全球经济仍处于金融危机后深度调整期，美国凭借强势美元政策推动本国经济走出衰退阴影，但同期欧洲诸国产业复兴无期，新兴市场经济增速换挡，导致以美元计价的有色金属产品价格出现大幅向下修正。当前我国经济由早期的高速增长向中低速增长转变，鉴于有色金属产业受制于资源、环境、人力成本等多方面因素制约，我国有色金属行业由规模化扩张向创新性驱动转变势在必行。预计2015年我国有色金属行业在中央财政刺激政策以及央行量化宽松政策作用下将缓慢推动生产、消费，投资进一步缓慢增长，相关产品价格将延续弱势震荡态势，有色金属行业走出低迷期，企业财务、盈利水平将有所好转。

一、趋势展望

（一）行业管理进一步完善

2014年我国相继制定并发布《关于开展铅冶炼企业协同处置含铅锥玻璃试点工作的通知》、《锡、锑、汞工业污染物排放标准（GB 30770-2014）》、《再生铅冶炼污染防治可行技术指南》（征求意见稿）、《2014—2015年节能减排科技专项行动方案》、《2014—2015年节能减排低碳发展行动方案》等相关政策条文，预计2015年相关政府管理部门会强化有色金属行业的准入门槛与行业技术标准。一是结合我国有色金属产业未来发展趋势，制定有色金属行业"十三五"规划，以及黄金、铝等细分领域中长期规划与指导意见;二是推进《铅锌行业规范条件》、《钨锡行业规范条件》、《黄金行业规范条件》、《稀土指令性生产计划管理办法》、《稀土行业准入条件》修订，以及《稀有金属管理条例》的发布。

（二）有色金属行业资源整合提速，产业集中度逐步提高

根据工业和信息化部《2015 年有色金属等原材料工业转型发展工作要点》，2015 年政策重点将围绕有色金属推动实质性兼并重组，推动已重组企业实现实质性整合，打造一批市场影响力大、核心竞争力强的大型企业集团。其中，六大稀土集团整合完成，全国所有稀土矿山和冶炼分离企业将实现实质性重组。加强"走出去"工作的协调服务，支持我国钢铁、有色金属、建材等行业重点企业在国外建立矿产采选、冶炼、精深加工一体化生产基地，带动工程技术、设备制造和咨询服务企业开拓海外项目市场。组织做好符合准入规范条件企业评价和公告工作，加强对已公告企业动态管理。加强原材料领域国家新型工业化产业示范基地的交流与合作，提高示范成效，进一步规范化工园区发展。

（三）产业布局逐步优化升级

2013 年 1 月，工业和信息化部发布的《铝工业"十二五"发展专项规划》提出调整优化产业空间布局，提高产业竞争力，实现产业与资源、能源、环境、社会和谐发展。建立和完善高电价地区电解铝产能退出机制，积极引导能源短缺地区电解铝产能向能源丰富的西部地区有序转移。逐步推进城市铝冶炼企业转型或环保搬迁。同时，《有色金属工业"十二五"发展规划》提出要统筹规划，坚持上大与压小相结合、新增产能与淘汰落后相结合，优化有色金属生产力布局。以满足内需为主，严格控制资源、能源、环境容量不具备条件地区的有色金属冶炼产能。积极引导能源短缺地区电解铝及镁冶炼产能向能源资源丰富的西部地区有序转移。逐步推进部分城市有色企业转型或环保搬迁。在沿海地区，利用进口原料有序布局建设若干铜、镍基地。选择条件合适的区域，依托拆解园区，充分利用国内外废杂铜、铝资源建设若干规模化的再生金属基地。提升企业国际化经营水平，鼓励在境外建设氧化铝、电解铝、铜、铅、锌、镍等产业园区。按照循环经济发展模式，支持建设若干资源基础雄厚、产业链完整、特色鲜明、资源高效利用、环境友好的有色金属新型工业化示范基地。支持建设优势互补、合作双赢的东、中、西部产业转移合作示范区。

通过采取强有力措施，切实制止一些地方和企业不顾国家发展规划、产业发展政策，盲目大规模投资建设冶炼生产能力；引导冶炼生产能力向资源、能源相对丰富的中西部转移；提升长江三角洲、珠江三角洲、环渤海地区铜铝加工产业水平，打造高精铜铝产业基地，有色金属行业布局将逐步得到优化升级。

二、政策措施及建议

（一）建立健全有色金属行业管理制度

结合我国新的发展战略和目标，在研究起草《有色金属行业"十三五"发展规划》、《黄金行业"十三五"发展规划》、《铝工业发展指导意见》等有色金属行业发展规划的同时，积极推进相关产业的长期战略布局，在增强政策时效性的同时形成长效管理机制。加快制定和完善有色工业行业准入标准，重点推进《铅锌行业规范条件》、《钨锡行业规范条件》、《稀土指令性生产计划管理办法》、《稀土行业准入条件》修订以及《稀有金属管理条例》发布，积极研究制定《黄金行业规范条件》，同步实施细则，提高行业准入门槛，严格行业准入管理。制定并公告产能置换方案，其中京津冀、长三角、珠三角等环境敏感区域要实施减量置换。加强有色金属行业产业政策与财税、金融、土地、环境保护、安全生产、价格等政策的衔接，依靠实行差别电价、调整税收及出口退税等经济杠杆，严格控制产能总量扩张及初级产品出口，禁止在能源供应紧张、环境容量有限的中东部地区新增电解铝产能。支持有色金属行业大数据平台建设，健全有色工业运行监测网络和指标体系，重点推进稀土矿山开采监管系统建设，研究利用稀土产品包装标识编码、企业生产台账、稀土专用税务发票、出口统计数据等信息，建设稀土产品追溯系统，实现稀土产品开采、生产流通全程监控。

（二）强化有色金属行业创新

强化有色金属行业企业在技术创新中的主体地位，引导和鼓励企业加大研发投入和技术改造力度，支持引导企业利用新一代信息技术，以产业公共服务平台、智能工厂示范、虚拟技术平台研发等为重点，推动有色企业生产自动化、管理信息化、流程智能化、制造个性化，打造数字型、智慧型和服务型产业。完善科技创新激励措施，强化财税政策对新产品、新技术的支持力度，建立健全科技人才激励制度，提升科技成果转化效率，重点推动有色加工行业技术改造，提高高端产品比重。消除过剩产能，带动性强的新材料、新产品技术攻关，扩大铝材、铜材等有色金属在交通运输、航空航天、建筑、战略性新兴产业等领域的应用。

（三）积极推进化解有色金属行业产能过剩矛盾工作

加强对有色金属行业特别是电解铝行业运行监测分析，及时反映行业出现的新情况新问题。积极探索淘汰落后产能长效补偿机制，在推动地方淘汰落后产能的同时培育新的产业增长点，化解淘汰落后产能过程中下岗工人安置问题。鼓励统一区域内的电厂和电解铝厂进行垂直整合，根据技术水平和资源条件等因素对电解铝企业实施电力电价改革，避免由于电价不公平给企业造成损失。通过建立铝材产业联盟，构建起完整的上下游产业链，从而在交通、建筑、航空、电力等领域扩大应用范围。在"十二五"淘汰落后产能任务的基础上，适时适当提高电解铝、铜冶炼、铅冶炼、锌冶炼的淘汰标准，并鼓励地方根据自身产业特点进一步提高淘汰标准，加快推进淘汰落后产能工作。加快推进资源性产品价格形成机制改革，形成有利于资源节约和环境保护的资源价格体系，促进建立以市场竞争性为主、政策为辅的有色金属行业化解产能严重过剩矛盾的长效机制。近期应以电解铝行业为重点，做好淘汰落后产能任务分解落实和检查考核工作，研究利用差别电价、水价等经济手段，提高要素成本，促使其在市场竞争中退出。

（四）积极推进国际交流与合作

优化有色金属产品进出口结构。鼓励进口有色金属资源和产品，严格限制高能耗、高排放、资源性产品及初级深加工产品出口。加大"走出去"支持力度。积极推动制定境外矿产资源勘查开发支持政策，鼓励有条件的企业积极开展国际合作，参与国际市场竞争，尽快建成一批境外资源基地，提高国内资源保障水平，并在有条件的地区建设工业园区，促进国内过剩冶炼产能实现转移。

第三节　2015年建材产业结构调整展望及政策建议

2015年对于建材工业来讲是利好的一年，诸多改革措施红利的释放及"一带一路"、京津冀一体化等战略实施对基础设施建设投资的带动，这些都将为建材工业带来巨大的发展空间。同时，这也将刺激建材工业投资加快，产能过剩问题可能进一步加剧，因此也要注意对建材工业的运行监测，并采取有效措施保证建材工业健康发展。

一、趋势展望

（一）国家重大区域战略的实施有望带动建材工业加快发展

建材工业受建设投资影响明显，2014年，房地产投资增速明显放缓，相应对水泥、平板玻璃等建材产品的需求减小，水泥、平板玻璃等行业的增速也明显放缓。2015 年，这一趋势有望逆转。国家近两年提出了发展丝绸之路经济带和海上丝绸之路，推动京津冀一体化发展，加快长江经济带发展，再次振兴东北老工业基地等重大战略，并加快推动新型城镇化与工业化良性互动发展。2014 年，国家制定了相关战略实施的具体规划、方案或政策，这些规划、方案和政策已经在 2014 年发布或将在 2015 年发布实施。因此，2015 年是落实上述国家战略的关键一年，这些战略都涉及了诸如高速公路、高铁等基础设施的建设，这些基础设施建设需要大量的建材产品，这将在很大程度上解决建材产品市场需求不足的问题，并刺激建材工业的投资。

（二）水泥、平板玻璃等行业产能严重过剩问题有望得到缓解

2015 年，对化解水泥、平板玻璃等行业过剩产能有众多利好，抓住这一机遇，建材工业有望加快解决产能严重过剩问题。一方面，市场需求的增加将消化过剩产能。如前文所述，"一带一路"、京津冀一体化、东北老工业振兴、长江经济带等战略进入实施阶段，相关基础建设对建材产品需求增大；同时，根据 2015 年政府工作报告，国家将适度支持房地产投资，这也将增大对建材产品的需求，并且，这种需求将持续较长时间，因而对消化建材工业过剩产能将起到持续性作用。另一方面，有关部门加大了控制新增产能、淘汰落后产能的政策力度，如工信部将制定发布淘汰落后产能相关的管理办法，加大工作力度，同时严格执行产能置换政策，对违规的企业和地方政府坚决惩处，这都将对化解水泥、平板玻璃等行业过剩产能起到积极作用。

（三）绿色建材技术、产品有望取得新突破

科技体制改革是 2015 年众多项改革的重头戏，科技创新更是被党中央提升到国家全局发展的核心位置。国家对科技创新重视程度前所未有地提高，对于各行各业的技术研发人员来讲都是重大利好。特别是科技体制改革各项政策措施的逐步落实将逐渐消除影响创新的各种障碍，进一步强化以企业为主体、市场为导向，政、产、学、研、用形成合力的研发体系，尤其是促进科技成果产业化政策的落实及对科研人员科研奖励机制的改革将提升科研人员积极性，刺激科研人员提高创新的频率和创新成果的水平。这对于建材行业发展绿色建材技术和产品也是难得的机遇。由于能源资源和环境约束加剧，绿色建材成为建材工业未来的方向，但由于绿色建材技术、产品开发成本高，加之水泥、平板玻璃等主要建材行

业经济效益不理想，企业生存面临较大压力，因此难以有更多精力和资金进行研发。而科技体制改革及创新驱动发展战略一系列配套政策的实施将为绿色建材技术、产品的研发人员和机构提供更多政策上的优惠，同时国家鼓励推广使用绿色建材也将促进绿色建材科研成果的市场化，提振绿色建材研发人员的信心，在改革政策的推动和研发人员的努力下，2015 年，市场有望见到科技含量更高的绿色建材技术和产品。

（四）建材工业企业兼并重组将取得新进展

2015 年，对于有兼并重组战略意图的企业来讲，更是可以享受一批优惠政策。2014 年 3 月，国务院印发了《关于进一步优化企业兼并重组市场环境的意见》(国发〔2014〕14 号)，各有关部门按照时间进度要求，积极落实国发 14 号文的各项任务分工，已于 2014 年底前完成了税收、职工安置、金融、审批、发挥资本市场作用等配套政策措施的制修订工作，减轻了企业兼并重组的税务和职工安置负担、提高了兼并重组审批效率、激发了资本市场在兼并重组中的作用，为建材工业兼并重组创造了良好的政策条件。预计在众多利好政策的推动下，2015 年建材工业企业兼并重组有望取得新进展。

二、政策措施及建议

第一，要加强行业经济运行情况的监测，特别是过剩产能的预警监测。由于2015 年对建材工业发展来讲存在诸多利好消息，尤其是基础建设投资力度的加大及对房地产行业的支持将增大对水泥、平板玻璃等建材产品的需求，水泥、平板玻璃企业不仅可以借此机会减少库存，进而消化过剩产能，部分地区可能出现当地水泥、平板玻璃供给不足的情况，这会刺激企业进一步扩大产能，也可能刺激地方政府上马水泥项目，进而加剧产能过剩。因此需尽快建立建材工业过剩产能监测预警机制，加强水泥、平板玻璃等行业的运行监测，发挥好行业协会、研究机构等支撑力量的作用，及时发现建材工业经济运行中存在的苗头性、倾向性问题，并尽早解决。同时通过信息服务平台及时发布产品需求变化信息，引导企业合理投资和正确运用，保持建材工业平稳健康发展。

第二，坚持化解过剩产能不放松。虽然建材工业 2014 年在淘汰落后产能、压缩水泥、平板玻璃等行业方面取得了显著成绩，产能置换政策的提出更是为建材工业进一步压缩水泥、平板玻璃等过剩产能提供政策保障，但从建材工业实际情况看，2015年这项工作仍不能放松。重点是要监督各地切实落实好产能置换政策，做好产能置换方案，严控水泥、平板玻璃等产能严重过剩行业新增产能，逐步实现水泥、平板玻璃行业淘汰落后产能工作的常态化，探索通过环保节能标准和发展先进绿色清洁建材产品倒逼落后产能退出的长效机制，利用价格杠杆推动建材工业节能减排和资源循环利用。

第三，继续推广应用绿色建材产品，鼓励绿色建材消费。根据欧美发达国家经验，当工业化发展到一定程度，工业节能减排对生态环境贡献的边际值就会下降，推动建筑节能减排就会成为保护生产环境的关键。我国目前已经到了工业化由中期到后期的过渡阶段，发展绿色建筑已刻不容缓。为适应绿色建筑的发展要求，必须供给和消费并举，不仅要支持、鼓励发展绿色建材，更要推广应用绿色建材产品，引导绿色消费。重点要加大对绿色发展理念的宣传力度，发起使用绿色建材产品的倡导，同时完善绿色建材产品的评价标准和标识管理制度，搭建绿色建材产品公共信息服务平台，通过平台发布绿色标识产品信息，引导市场潮流。

第四，加大对建材工业企业技术创新的支持力度，营造市场牵引、需求带动的创新机制。创新是这个时代的主题，也是传统行业居多的建材工业转型发展的主要动力和支撑，建材工业降本增效，提升发展质量关键在于创新。根据建材工业技术特点和发展现状，支持建材工业技术创新关键要坚持企业的主体地位，支持建材工业企业加大技术创新的投入力度，引导建材工业企业利用信息化技术对传统生产模式改造升级，特别要抓住智能制造的发展机遇，支持建材工业筹建智能制造产业联盟，打造促进建材工业智能化的技术和服务平台。营造宽松的创新氛围，鼓励企业开发石墨、玻璃纤维等复合材料，以及无机非金属材料和非金属矿物加工材料等先进材料，提高先进建材和绿色建材的供给能力。

此外，还要进一步激发建材工业市场主体的活力，探索建立完善事中事后管理制度，营造公平的创业环境，支持企业商业模式和业态创新，抓住企业兼并重组时间窗口期机遇推动建材工业破局性重大重组，支持有国际竞争力的企业"走出去"，竞争国际市场。

第四节　2015年汽车产业结构调整展望及政策建议

伴随着资源环境约束趋紧以及互联网和信息技术的深度渗透，汽车产业绿色化和智能化趋势加速呈现，以低碳环保为特征的新能源汽车成为未来发展方向，车联网、智能汽车、无人驾驶汽车等新生事物逐渐从概念走向现实，汽车产业已经处于大变革大转型的激烈浪潮中。我们必须适应和引领产业发展态势，不断创新管理方式，完善政策标准体系，激发产业活力和创造力，加快推动汽车产业由大变强。

一、趋势展望

当前以新一代信息技术、新能源技术为标志的新一轮科技革命和产业变革风起云涌，未来汽车产品将成为移动智能终端，甚至可作为新一代能源产品的载体，成为移动智能电网终端，这将加速重塑汽车产业发展形态和发展方式，给产业转型升级带来巨大挑战。结合全球产业发展形势和我国实际，预计2015年，我国汽车工业将朝着更绿色、更智能、更开放的方向发展，产品结构不断优化，互联网融合效应初显，但产业发展痼疾依然存在。

（一）绿色低碳更加成为结构调整重心

按照《国务院办公厅关于加快新能源汽车推广应用的指导意见》（国办发〔2014〕35号）要求，有关部门正在加紧研究制定相关细化措施。随着一系列政策措施的逐步出台和贯彻落实，新能源汽车发展的政策体系趋于完善，预计2015年我国新能源汽车产销量将延续快速增长态势，汽车产品结构将朝着更加绿色低碳的方向发展。一是得益于已经实施的新能源汽车购置补贴、电动车用电价格优惠、免征车辆购置税等政策，以及新能源汽车车船税优惠政策的不断完善，新能源汽车购置和使用成本将大幅降低，有利于引导消费者加大购买力度。二是加快充电设施建设、破除地方保护等举措一定程度上提高了新能源汽车使用的便利性，公共服务领域率先推广应用具有良好的市场示范效应，不断完善的市场环境有利于加快释放国内市场需求。三是我国已经初步建立了较为完善的电动汽车标准体系，包括整车及基础通用标准、动力电池及关键总成标准、充电设施标准等方面，同时有关部门还在加快标准制修订工作，这为规范产业发展奠定了良好基础。

（二）互联网开始重塑汽车产业生态体系

随着新一代信息技术的广泛应用和深度渗透，我国互联网与汽车制造业跨界融合趋势开始显现。在"互联网+"的热潮涌动下，汽车企业与互联网企业将展开更加紧锣密鼓的合作。2015 年 2 月，奇瑞汽车、易到用车和博泰集团宣布，三方将共同出资成立"易奇泰行"合资公司，计划推出"只租不卖"的"易奇汽车 byiVokaOS"，打造互联网智能汽车共享计划。继签署"互联网汽车"战略合作协议后，2015 年 3 月，上汽集团与阿里巴巴宣布设立 10 亿元的"互联网汽车基金"用于开发互联网汽车，并通过组建合资公司，搭建开放的互联网汽车开发运营平台，吸纳更多互联网汽车参与者。[1] 乐视也在和北汽联手打造智能、互联、电动的超级汽车，公司计划通过整合全球人才资源来构建团队，以智能集成的方式在美国硅谷研发产品，然后通过体验店加网络线上方式销售车型。[2] 互联网企业纷纷涉足汽车领域为产业发展注入新的基因，将对现有的研发、生产制造、营销、售后服务模式带来强烈冲击，有望为汽车行业创造新的生产模式，重塑产业生态体系。

（三）创新能力缺乏仍然是制约产业发展的痼疾

我国自主品牌汽车在性能、安全性等方面与合资品牌、外资品牌差距明显，创新能力缺乏是主要原因。技术创新不是一朝一夕的事情，创新能力提升之路艰难而漫长，核心技术缺乏仍将是制约我国汽车行业结构调整的关键因素。在传统汽车制造领域，汽车电子、自动变速器、ABS 防抱死系统、高压共轨等高附加值的技术始终受制于人，如汽车高压共轨系统基本被博世、日本电装、德尔福等外国厂家垄断 [3]。在电动汽车领域，我国缺乏电机控制系统的核心技术，电控系统中占硬件成本大部分的芯片全部依赖进口，车载能源系统也基本被跨国公司掌控，车用锂电池的轻量化、可靠性与国外产品差距明显。

二、政策措施及建议

面对汽车行业绿色化、智能化发展趋势，针对我国缺乏关键核心技术的发展实际，政府必须加快职能转变步伐，创新管理方式，在推动汽车产业发展中有所作为。

（一）下大力气提升产业创新能力

提升创新能力是产业发展的动力和源泉，是当前汽车行业转型发展中迫在眉睫的任务，必须摆在战略核心位置。一是依托现有国家级科研院所，整合企业优

---

[1] 《中国证券报》2015年3月13日。
[2] 《21世纪经济报道》2015年3月10日。
[3] 中国行业研究网，2014年3月14日。

势创新资源，加快创建汽车领域的国家级创新中心，通过产业投资基金模式提高资本运作效率，集中攻克传统汽车领域和新能源汽车领域关键技术和核心零部件，促进研究开发到产业化的有效衔接。二是支持龙头企业建立汇聚全球创新资源的高水平研发机构，鼓励产业创新联盟发展，激发企业创新动力。三是落实好高新技术企业所得税优惠、研发费用加计扣除、固定资产加速折旧等政策，加大政府采购对国产品牌汽车的支持力度，完善鼓励企业创新的政策环境。

（二）破除新能源汽车产业发展瓶颈

当前制约新能源汽车普及的最大障碍是电池续航里程短、充电难导致的使用不便利，必须尽快解决充电设施建设难题。一是加快落实和出台加快充电设施建设的各类具体政策，如充电设施建设奖励、用地政策优惠、用电价格优惠等。二是强化规划引导，做好顶层设计，加快制定新能源汽车充电设施发展规划，避免各地盲目建设导致的资源浪费，促进充电设施合理布局。三是坚持标准先行，按照更安全、更环保、更科学的原则，及时修订电动汽车标准，不断完善标准体系，积极参与甚至引领国际标准制修订。

（三）以开放思维推动产业行稳致远

随着近年来经济全球化的深入发展，开放已经成为新形势下势不可挡的潮流，政府必须以开放的视野推动汽车产业加快实现跨越发展。一是加强整体规划和战略引导，支持有实力的国内汽车企业积极地、有组织地走出去，推动企业在海外市场形成竞争合力，提高全球资源整合能力，提升中国汽车品牌形象、知名度和美誉度。二是加大对汽车企业走出去的宏观指导、税收、金融、贸易等政策支持力度，加强国际协调，为企业通过跨国并购、绿地投资等方式获得技术、品牌和开拓市场提供有力保障。三是建立和完善外资安全审查制度，为国内汽车产业开放发展保驾护航，对于控股性的并购活动，要从公平竞争、产业安全、债权债务等方面加强合理审查。

第五节　2015年船舶产业结构调整展望及政策建议

一、趋势展望

2015年，全球经济复苏乏力，航运市场需求萎靡的情况短期内不会有较大改变。从船舶工业内部因素来看，造船产能过剩、产品换代升级的压力还将持续。

（一）运力过剩问题突出，市场需求低位徘徊

当前，世界经济复苏迹象不明显，BDI 指数持续萎靡，行业利润大幅下降，企业融资困难，船东新接船舶订单动力不足，整个船舶市场仍不乐观。一是全球运力过剩的状况还将持续。统计数据显示，全球干散货船队总运力在 2013 年底时达到 7.17 亿载重吨，与 2012 年同期相比提高 6 个百分点。截至 2014 年 9 月底，干散货船队总运力达到 7.49 亿载重吨，到 2014 年年底，干散货船队总运力增长将会在 5.4% 左右。[1] 二是市场需求依然不足。2014 年年初，克拉克森预测国际干散货运力需求增长是 5%，然而到了年中，该机构将全年的市场预期下调至了 4.4%。[2] 2014 年 11 月以来，BDI 持续下跌，到 2015 年 2 月，已跌破 600 点，创 28 年新低。[3] 另有相关分析预测，船舶市场的总需求在未来 2—3 年内大约为 1 亿载重吨。[4] 对比全球总运力数字可以看出，全球运力过剩与需求不足的矛盾十分突出，这种局面短时期无法得到根本改变。

（二）高技术船舶需求将逐渐旺盛

目前，全国船舶工业都面临转型升级的挑战和机遇。我国已是名副其实的造船大国，多年来在造船吨位方面都稳居世界第一位。但是，新形势下的国际市场需求已经转变为附加值高、科技含量高的船舶产品。在这个方面上说，我国还落后世界先进国家很远。以自升式钻井平台为例，2013 和 2014 年，我国的接单量均超过了新加坡，但是我国的自主设计非常欠缺，基本上完全依靠欧美设计，不具备完全的自主知识产权。而反观新加坡，其 80% 左右的订单都是完全自主设计，因而所获得的利润空间较高。为了建设造船强国，提升国际竞争力，在船用设备的自配套率方面我国必须摆脱设备依赖进口的局面，加强自主设计研发，船舶产业结构调整要转向科技含量的增长以及提升高端装备的建造能力。

（三）化解产能过剩矛盾将继续发力

2014 年，我国船舶工业运行在内外部不利因素的压力下保持了较为平稳运

---

[1] 中国钢铁新闻网，运力供应过剩 海运大局难攻。http://www.csteelnews.com/sjzx/scfx/201412/t20141201_265947.html。

[2] 新华网，BDI连跌触年内低点 船东抄底造船恐加剧运力过剩。http://news.xinhuanet.com/fortune/2014-07/23/c_126785857.htm。

[3] 中国船舶工业行业协会，大雪崩！BDI罕见暴跌刺穿28年最低位。

[4] 中国钢铁新闻网，船舶工业仍旧压力重重。http://www.csteelnews.com/sjzx/scfx/201408/t20140827_254901.html。

行，产业结构调整有进一步成效。根据船舶工业行业协会的预测，我国船舶工业的主要指标在 2015 年仍将保持平稳增长。但是，行业产能利用率不高的问题仍然突出。数据显示，2014 年全年，我国船舶工业产能利用率徘徊在 60% 左右，与 2010 年产能利用率 75% 的水平差距较大。2015 年是船舶工业"十二五"发展规划实施的最后一年，为了促进产能利用率向合理水平靠近，化解产能过剩工作必须持续发力，以缓解当前的过剩矛盾，促进产业集中度的提升，进一步优化产业结构和产品结构。

二、政策措施及建议

（一）继续推进兼并重组，优化船舶行业结构

通过兼并重组来提升产业集中度，是我国船舶工业转型发展的必由之路。船舶是国民经济的基础性行业，也自然受到地方政府的过多关注。目前，需尽快优化有利于兼并重组的市场环境，从体制上打破产业资本分割的局面，引导地方政府和企业逐步形成跨地区的利益分享，支持骨干船舶建造企业对中小型船企的并购，支持有较高市场竞争力的船舶和海洋工程装备企业集团提高生产效率，提升国际地位。落实国发〔2014〕14 号文精神，提高相关行政审批效率，完善财税分配等政策 [1]，为兼并重组扫清障碍，最终实现船舶产业组织结构的优化。

（二）完善船舶企业的退出机制

继续推进船舶工业淘汰落后产能和化解产能严重过剩的工作，需要进一步完善船舶企业的退出机制，处理好职工就业安置和企业转型等善后工作，以及行业洗牌后的并购重组工作。部分以船舶工业为支柱的地区可能会随着行业下行发展而出现企业停产减产加剧现象，职工就业和再就业形势更为严峻，若处理不好则易导致影响社会稳定的事件发生。因此，既要做好船舶行业的去产能工作，又要解决好过剩地区去产能可能带来的就业问题，建立完善的企业退出援助机制。

（三）引导船舶企业加强技术创新

近年来，我国船舶行业前景持续不景气，目前又处于适应经济新常态的过程之中，加强技术创新对推动船舶工业转型升级、提质增效的支撑作用日益明显。在国际市场上，技术创新对提升船舶国际竞争力的引领作用日益凸显。引导船舶

---

[1] 求是理论网http://www.qstheory.cn/laigao/2014–07/28/c_1111836592.htm。

工业进行技术创新是推动我国船舶工业发展的核心动力。一方面要在核心关键技术领域进行创新。在海工装备等高端的船舶制造工艺上开展核心技术攻关，不断优化船舶结构，提升品质。另一方面要在体制机制上进行创新。推进产、学、研、用相结合的体制的不断完善，同时确立船舶企业的创新主体地位。

（四）支持海工配套业的发展

近年来，欧洲、日、韩船舶配套企业加大科技研发力度，其产业竞争力急剧提升，在国际船舶配套市场占据绝对优势。我国船舶配套业科研投入不足，自主研发能力和创新能力薄弱，对关键技术的引进消化不足，低端重复产能建设过多，与日、韩90%左右船舶配套本土化率水平相比，船舶配套业与船舶制造业发展不协调的问题非常突出。在当前国际船舶配套业的竞争体系中，我国船舶配套业处于较为不利位置，为建设海工强国，壮大船舶工业，发展船舶配套业，特别是海工配套业迫在眉睫。必须加快实施品牌战略，支持企业建立完善产品质量保障体系，做精做强优势产品，促进产品升级换代，在关键领域实现重要突破。加快海外技术服务和营销网络体系建设，提升全球化配套服务能力。

第六节　2015年电子信息产业结构调整展望及政策建议

一、趋势展望

（一）将继续呈现产业融合的发展态势

一是电子信息产业的各个细分领域的边界日渐模糊。云计算、物联网和移动互联网的兴起带来电子信息生态圈的重构，电子信息产业链的关键环节从加工、组装制造业转移到附加值高的基础软件、大数据应用和服务方面，国际IT巨头也纷纷加加快内容和服务环节的整合。二是电子信息产业与传统产业的融合日益加深。随着"互联网+"在传统产业应用的加快推进，新技术、新产品和新的商业模式不断出现，物联网的制造业应用催生了智能化产品，不但影响着传统产业，还推动整个产业格局发生变革。

（二）产业向中西部地区转移步伐加快

从区域结构上看，我国目前部分中西部省份出口增势迅猛，重庆、陕西、安徽和江西出口增速达到24.1%、77.2%、84%和67.9%，内蒙古、宁夏、贵州等省份出口增速则超过 100%。同时由于 2014 年对中西部地区的投资加速明显，超过行业的平均水平，未来产业仍将会呈现中西部地区快于东部地区的局面。同时在吸引外资方面，重庆、成都等城市已经吸引了众多国际知名品牌的投资，加速形成"品牌 + 代工 + 配套"的发展体系。通过发掘区位优势和资源优势，中西部地区的电子信息产业将带动全国电子信息产业及地区经济的发展，实现电子信息产业合理优化布局。

（三）电子信息产业创新环境不断完善

近两年来，电子信息产业各级主管部门下大力气优化企业创新政策环境，落实促进企业创新的财税政策。开展国家技术创新示范企业认定，建设以企业为主导的产业创新联盟；培育发展战略性新兴产业及信息消费等新兴业态和市场热点；组织实施重大创新发展工程和应用示范工程，加强关键核心和共性技术攻关，推进科技成果产业化；加快重点领域标准制修订，提升国际标准制定话语权；为我国电子信息产业自主科研创新营造了良好的政策环境，提供了有力的政策支持。

二、政策措施及建议

（一）推进"一带一路"建设，加强对外贸易对我国电子信息产业的带动

推动"一带一路"建设是我国全球化战略的伟大构想，将带来双边和多边自由贸易进程的加快，将给我国电子信息产业发展带来更多机遇。据统计数据，2010—2013 年期间，丝路的对外贸易、外资净流入年均增长速度分别达到 13.9% 和 6.2%，比全球平均水平高出 4.6 和 3.4 个百分点 [1]，对于带动全球贸易投资复苏发挥了较大作用。要加强对外贸易与合作，加大外资引进，并通过贸易谈判降低关税、消除壁垒，带动我国电子信息产业的提升与发展。

（二）提升自主创新能力，推进先进技术产业化

打破我国电子信息产业对外路径依赖的发展模式，建立起一只我国自己的科研队伍，加强关键技术领域的研发投入，通过政策扶持资金的放大效应，引导有条件的企业开展战略性关键技术和重点产品的研究开发。通过税收优惠、信贷优惠等政策的调节作用，鼓励资源向集成电路、操作系统及新一代网络技术等核心关键领域集聚。发挥高等院校、科研院所的科研能力，加大知识成果转化以及校

---

[1] 匡贤明：《"一带一路"在我国经济新格局中的战略地位》，《金融经济》2015年1月2日。

企间的成果转移。加强传感器等物联网研发应用，同时要面向重点行业领域的应用市场，推动北斗芯片、整机和系统的推广应用。

（三）鼓励优势企业进行兼并重组，做大做强龙头企业

在全球电子信息产业巨头加快全产业链的布局下，企业单靠内生式增长很难实现，我国电子信息企业应更多的强化资本运作，加快并购整合。支持发展潜力大、前景好的高科技企业在创业板上市融资，引导扶持具有优势的电子信息企业兼并重组，消除兼并重组的制度障碍，充分发挥资源整合的市场机制，延长和提升产业链。支持企业"走出去"，为企业提供税收、金融、保险、中介服务等政策扶持，提高国内企业管理水平，增强我国电子信息产业的国际竞争力。

（四）加快产业融合发展，完善我国自主产业生态系统

一是依托电子信息产业的龙头企业和优势特色企业，通过兼并重组等方式加快产业链上下游的延伸，推动企业经营模式由单一产品业务向"硬件+软件+内容"的融合发展模式转变，整合形成完整产业体系。二是深入推进两化融合，提升智能终端和信息服务技术向工业制造领域应用和渗透。三是加快互联网技术、信息服务技术与高端装备的融合发展，提前布局智能机器人，在智能机器人操作系统、传感器等关键领域实现突破。

第七节　2015年战略性新兴产业发展展望及政策建议

一、趋势展望

2014年以来，我国以"稳中求进"的工作总基调，加快走中国特色新型工业化道路，战略性新兴产业总体保持平稳较快发展，某些领域呈现加速发展态势，发展模式逐步调整优化。展望2015年，各国都积极发展战略性新兴产业，试图抢占科技竞争制高点；国内战略性新兴产业快速发展的基本面将保持不变，受经济深度调整和国家政策的双重影响，未来战略性新兴产业发展将进入提质增效的关键时期。行业分化发展趋势明显，部分行业有望成为亮点。

（一）从总体上来看，国内战略性新兴产业发展将进入稳中提质的新阶段

随着中国经济发展进入新常态，政府调控经济、管理产业的方式、方法将做出相应的调整，从政府直接干预模式向政府规划引导、龙头企业带动、市场配置

资源的发展模式转变，注重在研发、应用、推广过程中提供服务支持。不会再次推出大规模经济刺激政策，而是通过改革促进经济增长和结构调整。这就意味着，产业发展模式进入深度调整期，战略性新兴产业未来发展将不会出现过去粗放式、高速度的局面，而是进入相对平缓的增长区间，通过结构调整优化来实现高效率的发展。同时，战略性新兴产业政策体系将进一步健全，随着深化改革、依法治国战略的实施，市场化和法制化将进一步增强新兴产业发展活力。一方面全面深化改革为战略性新兴产业提供公平竞争的市场环境，完善的现代市场体系保障，将激发新兴产业发展活力和内生动力；另一方面为战略性新兴产业发展提高法律基础，加强知识产权保护，保障不同市场主体之间的权益，通过法律体系进一步规范其健康发展。受国内经济转型升级和产业扶持政策密集发布的双重影响，预计2015年战略性新兴产业整体上仍然保持发展平稳，进入提质增效的关键阶段。

（二）部分领域发展潜力进一步释放，有些行业有望成为亮点

预计2015年，行业发展分化趋势明显。新能源汽车、工业机器人、节能环保等行业或成为发展亮点，国家高度重视在消费领域扶持新兴产业发展，尤其是信息消费和绿色消费。通过专项规划、产业基金、兼并重组、政策扶持等措施加快推进这些产业的发展。新一代信息技术产业或将进入快速增长期，受2014年《国家集成电路产业发展推进纲要》政策的推动，以及国家集成电路产业投资基金的引导，集成电路产业将得到快速发展。同时，紫光成功收购锐迪科，涉及金额9亿多美元，是2014年来集成电路行业金额最大的一起收购，或将引发中国集成电路产业大变革。收购后的紫光，将具有国内领先的高新技术、芯片工程和产业创新平台，会极大提升我国集成电路产业竞争力，未来国内或将产生千亿人民币量级的集成电路骨干企业，实现由"量"的发展到"质"的提升。在生物医药、新材料某些具体领域，如在功率半导体产品技术、精密加工、非晶带材延伸产品球形晶墨新材料、干热岩发电技术、生物医药技术等一些微观领域，有望实现突破，占据全球技术制高点。金融服务、智慧物流、电子商务、外包服务等多元化商业模式创新，将引发战略性新兴产业发展方式深刻变革。

（三）创新型中小企业将承担越来越重要的角色，产业生态逐步完善

新兴产业中的企业大多是处于初创阶段和成长初期的中小企业。目前，很多领域的中小企业已经成功完成了初创阶段，逐渐走向成长壮大阶段，中小企业在

战略性新兴产业发展中的作用将进一步放大。同时，有些中小企业纷纷进入新兴产业发展园区，与大企业已经建立起稳定的配套合作机制，大企业、中小企业协调发展的关系进一步加强，这将有助于构建战略性新兴产业发展的良好生态，推动产业分工协作。可以预计，2015年中小企业在新兴产业发展中的地位和作用将进一步增强。

二、政策措施及建议

（一）构建完善高效的新兴产业融资体系，提高金融服务水平

借鉴全球各国战略性新兴产业发展经验，战略性新兴产业的发展离不开金融的支持。基于国内战略性新兴产业发展过程中出现的新模式、新特征，亟待为战略性产业发展搭建起"政府、金融机构、企业"三位一体的金融支持体系。政府层面，积极探索财税改革、设立战略性新兴产业投资基金等多种手段，合理引导社会资本流向，丰富战略性新兴产业融资渠道。金融机构层面，要围绕服务实体经济推进金融改革，进一步完善资本市场，加大资金支持，主动为新兴产业提供"一站式服务"，为大量拟上市企业在国内上市提供保障，积极创新融资租赁、信托等金融产品，丰富新兴产业的融资来源。企业层面，要提高企业经营能力，完善公司财务制度，提高自身信用体系建设，为获得更大的资金支持打好基础。

（二）加快促进大企业做优做强，培育和完善产业生态

针对国内战略性新兴产业企业大而不强，要完善政策措施，通过政策引导加快推进企业兼并重组，促进企业做大做强，加快培育发展一批具有国际竞争力的大企业大集团。推动大企业和小企业协调发展，建立合理的分工协作系统。推进企业创新产业链建设，将发展重心聚集在产业链的核心环节，占据产业链高端环节，主导产业链发展。支持企业结合信息技术、网络技术引发的企业经济形态和增长模式的变化，加快商业模式创新，加快向个性化生产和营销、精确化服务的模式转变。

（三）加强政策衔接，完善产业配套政策体系

要从战略性新兴产业发展的实际需求出发，根据产业发展的阶段性特点，进一步完善战略性新兴产业的政策体系。在产业起步、技术推广、市场应用等不同产业阶段，分别制定相应的配套政策与之相呼应。加强战略规划、政策的配套支撑，

在重点领域形成系统性的政策体系，着力解决政策碎片化问题。同时，加强产业政策与财税、贸易、环保、投资等政策的协同，形成政策合力，更好促进新兴产业发展。加强对区域战略性新兴产业发展布局的统筹和顶层设计，积极开展行业监测和统计分析，动态把握发展水平，合理引导发展，有效避免各地盲目发展。

（四）加强商业模式创新，进一步激活市场需求

商业模式的创新，能够促进新产品、新服务的不断涌现，逐步扩大应用领域，进而推动新兴产业迅速成长和扩张。例如在节能环保领域需要推行合同能源管理、现代废旧商品的回收利用等新型模式，以发展商业性的增值服务新业态；新能源发电需要储能等相关设施的配套；物联网产业发展需要组织实施智能交通、智慧城市等示范工程，为新兴产业的产业化、商业化搭建平台。所以，为了更好的推动战略性新兴产业快速发展，就要加强供给侧管理，积极引导企业创新商业模式、盈利模式和组织运营模式，大力发展个性化生产和精确化服务。通过商业模式、经营模式的创新不断满足客户需求以及需求结构的变化，进一步拓展国内外市场份额。

第八节　2015年工业设计产业发展展望及政策建议

一、趋势展望

从国际范围看，新一轮科技革命和产业变革方兴未艾，制造业服务化正在成为引领产业变革的新趋势，全球制造业分工正处于重塑演化阶段。从国内来看，国民经济步入由高速向中高速增长的新常态，信息化和工业化正处于深度融合发展阶段，"互联网+"的提出为传统制造业转型升级找到了新的突破点。国际国内两种机遇两种挑战相互叠加，将为我国工业设计新一轮发展带来更多的机遇和更大的发展空间。

（一）新一轮科技革命和产业变革提供了新的发展机遇

数字化、网络化、智能化、服务化已逐渐成为现代制造业发展的新趋势。传统制造业更多强调设备的自动化，而新一轮制造业的发展则更多强调数字、网络、智能的应用。网络化将最初的研发设计到最终的客户体验联系为一个整体，构成了完整的产业生态。另一方面，发达国家经济呈现复苏迹象，新兴市场逐渐崛起，各国纷纷出台战略规划，扩大竞争优势，在新一轮产业变革来临之时占得先机。

变革的过程同时也是转型升级的过程，也是工业设计得以提升的重要过程。

（二）制造业服务化发展提供了新的发展契机

制造业的转型升级并不仅仅是制造业设备水平的提高，还是制造产业链的延伸，价值链的延展。制造业要向"微笑曲线"两端延伸，更多体现制造业服务化的发展趋势。在此过程中，制造业中间设计研发投入和产出服务投入都在不断增长，这在许多统计调查报告中得以展现，众多跨国企业工业设计部门已经成为公司管理或进行产业链再造的核心或牵头部门。

（三）制造业竞争加剧提出了发展的新需求

国内生产要素成本上升导致制造业产品出口的比较优势正在逐渐消失，据统计资料显示，与发达国家或地区相比我国制造业成本已无太多优势，在国内经济增速放缓，消费市场疲软，内外因素叠加的影响下，企业利润空间缩小，竞争加剧。随着人们收入和生活水平的提高，消费焦点逐渐由批量化生产向个性化定制方向转变，这迫使企业加速转型，更多注重设计研发，提升品牌竞争力，提升产品附加值，提高企业利润率。

（四）经济增长"新常态"提出了新要求

在2014年12月的中央经济工作会议上，首次全面阐释了中国经济"新常态"下的九大特征，并提出了八个"更加注重"。虽然在新常态下，我国经济增速较往年有所放缓，但在世界范围内，仍属较高增速，而在此过程中，我们更加强调的不是增长速度，而是增长质量和增长效率。而质量效益的实现就需要工业设计发挥更多作用，包括通过设计提高产品技术含量，使产品更多适应市场的需要，更多体现为消费者提供精准的服务方面。换言之，新常态，要求我国加速工业设计发展，促进工业发展质量更上新台阶，通过工业设计发展支撑工业的转型升级。

二、政策措施及建议

（一）提高设计转型服务能力

加强基础性的工业设计研究，开展设计标准化研究。建立工业设计数据库，加快建设综合性的公共服务平台，加强资源共享。建设一批高水平国家级工业设计中心，提升中心服务企业的能力。提高装备制造、消费品、电子信息等重点领域的设计创新能力，提升工业设计与相关产业融合发展的能力。建设一批工业设计示范基地和园区，推动产业集聚发展。

（二）促进设计成果产业化

在信息业与制造业融合发展的过程中支持设计与产业对接，形成更多产业对接机会，同时通过搭建平台，在关键领域开展联合攻关，加快基于新技术、新材料、新工艺的设计应用推广，以产业升级、绿色低碳、民生改善作为工业设计发展成果，并尽快将之产业化，促进生产企业与设计企业的进一步合作，提升双方市场竞争力。

（三）促进区域协调发展

针对东中西部发展的不同特点，合理分类，有效制定促进区域协调发展政策，逐步形成产业集聚的实力，同时使产业园区或产业设计中心能够有效影响或推动当地设计企业发展，带动当地制造业转型升级，进而将其示范性功能辐射全国，走向世界。

（四）完善人才培养机制

要加快建立多层次的设计人才队伍。人才对于工业设计较之其他领域更为重要。要完善人才培养激励机制，推动建立工业设计专业技术人员职业资格制度。大力培养和推出国内的工业设计大师，积极引入国际高端设计创新人才，使得中外工业设计人才充分交流，为工业设计提供更好发挥作用的平台。

（五）提升对外开放水平

既要倡导将国外优秀设计理念和设计成果"引进来"，又要鼓励国内企业积极"走出去"，积极扩展海外市场，同时要加强产品终端在工业设计领域的交流，通过各级政府和行业协会搭建多种形式的平台，形成更加深入有效的合作和互动。

（六）营造良好的市场环境

工业设计为制造业服务，产品最终要接受社会检验，接受消费者检验，接受市场检验，更要接受历史检验。要进一步加强对工业设计的宣传，提高公众的认知。同时要加强和改善行业管理，进一步发挥行业协会的沟通和桥梁作用，加快建立工业设计统计指标体系，推进设计标准化，加强知识产权保护力度，制定有效的金融和财税政策，完善法律法规，培育企业创新环境和土壤，促进行业健康发展。

参考文献

〔1〕金碚.全球竞争格局变化与中国产业发展〔M〕.北京:经济管理出版社,2013.

〔2〕冯飞.第三次工业革命:中国产业的历史性机遇〔M〕.北京:中国发展出版社,2014.

〔3〕林毅夫.解读中国经济(增订版)〔M〕.北京:北京大学出版社,2014.

〔4〕林毅夫.中国经济专题(第二版)〔M〕.北京:北京大学出版社,2012.

〔5〕林毅夫.新结构经济学:反思经济发展与政策的理论框架〔M〕.北京:北京大学出版社,2012.

〔6〕〔德〕坎特纳、〔意〕马雷尔巴.创新、产业动态与结构变迁〔M〕.北京:经济科学出版社,2013.

〔7〕孙林岩、杨才君、张颖.中国制造企业服务转型攻略〔M〕.北京:清华大学出版社,2011.

〔8〕〔英〕彼得·马什,赛迪研究院专家组译.新工业革命〔M〕.北京:中信出版社,2013.

〔9〕祁斌.未来十年:中国经济的转型与突破〔M〕.北京:中信出版社,2013.

〔10〕赵大平.政府激励、高科技企业创新与产业结构调整〔M〕.北京:中国经济出版社,2012.

〔11〕芮明杰、王子军等.产业发展与结构转型研究:后金融时代上海先进制造业发展战略与政策〔M〕.上海:上海财经大学出版社,2012.

〔12〕国务院发展研究中心产业经济研究部等.中国汽车产业发展报告(2013)〔M〕.北京:社会科学文献出版社,2013.

〔13〕国家统计局、国家发展与改革委员会.中国高技术产业统计年鉴(2014)〔M〕.北京:中国统计出版社,2014.

〔14〕国家统计局、国家发展与改革委员会、科学技术部.中国高技术产业统计年鉴 (2013)〔M〕.中国统计出版社，2013.

〔15〕中国汽车技术研究中心等.中国新能源汽车产业发展报告 (2013)〔M〕.社会科学文献出版社，2013.

〔16〕苗圩.在淘汰落后产能工作部际协调小组第五次会议上的讲话〔Z〕.2014.4.

〔17〕朱宏任.工业和信息化部 2013 年淘汰落后产能工作情况和 2014 年工作安排〔Z〕.2014.4.

〔18〕工业和信息化部发 2014 年电子信息产业经济运行公报〔Z〕.工业和信息化部网站中央政府门户网站，2015.2.

〔19〕工业和信息化部产业政策司.2014 年淘汰落后产能工作经验交流会材汇编〔R〕.2014.7.

〔20〕国家统计局.2014 年国民经济和社会发展统计公报〔EB/OL〕.http://www.stats.gov.cn/tjsj/zxfb/201502/t20150226_685799.html, 2015.2.26.

〔21〕国家统计局.新常态催生新动力 新进展孕育新希望——《2014 年统计公报》评读〔EB/OL〕.http://www.stats.gov.cn/tjsj/sjjd/201502/t20150226_685767.html,2015.2.26.

〔22〕工业和信息化部.2014 年钢铁行业运行情况和 2015 年展望〔EB/OL〕.http://www.miit.gov.cn/n11293472/n11293832/n11294132/n12858402/n12858492/16445003.html, 2015.2.5.

〔23〕工业和信息化部.2014 年我国有色金属工业运行情况分析和 2015 年形势展望及重点工作〔EB/OL〕.http://www.miit.gov.cn/n11293472/n11293832/n11294132/n12858402/n12858507/16450738.html, 2015.2.11.

〔24〕工业和信息化部.2014 年电子信息产业统计公报〔EB/OL〕, http://www.miit.gov.cn/n11293472/n11293832/n11294132/n12858462/16471108.html,2015.2.27.

〔25〕工业和信息化部.2014 年原材料工业经济运行情况和 2015 年展望〔EB/OL〕.http://www.miit.gov.cn/n11293472/n11293832/n11294132/n12858387/16458497.html, 2015.2.25.

〔26〕工业和信息化部.2014 年建材工业经济运行情况〔EB/OL〕.http://www.miit.gov.cn/n11293472/n11293832/n11294132/n12858402/n12858582/16444075.html,

2015.2.2.

〔27〕陈瑞强 刘洪吉 陈家作.稀土行业处于政策调整窗口期〔N〕.中国有色金属报.2015(01).

〔28〕李铮.镍、锡期货合约开征意见〔N〕.中国有色金属报.2015(01).

〔29〕景安磊.我国新能源汽车发展路径及政策研究〔D〕.中国社会科学院.2013.

〔30〕郭进、杨建文.美国再工业化战略对中国产业发展的影响及对策〔J〕.《经济问题探索》,2014年第4期.

〔31〕蔡昉.理解中国经济发展的过去、现在和将来——基于一个贯通的增长理论框架〔J〕.《经济问题探索》,2013年第11期.

〔32〕薛璇.行业"风向标"——中经有色金属产业景气指数综述〔J〕.中国有色金属.2014(01).

〔33〕帅加琴 温标.行业"风向标"——有色金属工业预警体系探微〔J〕.中国有色金属.2015(01).

〔34〕朱盛镭.汽车产业正迈向第三次工业革命新时代〔J〕.上海汽车.2014(11).

〔35〕李婷.从日韩汽车产业国际化经验看我国汽车出口〔J〕.汽车工业研究.2014(11).

〔36〕程广宇.国外支持电动汽车产业发展政策的启示〔J〕.中国科技论坛.2013(1).

〔37〕陈全训.主动适应新常态 引领行业新发展〔J〕.中国有色金属.2015(01).

〔38〕张博.扩大应用,化解过剩〔J〕.中国有色金属.2015(01).

〔39〕郑长征,程楠,杜雨潇.借鉴美国经验为我产能过剩行业预警〔N〕.中国经济导报,2014年4月29日.

〔40〕李燕.化解产能过剩的关键是完善市场主体退出机制〔N〕.中国经济时报,2013年7月9日.

后 记

　　《2014—2015 年中国产业结构调整蓝皮书》由赛迪智库产业政策研究所编撰，对 2014 年我国产业结构调整的主要进展及 2015 年发展趋势进行了系统研究和总结。

　　本书由王鹏担任主编，李燕统筹组稿。全书具体撰写人员及分工如下：第一、二章由李燕、郧彦辉撰写；第三章由郧彦辉撰写；第五、六章由郑长征撰写；第七章由张建伦撰写；第四、十一章由程楠撰写；第八、十四章由田原、文玉春撰写；第九章由周忠锋撰写；第十章由郭灵康撰写；第十二章由杜雨潇撰写；第十三章由韩娜撰写；第十五章由何继伟撰写；第十六、十七章由所内上述同志合作撰写。在本书编写过程中，得到了工业和信息化部产业政策司领导、业界专家和企业的大力支持、指导和帮助，在此一并致以最诚挚的谢意！

　　由于作者能力水平及写作时间有限，本书尚存在诸多不足，请广大读者批评指正。

赛迪智库

面向政府 服务决策

研究，还是研究
才使我们见微知著

信息化研究中心	工业化研究中心	规划研究所
电子信息产业研究所	工业经济研究所	产业政策研究所
软件与信息服务业研究所	工业科技研究所	财经研究所
信息安全研究所	装备工业研究所	中小企业研究所
无线电管理研究所	消费品工业研究所	政策法规研究所
互联网研究所	原材料工业研究所	世界工业研究所
军民结合研究所	工业节能与环保研究所	工业安全生产研究所

编 辑 部：赛迪工业和信息化研究院
通讯地址：北京市海淀区万寿路27号电子大厦4层
邮政编码：100846
联 系 人：刘颖 董凯
联系电话：010-68200552 13701304215
　　　　　010-68207922 18701325686
传　　真：010-68200534
网　　址：www.ccidthinktank.com
电子邮件：liuying@ccidthinktank.com

赛迪智库

面向政府 服务决策

思想，还是思想
才使我们与众不同

《赛迪专报》	《两化融合研究》	《装备工业研究》
《赛迪译丛》	《互联网研究》	《消费品工业研究》
《赛迪智库·软科学》	《信息安全研究》	《工业节能与环保研究》
《赛迪智库·国际观察》	《电子信息产业研究》	《工业安全生产研究》
《赛迪智库·前瞻》	《软件与信息服务研究》	《产业政策研究》
《赛迪智库·视点》	《工业和信息化研究》	《中小企业研究》
《赛迪智库·动向》	《工业经济研究》	《无线电管理研究》
《赛迪智库·案例》	《工业科技研究》	《财经研究》
《赛迪智库·数据》	《世界工业研究》	《政策法规研究》
《智说新论》	《原材料工业研究》	《军民结合研究》
《书说新语》		

编 辑 部：赛迪工业和信息化研究院
通讯地址：北京市海淀区万寿路27号电子大厦4层
邮政编码：100846
联 系 人：刘颖 董凯
联系电话：010-68200552 13701304215
         010-68207922 18701325686
传　　真：010-68200534
网　　址：www.ccidthinktank.com
电子邮件：liuying@ccidthinktank.com